U0552675

本书为2019年度河南省中医药文化与管理研究项目"中医文化核心价值及其人文精神的深层研究"（TCM2019008）的阶段成果

中华传统文化要略

贾成祥 魏孟飞 著

中国社会科学出版社

图书在版编目(CIP)数据

中华传统文化要略/贾成祥,魏孟飞著.—北京:中国社会科学出版社,2021.2

ISBN 978-7-5203-8068-3

Ⅰ.①中… Ⅱ.①贾…②魏… Ⅲ.①中华文化—研究 Ⅳ.①K203

中国版本图书馆 CIP 数据核字(2021)第 041816 号

出 版 人	赵剑英
责任编辑	郝玉明
责任校对	张爱华
责任印制	王 超

出　　版	中国社会科学出版社
社　　址	北京鼓楼西大街甲 158 号
邮　　编	100720
网　　址	http://www.csspw.cn
发 行 部	010-84083685
门 市 部	010-84029450
经　　销	新华书店及其他书店
印　　刷	北京君升印刷有限公司
装　　订	廊坊市广阳区广增装订厂
版　　次	2021 年 2 月第 1 版
印　　次	2021 年 2 月第 1 次印刷
开　　本	710×1000　1/16
印　　张	15.25
字　　数	228 千字
定　　价	86.00 元

凡购买中国社会科学出版社图书,如有质量问题请与本社营销中心联系调换
电话:010-84083683
版权所有　侵权必究

序　言

在古老中国步入现代化的近百年中，中华传统文化走过了曲折坎坷的路程。与之相应的是，守护中华民族健康与发展的中医药文化也经历了多次存废之争。在某种意义上，中医药文化是整个中华传统文化的缩影，对中医药的质疑与否定，本质上是对中华传统文化现代价值的质疑与否定，而对传统文化背后的价值系统和思维方式的遗忘，最终也会反映在对中医药文化的误解与疏离上。作为高等中医药院校讲授传统文化课程的教师，每每看到学生学习中医不得法、思维方式严重西化、对未来感到迷茫，我们都会感到开设传统文化类课程的必要性和迫切性。

基于此，我们在全国中医类院校中较早地开设了"中国传统文化概论"和"国学经典导读"课程，并受到了学生的广泛欢迎。许多学生反馈说，学习了这些课程，以前理解不了的中医问题慢慢就想明白了；以前不知道中医和国学经典之间有什么关系，学习了这些课程以后，才发现国学与中医是完全相通的。学生的变化和成长使我们进一步认识到该类课程的重要意义。在今年讲授"中国传统文化概论"并录制线上精品视频公开课时，我们将讲稿整理出来，并将本书命名为"中华传统文化要略"。本书围绕多个知识点展开，同时考虑到学生的接受能力，重在基础知识的介绍，并力图联系生活、联系中医，希望能够对中医类专业的学子及社会上的国学与中医爱好者有所帮助。

在今年的全国中医药大会召开前，习近平主席就中医药工作做出重要指示时指出，要遵循中医药发展规律，传承精华，守正创新。我们在想，守正创新的"正"究竟指什么？从中医的视角来看，"守正"就是要守住中医的正脉，守住中医的原创思维方式，按照中医的内在发展规律来学习、传承、发展中医。从文化的视角来看，中华传统文化就是中医的"正"，脱离了中华传统文化，中医也就成了无源之水、无本之木。本书的编撰，也是助力中医教育"守正"的一种尝试吧。由于编者水平有限，本书难免有诸多不足之处，还望各位读者能够提出宝贵意见，以便进一步修订完善。

贾成祥　魏孟飞
2020年3月20日

目　　录

第一章　绪论 …………………………………………………（1）
第一节　文化的概念 …………………………………………（1）
第二节　文化的本质 …………………………………………（4）
第三节　文化的特点 …………………………………………（6）
第四节　文化的结构 …………………………………………（8）
第五节　文化的功能 …………………………………………（9）
第六节　中国传统文化的形成 ………………………………（12）
第七节　中国传统文化的发展 ………………………………（13）
第八节　中国传统文化的基本精神 …………………………（17）
第九节　中国传统文化的思维方式 …………………………（21）

第二章　易学文化 ……………………………………………（26）
第一节　"周易"释名 …………………………………………（26）
第二节　《周易》的由来 ……………………………………（28）
第三节　《周易》的结构 ……………………………………（29）
第四节　八卦与六十四卦 ……………………………………（31）
第五节　阴阳之理 ……………………………………………（33）
第六节　生生之道 ……………………………………………（35）
第七节　善恶因果 ……………………………………………（37）
第八节　忧患意识 ……………………………………………（39）
第九节　天人合一 ……………………………………………（41）

第十节　意象思维 ………………………………………… (43)
　　第十一节　《周易》与中医 ……………………………… (45)

第三章　儒家文化 ………………………………………………… (48)
　　第一节　孔子的思想 ……………………………………… (48)
　　第二节　孟子的思想 ……………………………………… (69)
　　第三节　荀子的思想 ……………………………………… (75)
　　第四节　两汉经学 ………………………………………… (80)
　　第五节　宋明理学 ………………………………………… (90)
　　第六节　儒学与中医 ……………………………………… (134)

第四章　道家文化 ………………………………………………… (149)
　　第一节　道家之源 ………………………………………… (149)
　　第二节　老子的思想 ……………………………………… (151)
　　第三节　庄子的思想 ……………………………………… (170)
　　第四节　道家与中医 ……………………………………… (187)

第五章　佛学文化 ………………………………………………… (200)
　　第一节　如何对待佛学 …………………………………… (200)
　　第二节　佛与佛教的产生 ………………………………… (202)
　　第三节　佛教的传播 ……………………………………… (203)
　　第四节　中国佛教的发展 ………………………………… (205)
　　第五节　缘起学说 ………………………………………… (207)
　　第六节　四大皆空 ………………………………………… (208)
　　第七节　三世轮回 ………………………………………… (210)
　　第八节　因果业报 ………………………………………… (211)
　　第九节　四谛说 …………………………………………… (213)
　　第十节　三学、六度、八正道 …………………………… (215)
　　第十一节　三法印 ………………………………………… (217)

第十二节　大千世界 …………………………………（218）
第十三节　万法唯识 …………………………………（220）
第十四节　一即一切 …………………………………（222）
第十五节　八不中道 …………………………………（224）
第十六节　无念为宗 …………………………………（226）
第十七节　佛学与中医 ………………………………（228）
第十八节　因果论与治未病 …………………………（230）

参考文献 ………………………………………………（233）

后　　记 ………………………………………………（236）

第一章 绪论

战国秦汉之际，源远流长的中华医学在汲取古代思想文化的基础上，逐渐形成了系统的理论体系和完备的技术方法，成了世界上少有的兼具自然科学、社会科学和生命科学等多重属性的医学文化。一方面，中医学丰富和发展了中华传统文化，直到今天，它依然是最能全面反映中华传统文化内容与特色的文化载体之一；另一方面，中华传统文化，尤其是以易学、儒学、道学、佛学为主要代表的哲学思想文化，对中医学理论的形成与发展产生了深刻的影响，只有全面了解这些哲学思想文化才能更好地理解和继承中医文化。因此，在高等中医院校学习以易学、儒学、道学、佛学等为代表的中华传统文化，不仅可以提高中医学子的人文素养，还可以有效地促进中医相关课程的学习。在正式展开上述内容的学习之前，我们有必要先对文化、传统文化等概念及相关议题进行探讨。

第一节 文化的概念

什么是文化？文化的概念是很难界定的，原因是文化太抽象又太复杂。当有人问我们"文化是什么"的时候，我们似乎还知道文化是什么；一旦它作为一个问题被提出来，我们反倒说不上来什么是文化了。

美国文化人类学家洛威尔（Rober Lowell）说："在这个世界里，没有别的东西比文化更难捉摸。我们不能分析它，因为它的成分无穷无尽；我们不能叙述它，因为它没有固定的形态。我们想用文字来规范它的意义，这正像要把空气抓在手里似的，当我们来手中寻找文化时，除了不在我们手里之外,它无所不在。"①

尽管文化的概念很难界定,但人们还是在不断地探讨并试图给它下一个定义。最早为文化下定义的是英国文化人类学的奠基人爱德华·泰勒(Edward Teller)。1871年,他在其代表作《原始文化》中写道:"文化或文明,就其广泛的民族学意义来讲,是一复合整体,包括知识、信仰、艺术、道德、法律、习俗以及作为一个社会成员的人所习得的其他一切能力和习惯。"②1952年,美国文化人类学家克罗伯和克拉克洪合写了一部综述性的著作《文化——有关概念和定义的回顾》,其中列举了西方学术界从1871年到1951年80年间出现的各种文化定义达164种,1952年以后,世界各地关于文化的新定义更是层出不穷,据统计到现在已有260种之多。这里我们举几个例子,通过分析这些定义,大家可以从中感知和感悟到文化到底是什么。

英国学者汤林森(John Tomlinson)提出:"所谓文化,乃是指特定语境之下,人们从其种种行动和经验汲取种种意义,并从生活中领悟甘苦。"③种种行动和经验,就是指人的生活。就是说,在同样的生活环境中,有人感到有意思,很快乐;有人感到没意思,很痛苦。为什么?追根求源,是人的价值取向问题,而价值取向正是文化的核心所在。汤林森是从价值取向来界定文化的。

德国著名历史学家和历史哲学家斯宾格勒(Oswald Arnold Gottfried Spengler)说:"文明是文化不可避免的最终命运。"④斯宾格勒的这句话的意思是说,文明是文化的结果,文化是文明的过程。这是从文化发展的角度来定义文化的。斯宾格勒还说:"文明是一种人性发展所达到的最外在、最不自然的状态。"⑤人性包括自然本能性和社会伦理性。斯宾

---

① Kroeber and Kluckhohn, *Culture*: *A Critical Review of Concepts and Definitions*, London: Kraus Reprint Co., 1952, pp. 4–5.
② [英]泰勒:《原始文化:神话、哲学、宗教、语言、艺术和习俗发展之研究》,连树声译,尹虎斌、姜德顺校,上海文艺出版社1992年版,第1页。
③ [英]汤林森:《文化帝国主义》,冯建三译,上海人民出版社1999年版,第13页。
④ [德]斯宾格勒:《西方的没落》,齐世荣等译,商务印书馆1963年版,第29页。
⑤ [德]斯宾格勒:《西方的没落》,齐世荣等译,第29页。

格勒的意思无非是说，人类越来越远地脱离自然本能性，而向着社会伦理性发展，这一发展过程正是文化发展的过程。

梁漱溟说："文化并非别的，乃是人类生活的样法。"① 胡适说："文化是一种文明所形成的生活的方式。"② 梁漱溟和胡适二人的说法很通俗，也很实在。实际上就是人们通常所说的"活法"。每个人都有自己的活法，而"活法"背后依然是人的价值取向的问题。

当代学者任继愈认为："文化有广义和狭义之分。广义的文化包括文艺创作、哲学著作、宗教信仰、风俗习惯、饮食器用等。狭义的文化专指能够代表一个民族特点的精神成果。"③

就文化一词的出现，人们往往追溯到《周易·贲卦·彖传》所说的"观乎天文，以察时变，观乎人文，以化成天下。"什么是人文？孔颖达疏曰："观乎人文，以化成天下者，言圣人观察人文，则诗书礼乐之谓。"汉代刘向在《说苑·指武》中说："圣人之治天下也，先文德而后武力，凡武之兴，谓不服也；文化不改，而后加诛。"就是通常所说的"先礼后兵""敬酒不吃吃罚酒"，其含义是与武力镇压相对应的文治教化。中国的古人把文化看成文治教化、礼乐制度，就是用体现古代伦理道德的诗书礼乐来教育感化世人。由此看来，中国文化一开始就有一种精神和人文的指向。

在西方国家，文化一词有一个演变的过程。在拉丁语中，表示"种植"的"cultura"是英语"culture"一词的词源。在英语词汇中，从"农业"（agriculture）和"园艺"（horticulture）两个词的构成，依然可以看到这种影响的存留。从播种、培土、施肥、灌溉等对树木禾苗的培育过程，进一步引申为对人类心灵、知识、情操、风尚的培养，具有了教育、教化这样一些现代文化的意义。

---

① 梁漱溟：《东西文化及其哲学》，商务印书馆1999年版，第60页。
② 胡适：《胡适精品集·我们对于西洋近代文明的态度》，光明日报出版社1998年版，第5页。
③ 任继愈：《民族文化的形成与特点》，《中国文化研究集刊》第二辑，复旦大学出版社1985年版，第1页。

关于文化的概念，我们就讲到这里。到底什么是文化？还需要大家在学习和生活中慢慢体会。

第二节　文化的本质

尽管给文化下定义是非常困难的事情，但通过前边介绍的一些文化的定义，我们还是可以感悟到文化是怎么回事。就文化的本质来说，现在一般都认为文化是自然的人化。

首先是人化。文化总是与人联系在一起的。自从有了人也就有了属于人的文化。文化与人的联系，表现在文化与人性的联系上。文化与人性的关系，在某种意义上说，是一个事物的两个方面，即文化是人性的外显，人性是文化的内化。文化问题的核心是人，文化是由人所创造的、为人所特有的东西，一切文化都是属于人的，纯粹自然的东西不属于文化的范畴。人创造了文化，文化又创造着人。没有人，文化既不存在也无意义；没有文化，人也不成其为人。有人说，人诗意般地栖息在大地上。人之所以具有诗意，是因为人获得了赖以区别于动物并脱离动物世界的文化灵性。人的生活因为有了文化而上升到动物水平之上，从而跟野兽区别开来。

"化"在汉语构词法中是一个动词性词缀，表示向着某一个方向逐渐演变的过程，如机械化、现代化、自动化、网络化、信息化、知识化、年轻化、老龄化，等等。文化就是自然的人化，是自然的文明化，是自然向着属于人的方向转化，也就是越来越人性化。

其次是自然。这里所说的自然包含两个方面的内容：一方面是人之外的自然，是不依赖于人而存在的自然世界；另一方面是人本身的自然。因此，自然的人化有两个方面的内容。

一是自然世界的文明化。自然世界的文明化也可以称为自然界的人性化，就是人们利用自然、改造自然并从自然界获取生活资料以方便于人的生存和生活的成果，即物质文化。这些是我们可以在博物馆看得见的文化留存，我们又称之为文物、遗迹（如甲骨文、青铜器、长城、故宫等）。

二是人类自身的文明化。人类自身的文明化是指在社会教化和人文环境熏染下的人性的不断完善和不断提升。就是说，人类越来越脱离动物的自然本能性而向人的社会伦理性发展，人逐渐从生物学、动物学意义的人发展成社会的人、伦理的人，人逐渐有了理想信念、伦理观念、思想道德、价值取向、审美情趣等。这就是所谓的精神文化。

这里需要进一步讨论关于人性的问题。什么是人性？关于人性有两种解释：一是人类与生俱来的本能属性，或者称之为自然本能性；二是人类有别于动物的本质属性，或者称之为社会伦理性，是人之所以为人的那一部分属性，是人与其他动物相区别的特殊属性。人类化就是人类的文化化，是人性的发展过程。在中国传统文化中，这是一个非常重要的基本思想，文化使人从生物学意义的人变成社会的人、文明的人。人性是在变化着的，人只有依靠不断地自我更新，不断地从整个人类文化中吸收营养，不断地向着人性化的方向发展，才能化兽性为人性。中国古人有明确的从兽性到人性的文化演进思想。如《周易·序卦》中说："有天地然后有万物，有万物然后有男女，有男女然后有夫妇，有夫妇然后有父子，有父子然后有君臣，有君臣然后有上下，有上下然后礼义有所错。"这一段文字，充分体现了人性发展的历史进程，天地是造物主，在天地创造万物之后开始有了男女，那时候的男女是如何生活的呢？"男女杂游，不媒不娉"（《列子·汤问》），既没有媒妁之言也没有聘礼，更没有今天的玫瑰花，是原始群婚时代的生活方式，所以那个时候的人们"知其母不知其父"。后来从群婚发展到配偶婚，这就是"有男女然后有夫妇"。发展到配偶婚，人们就不但知其母，而且知其父了，这就是"有夫妇然后有父子"。然后把基于血缘关系的家庭伦理移植到国家政治，于是就有了君臣这样的政治伦理。于是开始出现了"父子有亲，君臣有义，夫妇有别，长幼有序，朋友有信"（《孟子·滕文公上》）这样的社会伦理，人与人交往有了"进退揖让之礼"，于是人类的文明程度才有了很大提高。

由此可见，文化包含着最基本的人文教化之义。伦理化、道德化是文化的核心精神。关于文化的本质，我们就先讲到这里。

第三节　文化的特点

讲文化的特点，需要回到文化的形成期。只有在文化的形成期，文化才具有明显的特点。

一　民族群体性

民族群体性是文化最显著的特点。民族是人们在历史进程中逐渐形成的有共同地域、共同语言、共同经济生活、共同文化心理的稳定的共同体。在这里，文化成了民族划分的一个重要标志，这本身就说明了文化的民族性特点。例如汉族、回族、维吾尔族、藏族、苗族、蒙古族、满族等，都有其不同的文化特色。世界上的任何文化都是民族文化，是既往的民族感情和民族意识的理性积淀。特定的民族文化反映着特定民族的政治传统、思维定式、伦理观念、价值取向等深层次的民族文化底蕴及其价值体系。因此，文化被称为"民族灵魂之光"。民族的贫弱会导致民族文化的迷失，而文化的迷失则意味着民族的衰落。

二　地域限定性

文化总是带有地域环境的特点。人们通常说，"一方水土养一方人"，长期生活在某一个地方的人们，其生活方式、思维模式、道德观念等就会受到其居住地的地理环境和自然气候的影响。比如我们通常所说的海洋文化和内陆文化，就明显地表现出地域性特点。以地球上某一区域作为限定条件，文化可被分为东方文化、西方文化、中国文化、埃及文化、印度文化等。就中国来说，大体可以分为南方文化和北方文化，或者长江文化和黄河文化。实际上，东西南北中，各自都表现出不同的文化风格。中国古代有齐鲁文化、燕赵文化、吴越文化、巴蜀文化、荆楚文化等，这些地域文化可能从语言到饮食、从做事到想法、从礼俗到观念都存在显著差异。而生活在同一地域或同一文化背景下的人们，其思想与行为却往往是趋于一致的。《黄帝内经·素问》中《异法方宜论》篇的宗旨就在于说明，东西南北中各个地域，由于自然环境的差异和生活方式的不同，或者说由于自然环境的差异所导致的生活方式的不同，使得各地居民的体质不同，病症和病因也因之而不同，故此在治疗方法上也应因地制宜。

就中国传统文化来看，历史上的一些传说，以及许多思想观念和理论学说都是建构在中国这片黄土地上的，这些传说、观念乃至理论学说的产生都可以从中国这片土地上找到它的根源。比方说，中医学讲五行与东西南北中五方的对应关系，东为木，西为金，南为火，北为水，中央为土，这些都与中国所处的地域有着联系。如果把南为火、北为水这种说法拿到澳大利亚去讲，就讲不通了，因为澳大利亚在南半球。可见，一种文化与孕育它的特殊地域密不可分。

三 历史传承性

正如美国文化学家金布尔（Kimble, G.）所说，文化是"人类社会生活的沉淀物"[1]。但它并不是博物馆里的陈列品，而是活着的生命。尤其是以哲学、道德、伦理为核心内容的思想文化，它与物质文化、制度文化不同，因为物质文化和制度文化成果会随着历史的发展而过时，并失去它的直接作用，但思想文化中所蕴含的那些代代相传的思维方式、价值观念、行为准则等却根深蒂固地潜藏着，这种潜藏的基因说不定在哪一天就会显现出来。这是"文化遗传"的现象和规律。今日中国文化，是昨天中国文化的延续，又是明天中国文化的母体。《周易》《黄帝内经》等文化著作都具有继往开来的功能，都是文化史上的一个环节，都有其前因后果。既已形成的文化传统总是一以贯之的。文化以语言为最主要的载体，只要语言还在，文化就会长存。

四 现实变异性

文化固然有其明显的历史传承性，但另一方面，它又具有一定的现

---

[1] ［美］怀特：《文化科学》，曹锦清等译，浙江人民出版社1988年版，第80页。

实变异性。这正像生物学里的遗传和变异。引起现实变异的根本原因是时空的变化。儒家文化从先秦到汉代，又从经学到理学，都发生了变异。尽管文化具有明显的传统特点，甚至有人说传统是文化的核心，但并不是说文化是一成不变的。同时，对传统文化的解释在不同的历史时期都带有时代的色彩。就空间来说，形成于印度的佛教，传入中国以后，由于受到中国固有的本土文化的影响而发生变化，这就是佛教的中国化。时空的转变是引起文化发生现实变异的主要原因。

第四节 文化的结构

我们要对文化现象进行分析，就不能不了解文化的结构。所谓文化的结构，是指构成文化的物质生产文化、制度行为文化和精神心理文化三者之间的关系。

物质生产文化，是器物层面的文化成果，如中国的四大发明、埃及的金字塔等。物质文化处于文化结构的最外层，最容易影响到其他文化，也最容易接受外来文化的影响，它往往可以超越阶级，跨越国度，最容易实现互通共享。

制度行为文化，也称为礼俗文化，是人们在社会实践中建立的各种制度、组织形式，以及历史积淀而形成的风俗习惯。制度行为文化包含两个层面，即制度文化和礼俗文化，所谓"在上为礼，在下为俗"。礼俗文化处于文化结构的中间层面，相对而言，不容易在民族文化之间通过相互影响而发生改变。如不同地域的人们的生活习惯就不大容易改变。

精神思想文化，是人们在长期的社会实践活动中孕育而成的价值观念、思维方式、道德意识、审美趣味、民族性格等。它所反映的是人们的内心世界，潜藏在整个文化系统的深层。具体说来，精神心理文化又可以分为与制度文化相对应的意识形态和与风俗习惯、行为文化相对应的社会心理。某一民族或某一地域的文化之所以表现出鲜明的独特性，与其民族或地域文化形成的心理结构密切相关。

在以上所述的文化结构的三个层次中，外显的物质性文化，往往随着生产力这一最活跃的因素的变革而迅速变革，很容易成为历史的陈迹，也很容易实现与国际接轨。处于中层的制度文化有较强的独立性，但是，随着社会革命或社会变革也会或快或慢地发生变化。而精神心理文化则内化于人类文化发展的各个层面，长期地积淀于各民族文化的深层，构成各民族的独特心理结构，包括人生观、价值观、生活方式和思维方式。它最难发生变化，这就是人们常说的"江山易改，禀性难移"。比如对外来的西方文化，人们最先、最容易接触和接受的是外在的物质性文化，而对于深层的精神心理文化则很难接受和认同。西方人对中国文化也是这样，他们欣然接受了中国人发明的火药和鞭炮，却无法认同中国人用鞭炮驱鬼避邪的传统信念。

中国近代的历史是一个不断反省自己，不断探索西方文明的过程。从洋务运动"师夷长技"的器物层面，到戊戌变法、辛亥革命追求君主立宪的制度层面，再到新文化运动的"反传统、反孔教、反文言"，正反映了从物质到制度再深入到思想的发展过程。正因为精神思想文化是文化的核心层面，所以一旦精神思想文化发生改变，就意味着文化的迷失，就意味着民族的衰落，反过来说，只要文化不灭，民族就会永存。这正是我们今天要弘扬传统文化的意义所在。

第五节　文化的功能

所谓文化的功能，是指文化在人们的社会实践中所发挥的重要作用。一般来讲，文化具有承传、教化、凝聚、调控等功能。

一　承传功能

文化的承传功能是指文化可以被认知、继承和传播的功能，或称为文化的认知与传播功能。文化记录着人类的活动历程。虽然人类过去的活动已经成为历史的陈迹，但通过这些前尘影事，前人可以垂后，后人可以识古，这就是文化的承传功能。这种承传功能不仅是超越时间的，而且是跨越空间的。

文字是人类天才的创造，它既是一种文化现象，又是人类文化的载体。文字对文化的记录和传播功能是相当巨大的，它可以超时空地把人们的思想传之远方，遗之后世。现在我们之所以还能够领略到先民所创造的灿烂的古代文化并把它传播开来、传承下去，靠的就是文化的承传功能。

人类创造的物质文化同样具有承传功能。一种工具、一件兵器、一种生活用品、一种特色建筑都可以使人感受到昔日故地的风土人情、历史沧桑和思想观念的底蕴。

同时，由于文化已经渗透在社会各个层面，所以社会的各个领域也都从不同侧面反映和承传着文化的信息，在学科的各个门类中也都承传着文化母体的因子。比如，中医学既是中国传统文化的一个组成部分，同时又是中国传统文化的独特表现形式。在这个学科领域中承传着许许多多中国传统文化的基因。

二　教化功能

某种文化一旦被创造，就成了人们生活环境的有机组成部分，就会反过来影响人、塑造人，发挥其教化功能。文化的功能，从根本来说是对人的不断塑造，通过提高人的素质，使其成为一代新人。

人从出生开始，就生活在一定的文化环境中，父母教他学说话，教他识别器物，生活使之有了喜怒哀乐和爱憎好恶。长大以后，学校教他知识，家庭、学校和社会一起教他做人。社会上的各种规章制度、风俗习惯都在不同程度地制约着、影响着人们。通常，人都是自觉地、有意识地被某些文化内容影响与教化；但在更多情况下，人都是在耳濡目染中被潜移默化。所谓"近朱者赤，近墨者黑"（《太子少傅箴》）。

三　凝聚功能

文化在实施教化功能的同时，也就有了凝聚功能。同一个社会群体的人们，在同一文化类型或模式中得到教化，从而产生相同的思维方式、价值观念、行为准则、审美情趣、喜怒爱憎，从而紧紧地团结在一起，产生巨大的认同抗异能力。所谓"物以类聚，人以群分"（《战国策·齐策三》）。张岱年先生在《儒家与现代化》一书中说："一个凝聚力，一个同化力，都不是简单的，都有其思想基础。"[1]

文化的凝聚功能，在民族群体中表现得尤为明显。人类历史上有过此起彼伏的民族冲突和战争，文化的凝聚功能的一个重要表现就是对外来侵略和外来文化的抵抗和抵制。中华民族文化的凝聚功能，主要表现为伟大的爱国主义精神。中华民族历尽劫难，仍生生不息，靠的就是这种由民族文化的凝聚力铸就起来的血肉长城，这是血浓于水的亲情的凝聚。

四 调控功能

文化的调控功能，包括对个人心理的调控和对社会管理的调控。文化可以解释生活，实现调控心理的作用。正如美国学者丹尼尔·贝尔所说："文化本身就是为人类生命过程提供解释系统，帮助他们对付生存困境的一种努力。"[2] 换句话说，解释生活并帮助人们对付生活困境，这是文化的职能所在。梁漱溟说文化是"人类生活的样法"[3]。"生活的样法"背后存在的价值取向就是文化，价值取向决定了生活的样法。

同时，文化可以对社会管理进行调控。马克斯·韦伯（Max Weber）是德国古典管理理论学家，被尊称为"组织理论之父"。韦伯理性地、创建性地提出了行政组织科学的组织理论和组织准则，这是他在管理思想史上最大的贡献。根据马克斯·韦伯的研究，人类社会的管理方式依次出现过三种，简单概括地说，就是人治、文治和法治。其中，文治就是用理想信念、荣辱观念、伦理是非、道德传统、诗书礼乐对社会进行管理。即便是在高度法治的社会里，文化的调控也总是不可或缺的，这就是伦理文化与法治文化的同构共存。

---

[1] 张岱年：《儒学与现代化》，人民出版社1994年版，第27页。
[2] ［美］丹尼尔·贝尔：《资本主义文化矛盾》，蒲隆等译，生活·读书·新知三联书店1992年版，第24页。
[3] 梁漱溟：《东西文化及其哲学》，第60页。

第六节　中国传统文化的形成

接下来，我们一起来谈谈中国传统文化的形成、发展、基本精神和思维方式。

一种文化的形成，是与创造这种文化的民族的居住环境、社会结构、生活方式密不可分的。中国特殊的地域环境、四季分明的气候特点、自给自足的自然经济、根深蒂固的宗法制度是中华文化得以形成的背景性条件。

首先，我们来看地形和气候。我国处在亚洲大陆东部，具有平原、高原、山地、丘陵、盆地等多种地形，而华夏先民首先选择在较为宜居的黄河中下游平原定居生活，并逐渐形成了成熟的农耕文化。这里气候温和、四季分明，在时间上和空间上都展现出"中"的特点。时间上，四时往复更替，体现出一种不偏不倚的节律；空间上，四方诸族多以游牧渔猎为生，唯中州、中土、中原、中域、中国开展出成熟而稳定的农业文明。历史上，被称为蛮夷戎狄的边疆诸族都想逐鹿中原、问鼎中原，而真正在中原获得政权以后，则浑然不觉地被中原文化同化了，从而成为中华文化的有机组成部分。这就像是一个围绕中原向心旋转的漩涡，中华文化的活力就在于这个文化漩涡的不断旋转、不断增大。对"中"的追求，不仅体现在政权更替和民族融合上，还体现在先秦时期儒家、道家的思想宗旨上，而后者更是中华文化海纳百川、融合儒释道三教的关键所在。

其次，我们再来看古代先民在中华大地这一时空背景上所展开的经济模式，这就是自然经济。自然经济是以自给自足为生产目的的经济模式，这与以交换为目的、以营利为宗旨的商品经济不一样。在以自然经济为主导的社会里，生产者的劳动生产完全是为了满足和维持自身及家庭、家族的最基本的物质需求。中国古代的生产单位就是家庭，人们衣食住行所需的物品都是在家庭内部制作的，因此这种经济模式不必要也从没意识到要与外部世界进行联系与交往。《汉书·食货志》中曾说：

"一夫不耕，或受之饥；一妇不织，或受之寒。"男耕女织就是对这种自然经济的高度概括。这种自给自足、生产力低下、生产规模狭小、彼此分散孤立的经济模式，一方面使中华民族展现出安土重迁、恬淡平和、知足常乐等心理特点，另一方面也导致了因循守旧、墨守成规、闭关自守等文化心理的产生。

最后，我们还要了解对中华文化影响深远的传统社会结构，这就是血缘宗法制度。血缘宗法制度以血缘关系的远近亲疏作为区分高低贵贱的准则法度。所谓宗族，是指拥有共同的祖先和血缘关系的一群人，同宗者必同一血缘，共祭同一祖庙；同族者必有共同所尊之祖、所敬之宗。宗族是祖先崇拜和血缘关系的有机结合，血缘关系是祖先崇拜的基础，祖先崇拜又是强化血缘关系的纽带。在一个宗族里，族长就是一个大家长，他对宗族的政治、经济、祭祀活动等拥有绝对的支配权。宗族与国家政权结合在一起，就形成了宗法世袭制度，就形成了所谓的"家天下"。于是，血缘宗法制度形成了一种自上至下的特殊的权利模式，君权、父权、夫权具有绝对的权威。可以说，宗法制度的本质特点就是宗族组织和国家组织合二为一，它是中国古代社会最基本、最普遍、最重要的社会组织制度，对古代的政治、经济、法律、文化具有深刻的影响。为什么儒家文化会成为古代的官方正统思想呢？一方面，儒家是血缘宗法制度的产物；另一方面，儒家文化也在客观上维护着这一制度的有序运转。我们要了解儒家这一古代思想文化的主流，就要首先了解这一根深蒂固的血缘宗法制度。现在，随着家庭结构、社会结构的变革，年轻人对传统的血缘宗法制度已经越来越陌生了。也许这就是侧重政治与制度的儒学形态日渐式微，而侧重心性修养的儒学形态尚存发展空间的主要原因。

第七节 中国传统文化的发展

文化就是文化史，它是一种动态的演变历程。尤其是中国传统文化，一直绵延数千年而生生不息，成为世界文明史上的奇迹。从中华主流思想文化的视角看，它大致经历了先秦子学、两汉经学、魏晋玄学、隋唐佛学、宋明理学、清代实学等发展阶段。

一 先秦子学

先秦时期是中华文化在前期积累的基础上大发展的时期，是中华文化元典诞生的关键时期，诸子百家的相互争鸣成为两千多年来中华文化不断发展的源头活水。按照西汉史学家司马谈《论六家要旨》的说法，先秦、汉初主要有六大思想派别：阴阳家、儒家、墨家、名家、法家、道家。尤其是主张以仁义礼乐成就道德教化的儒家和主张以虚静无为、守柔不争来实现万物之自然发展的道家对后世影响最为深远。班固在《汉书·艺文志》中谈到了诸子思想兴起的原因："皆起于王道既微，诸侯力政，时君世主，好恶殊方，是以九家之术蜂出并作，各引一端，崇其所善，以此驰说，取合诸侯。其言虽殊，辟犹水火，相灭亦相生也。仁之与义，敬之与和，相反而皆相成也。《易》曰：'天下同归而殊途，一致而百虑。'"可见，先秦诸子百家争鸣是适应春秋战国时期社会剧烈变革之需而产生的文化繁荣，体现了百家强烈的社会责任感和对现实政治的关怀。诸子突破了原始巫术和宗教崇拜的传统，凭借理性精神和人文关怀奠定了中华民族的价值取向和思维模式。

二 两汉经学

汉王朝建立后的近七十年，朝廷采取黄老之学治世，休养生息的举措带来了文景之治。然而，随着中央集权的削弱，董仲舒提倡大一统的儒学思想成了官方的现实需要，于是汉武帝采纳了董仲舒"罢黜百家，独尊儒术"的建议，儒学开始逐渐被定于一尊，正式成为占统治地位的思想学说。汉人主要运用文字学方法对儒家经典进行解释、阐述和研究，于是形成了与先秦原创儒学不同的经学传统。经学具有鲜明的政治化倾向，它是融合价值观念与政治制度的一种文化创造。当然，儒家文本典籍在不断被经典化和神圣化的过程中，有时也体现出神秘化的倾向。例如，董仲舒运用阴阳五行学说改造传统儒学，建立了天人感应的经学体系，倡言人间祸福与天道变化息息相关，故难免带有神秘主义的倾向。

三 魏晋玄学

汉末三国，战乱频仍，儒家的经学地位开始动摇。魏晋以降，政权频更，文士多厌恶官场政治，转而投向注解易、老、庄"三玄"以期探问宇宙人生的终极问题，并借此调和儒家"名教"与道家"自然"之间的冲突，于是产生了魏晋玄学。魏晋玄学是儒道合流的结果，也可以被视为道家在魏晋时期的新发展，它大致分为三个发展阶段：作为玄学形成期的正始玄学（240—249），代表人物是何晏、王弼；作为玄学拓展期的竹林玄学（255—262），代表人物是阮籍、嵇康；作为玄学成熟期的元康玄学（约263—316），代表人物是裴頠、郭象。玄学家探讨的理论问题包括"有无""本末""体用""言意"等，而其核心议题则是"自然与名教"。"名教"是指儒家的等级名分、伦理道德、制度典范等，"自然"则指万物和人的自然本性、原初情态。王弼认为"名教出于自然"；嵇康提出"越名教而任自然"；郭象则认为"名教即自然"，"夫圣人虽在庙堂之上，然其心无异于山林之中"（《庄子注》）。郭象的观点意味着玄学家对"自然"与"名教"进行调和的最终完成。

四 隋唐佛学

文化的活力在于不断有异质文化的汇入。东汉时期，佛教从古印度传入中国，经过早期的经典译介及南北朝时期的快速发展，至隋唐时，佛教已颇为繁盛。唐朝统治者实行儒释道三教并行的政策，而到了唐宋之际，已基本完成了儒释道三教合一的融合过程，佛教遂与中国本土文化熔为一炉，成为中国传统文化的有机组成部分，并发展出天台宗、三论宗、华严宗、唯识宗、禅宗、净土宗、密宗、律宗等派别。佛教重新激活了儒学和道学的活力，除了促进道教的发展和完善以外，还直接促成了宋明理学的兴起。所以我们今天谈中国传统文化，离开了佛学是不完整的，尤其是像禅宗这样的中国化佛教，已经在不违佛旨的基础上与儒道思想融为一体了。

五 宋明理学

魏晋时期玄学的盛行，南北朝时期佛教的繁荣，隋唐时期儒释道三家并存，这就使儒学在汉代形成的独尊地位受到了挑战。于是在中唐时期就出现了像韩愈、李翱这样以力排佛老、复兴儒学道统为己任的人物。到了北宋，儒家学者也像韩愈那样，自诩直承孔孟、接续道统，但在实际上则是融汇佛老思想来诠释和构建新的儒学体系，于是就形成了围绕理这个概念而展开的新儒学，即理学。所以说，理学本质上是儒释道三教合流的产物。理学的理论形态也是多元的，大体包括以二程、朱熹为代表的理本论，以张载为代表的气本论，以及以陆九渊、王阳明为代表的心本论。宋明理学在元明清时期获得官方正统地位，影响后世长达八百年之久。

六 清代实学

到了清代，宋明理学的异化与积弊已经非常明显，为了矫正空谈心性之风，儒家学者又重新发扬汉代章句训诂之学重新诠释儒家经典，重振儒学经世致用的传统，这一思想阶段就是清代实学。这一时期的文化形态表现出三大特点。第一是启蒙思想的兴起，代表人物是黄宗羲、顾炎武、王夫之，他们反对家天下而主张公天下，反对重农抑商而主张工商皆本，在学术上则倡导经世致用而痛斥空谈性理。第二是文学艺术上表现出较明显的反叛意识，如《红楼梦》《聊斋志异》等作品都表现出对旧有的伦理纲常、科举制度等方面的批评。第三则是对传统文化的总结，清代学者对先秦以降的全部文献尤其是儒家经典展开了整理和研究，还调动人力、物力编纂类书、辞书等，从而对中华传统文化进行了全面而系统的清理和总结。

中华文化如同一条奔腾的巨流，它源远流长、融汇百川，千百年来无私地润泽着神州大地，滋养着中华儿女的心田。她应时而变，历久弥新，在科技和信息高度发达的现代社会也必将重新焕发出璀璨的光芒和迷人的魅力。

第八节　中国传统文化的基本精神

我们为大家简要地梳理了中国传统文化的发展脉络，那么中国传统文化一以贯之的基本精神是什么？概括地讲，中国传统文化的基本精神包括六个方面：天人合一、中正和谐、刚健有为、厚德载物、人文理性和忧患意识。

一　天人合一

钱穆先生在《中国文化对人类未来可有的贡献》一文中讲道："中国文化中'天人合一'观，虽是我早年已屡次讲到，惟到最近始彻悟此一观念实是整个中国传统文化思想之归宿处，我深信中国文化对世界人类未来求生存之贡献，主要亦即在此。"[①] 天人合一首先肯定了人与自然是一个有机关联的整体，其次还确立了中华民族推天道以明人事、循天理以养性修身的思维方式。庄子说："天地者，万物之父母也"（《庄子·达生》），老子说，"人法地，地法天，天法道，道法自然"（《老子》第二十五章），孟子则说，"尽其心者，知其性也，知其性则知天矣"（《孟子·尽心上》）。天不仅是人的存在之源与最终归宿，而且还是德性价值的最高担保和最终根据。因此，古人认为，人不应凌驾于自然之上，而要充分发挥人作为万物之灵的主观能动性，辅助、参赞天地的自然化育过程。中医学更是继承了天人合一的思想观念，"人以天地之气生，四时之法成"（《素问·宝命全形论》），所以中医学的生理、病理、药理、诊断、治疗、养生无不将天、地、人、物置于有机整体之中进行综合考察。

二　中正和谐

中正和谐，其内涵包括"中"与"和"。"中"是对"中正""中

---

① 钱穆：《中国文化对人类未来可有的贡献》，《中国文化》1991 年第 1 期。

庸""中道"的概括，强调的是不偏不倚、无过无不及、恰到好处、谨守内心等。《尚书·大禹谟》有言："人心惟危，道心惟微；惟精惟一，允执厥中。"《周易·豫卦》有言："不终日，贞吉，以中正也。"孔子说："中庸之为德也，其至矣乎！"（《论语·雍也》）老子也说："多言数穷，不如守中。"（《老子》第五章）总之，内心持守住"中"是最重要的，也是最难的，"中"恰恰体现出恰到好处的那种灵活性。除了"中"，中华文化还强调一个"和"字，即整体内部各不同要素之间协调配合、均衡共处的一种和谐状态。早在西周末年时，太史伯阳父就提出："和实生物，同则不继"，并给"和"下了一个定义："以他平他谓之和"（《国语·郑语》），即异质事物间互相制衡所形成的均势或平衡状态。《周易·乾卦·文言》有言："乾道变化，各正性命，保合太和，乃利贞"，这里的"保和""太和"加上"中和"，就是故宫前三殿保和殿、太和殿、中和殿的名称来源，可见中华民族对"和"的状态情有独钟。儒家讲"礼之用，和为贵"（《论语·学而》），"君子和而不同"（《论语·子路》），道家也说"万物负阴而抱阳，冲气以为和"（《老子》第四十二章），"和乃生，不和不生"（《管子·内业》）。"中"与"和"结合起来，就是"中和"，这就是"天下之大本"和"天下之达道"，"致中和，天地位焉，万物育焉"（《礼记·中庸》）。中医学认为，"一阴一阳之谓道"，"偏阴偏阳之谓病"，所以"中和"的生命环境是健康的真正标准，而通过调整人体阴阳构建"中和"的生命环境则是中医治疗的根本思路。

三 刚健有为

在中国古代文化中，儒家长期占据着正统地位，而刚健有为、自强不息则是儒学一贯的精神。《周易·乾卦·象传》为这种刚健精神找到了天道依据："天行健，君子以自强不息。"刚健是君子对天体运行不息的一种效法。孔子的生活态度是"学而不厌，诲人不倦"（《论语·述而》），"发愤忘食，乐以忘忧，不知老之将至"（《论语·述而》）。曾参说："士不可以不弘毅，任重而道远。仁以为己任，不亦重乎？死而后已,不亦远乎?"(《论语·泰伯》)孟子则善于通过"集义"来蓄养"浩然正气",提出"居天下之广居,立天下之正位,行天下之大道。得志,与民由之;不得志,独行其道。富贵不能淫,贫贱不能移,威武不能屈,此之谓大丈夫"(《孟子·滕文公下》)。"故天将降大任于斯人也,必先苦其心志,劳其筋骨,饿其体肤,空乏其身,行拂乱其所为,所以动心忍性,增益其所不能。"(《孟子·告子下》)正是这种刚健有为、自强不息的精神力量,才使中华民族在数不清的灾难面前越挫越勇、百折不挠,展现出奋发进取、蓬勃向上的精神风貌。受这种精神影响,历史上的中医也都"博极医源,精勤不倦",从而展示出孙思邈所形容的大医风范:"凡大医治病,必当安神定志,无欲无求,先发大慈恻隐之心,誓愿普救含灵之苦。若有疾厄来求救者,不得问其贵贱贫富,长幼妍蚩,怨亲善友,华夷愚智,普同一等,皆如至亲之想。亦不得瞻前顾后,自虑吉凶,护惜身命。见彼苦恼,若己有之,深心凄怆。勿避险巇、昼夜、寒暑、饥渴、疲劳,一心赴救,无作功夫形迹之心。如此可为苍生大医,反此则是含灵巨贼。"(《备急千金要方·大医精诚》)

四 厚德载物

厚德载物出自《周易·坤卦·象传》"地势坤,君子以厚德载物"。这是说,大地之势宽广、厚实、柔顺,作为君子,应当效法大地,厚植自己的品德,如此方能包容万物、承载万物、造福万物。可以说,很少有哪种文化像中华文化这样强调内在德性的培养。《礼记·大学》开篇即有言:"大学之道,在明明德,在亲民,在止于至善。"这是先肯定人内心本具一种光明的德性,而"大学之道"首先就要使这种内在的光明焕发出来。"古之欲明明德于天下者,先治其国;欲治其国者,先齐其家;欲齐其家者,先修其身;欲修其身者,先正其心;欲正其心者,先诚其意;欲诚其意者,先致其知,致知在格物。"(《礼记·大学》)齐家、治国、平天下,其前提条件是格物、致知、诚意、正心、修身,即内在德性的修养。修身成德,是古代读书人的终生追求和终极追求,"止于至善"的道德践履使缺乏西方式宗教的中华文化具有了某种类似宗教的精神。对于中医而言，医者首先需要具备慈悲仁爱之心，而治病救人本身也是磨砺德性的重要方式，所以中医被称为"仁术"，没有仁慈之心是不可能成为"苍生大医"的。

五　人文理性

人类最可贵的地方在于自我发现、自我探索与自我超越，这就是人文理性，它使人越来越脱离自然本能从而与禽兽区别开来，越来越依靠自身的理性与自然万物和其他社会成员打交道，从而摆脱了宗教神学的束缚。人文理性表现为对人自身的生命、情感、理性、尊严和价值的崇尚与尊重，以及对人的自由精神和全面发展的不懈追求。中国传统文化在先秦时期就已经表现出一种浓重的人文主义传统，其核心价值都是围绕人的社会存在而建立起来的，它不完全将人类自身托付给超越的宗教神灵，也不追求关乎自然的客观知识体系，而是侧重人类社会关系的和谐和道德人格的不断完善。儒家认为人是与天、地并列的三才之一，道家认为人与道、天、地同为"域中四大"之一。孔子"不语怪力乱神"（《论语·述而》），"敬鬼神而远之"（《论语·雍也》）；老子则将万物存在的根据和源泉安放于道上而非天帝神灵身上，并认为"天地不仁"（《道德经》第五章），"天道无亲"（《老子》第七十九章）。既然人类是万物之灵又能自作主宰，那么中国古人就把重点放在了对人类道德的教化之上。总之，不管儒家还是道家，都将关注的重心从神灵转向人类自身，都体现出对人类道德理性的推崇和对人自身价值的肯定与关怀。中医继承了中华文化注重人文理性的精神，它首先尊重和重视生命，注重扶助人体阳气、正气，其次凭借严密的辩证思维实施治疗，而非将人体健康简单地托付给巫觋或鬼神。

六　忧患意识

最后，中华文化还是一种具有强烈忧患意识的文化。"忧患"一词很早就出现在《易传》和《孟子》中。《易传·系辞下》有言："作《易》者，其有忧患乎？"《孟子·告子下》有言："入则无法家拂士，出则无敌国外患者，国恒亡。然后知生于忧患，而死于安乐也。"忧患意识是先民在农业生产中很自然就会产生的一种文化心理。面对天时气候的不确定性，未雨绸缪、防患于未然慢慢成为一种实践智慧。《周易·坤卦》初六爻辞曰："初六，履霜，坚冰至。"当脚踏上微霜时，就已经预知到冰天雪地快要来了。这种思维移植到政治实践上，就是警示统治者要居安思危、防微杜渐。忧患意识在中医诊疗实践中体现为善于防治未病。在疾病尚未产生时、疾病初起时、疾病已深入但尚未传变时、疾病初愈而尚未复发时，中医学都善于调和人体阴阳平衡，增强机体防病、抗病能力，从而做到未病先防、有病早治、既病防变、病愈防复。《素问·四气调神大论》有言："是故圣人不治已病，治未病，不治已乱，治未乱，此之谓也。夫病已成而后药之，乱已成而后治之，譬犹渴而穿井，斗而铸锥，不亦晚乎。"当今社会，许多人并不重视自己的亚健康状态，直到重病产生时才开始治疗，但往往为时已晚。

第九节　中国传统文化的思维方式

思维方式的差异是造成文化差异的根本原因。对于生活在现代社会的中国人来说，我们大多对于古人的思维方式有一种既熟悉又陌生的感觉。如果不了解中国传统文化的思维方式是什么，我们也就无从真正了解我们自己的文化。对于学习中医的学生来说，由于中医学的思维方式与中国传统文化的思维方式一脉相承，所以不了解中国传统文化的思维方式也就无法真正理解和掌握中医。总体而言，中国传统文化的思维方式包括象数思维、直觉思维、整体思维、中和思维等。由于上一节我们在谈论中国传统文化基本精神时讲到了"中正和谐"，所以这一节我们主要说一下象数思维、直觉思维和整体思维。

一　象数思维

象数思维，是指运用带有直观、形象、感性的图像、符号、数字等象数工具来揭示认知世界的本质规律，通过类比、象征等手段把握认知世界的联系，从而构建宇宙统一模式的思维方式。

象首先指物象或自然之象。《周易·系辞上》有言："见乃谓之象。"此处"见"当作"现"解，即动词意义上的"现象"，也就是正在发生和涌现的动态之象。故象不仅仅为视觉所见，举凡人之视、听、嗅、味、触等官能与自然万物相接所形成的形状、颜色、声音、气味、味道、质地等，皆属于象。在物象的基础上，经过思维加工形成了符号之象，这种人为之象又称意象。《周易·系辞上》有言："圣人有以见天下之赜，而拟诸其形容，象其物宜，是故谓之象。"圣人有感于天下万事万物复杂微妙，于是乃以卦象模拟和象征万物变化的情态。卦象是符号之象的一种，其他的符号之象包括太极图、河图、洛书、阴阳五行、天干地支等，其作用是概括和说明万事万物的状态和特性，模拟、象征和推演其变化规律，从而使人据象行事。象还可作动词讲，即取象、象征之义。《周易·系辞下》中云："易者，象也。象也者，像也。"凡事物有相似之象者，即可被关联为一类，这就是取象比类的"象思维"。

数有实测的、定量的数与表象的、定性的数之分，象数思维中的数侧重于表象与定性，故这种数实为一种特殊之象，它将象形式化、简约化，所以可被视为意象的一种，如一气、两仪、三才、四象、五行、六合、七星、八卦、九宫等；再如易数中的阳九阴六之数、阴阳奇偶数、五行之数、八卦次序数、天地生成数、河图数、洛书数、大衍之数等。运用数进行比类和象征就是"数思维"或者"运数思维"，而"数思维"本质上是一种特殊的"象思维"。中医学理论多采用定性、表象的意象之数，例如五脏、六腑、十二正经、奇经八脉、三阴三阳、五运六气、六淫七情、三部九侯、四气五味、五腧穴、八会穴、灵龟八法、九宫八风等。

象与数密不可分，象中含数，数中蕴象，二者结合即为象数思维。古人运用象数思维从具体物象中归纳出符号化的意象，如六爻、八卦、六十四卦、阴阳、五行、天干、地支、河图、洛书、太极图、奇偶数字等，再以这些意象作为思维模型去类推和比拟万事万物。象数作为归纳与演绎合一的思维中介，将看似不相关联的事物有机地联系起来，建立起了意象与物象、物象与物象之间的普遍联系,从而将纷纭复杂、互相割裂的事物统一起来,使之形成简约有序的关联系统。

象数思维是中医思维方式的核心,其应用体现在藏象理论、诊断辨证、治则治法、本草方剂、经穴针灸等各个方面。人体有形象、色象、舌象、声象、气味象、脉象、经络象、穴位象、藏象、病象、证象等;药物有气象、味象、升降象、色象、部位象、形状象、质地象、时间象、地域象、配伍象等;经络穴位上应天时之象,下合地理之象,内应脏腑之象。中医运用一气、阴阳、三才、四象、五行、八卦等象数符号系统对上述诸象进行比类,从而获得了关于生理、病理、药物、诊治的整体性、系统性理论与实践。

二 直觉思维

直觉思维是认识主体突破主客对立的认识惯性后,心灵所涌现出的对认识对象的直观感知和统全把握。法国哲学家柏格森(Henri Bergson)在其《形而上学导言》一书中说:"所谓直觉,就是一种理智的交融,这种交融使人们自己置身于对象之内,以便与其中独特的,从而是无法表达的东西相符合。反之,分析则是一种这样的活动,它把对象归结为已知的要素,也就是归结为这个对象及其他对象所共同的要素。因此,进行分析,也就是把事物表达为一种不同于其自身的某种东西的函项。"[1] 可见,直觉思维与分析思维、逻辑思维、概念思维不同,它强调主体将自己置身于对象之内,在与对象相互融合的状态中获得关于对象的整体性洞见。

《周易·系辞上》有言:"易无思也,无为也,寂然不动,感而遂通天下之故。"易是无思虑、自然无为、寂然不动的,只有在虚静的状态下对其进行整体感悟,才能通晓天下变化之道。儒家的"十六字心传"也体现出注重身心感悟的直觉性特征:"人心惟危,道心惟微。惟精惟一,允执厥中。"(《尚书·大禹谟》)人心危殆不安,道心微渺难见,惟

---

[1] [法]柏格森:《形而上学导言》,刘放桐译,商务印书馆1963年版,第3—4页。

有精诚专一，持守中道，才能转化人心、彰显道心。这种微妙难言的工夫心法，自然需要在生活践履中不断地进行直觉体悟。道家更是偏爱直觉思维。"为学日益，为道日损"（《老子》第四十八章），"致虚极，守静笃"（《老子》第十六章），"涤除玄览"（《老子》第十章），"堕肢体，黜聪明"（《庄子·大宗师》）等，都体现了道家融通主客、离言绝象、直观静悟的思维倾向。

受上述传统文化的影响，中医学也形成了偏重直觉的思维方式。这在中医的诊断辨证、处方用药、运针调针等方面均有体现与应用。范晔在《后汉书·郭玉传》中云："医之为言，意也。腠理至微，随气用巧，针石之间，毫芒即乖。神存于心手之际，可得解而不可得言也。"郭玉所说的"医之为言，意也"是说，医者应当息心静虑，对患者之病情细心体察，施治时要心手合一、随机应变。《素问·八正神明论》中亦有言："神乎神，耳不闻，目明心开，而志先，慧然独悟，口弗能言，俱视独见，适若昏，昭然独明，若风吹云，故曰神。"这种"慧然独悟""昭然独明"的状态，是在对经典和临床实践不断进行体悟琢磨的过程中，突然心开悟解的一种思维过程。这种直觉思维也体现在古代医家偏爱以"心解""心悟""心法"等命名自己的医学著作上，如窦材的《扁鹊心书》、朱丹溪的《丹溪心法》、薛己的《外科心法》、万全的《痘疹心法》、程钟龄的《医学心悟》、黄元御的《四圣心源》等。

三　整体思维

整体思维是指在观察分析和研究处理问题时，注重事物本身固有的完整性、统一性和联系性，以普遍联系、相互制约的观点看待宇宙和万事万物的思维方式。整体思维是易学、儒学、道学的传统思维方式，气化论、天人合一思想和象数思维都与整体思维密不可分。整体思维将人与自然、人与社会、生命自身关联为一个有机系统，这对中医学的预防、养生、诊断、治疗都产生了深刻影响。

古人认为，包括人在内的天地万物都是气的聚散流行，所谓"通天下一气耳"（《庄子·知北游》）。气具有弥散性、渗透性、连续性，所以气化论就使世界成了一个动态、连续的有机整体。气化整体观的突出表现便是天人合一思想。《易传》提出三才之道，认为天、地、人是相互关联着的有机整体。儒家的孟子认为，人可以通过"尽心""知性"而达于"知天"。《中庸》也认为，人可以"赞天地之化育""与天地相参"。通过修身尽性，人的最高境界便是"与天地合其德，与日月合其明，与四时合其序，与鬼神合其吉凶"（《周易·乾卦·文言》）。道家的老子认为，人为"四大"之一，人可以通过效法地、天、道而与自然大道相合。无论是主张将自然人化的儒家，还是主张将人自然化的道家，都将天人合一视为最高的价值追求。需要特别指出的是，整体思维与象数思维的运思模式密不可分。"古者包牺氏之王天下也，仰则观象于天，俯则观法于地，观鸟兽之文，与地之宜，近取诸身，远取诸物，于是始作八卦，以通神明之德，以类万物之情。"（《周易·系辞下》）易学发展出的象数思维将自然、社会、人体关联为一个有机的整体系统，万事万物通过"同气""同象"而彼此感通。可见，气化论是整体思维的观念基础，天人合一是整体思维的主要表现，而象数思维则是整体思维的运思方式。

受传统文化的影响，中医学运用整体思维建立了藏象、经络等生理学模式，阴阳失调、邪正盛衰等病理学模式，六经辨证、八纲辨证等诊断学模式，调和阴阳、补偏救弊等治疗学模式。在人"与天地相参"的整体思维影响下，中医学运用阴阳五行等象数思维模型建构了以人体为核心，囊括天文、地理、物候、音律、矿产、植物、动物、社会等外部因素的整体开放系统。几千年来，中医学始终坚持整体观而没有走上分析还原的道路，整体思维可以说是中医思维的主要特色。

总体而言，上述三种思维方式中，象数思维居于核心地位：因为象数思维是主客交融的思维方式，故其内在地包含着直觉思维；又因象数思维构建了涵盖天、地、人"三才"，融通自然、社会、人体的统一世界，故其又内在地包含着整体思维。

第二章 易学文化

《周易》是中国传统文化的重要经典，被尊为群经之首、大道之源。它是中华文明的总源头，中国传统社会特有的生活方式、行为规范、伦理道德、审美意识和思维方式等都可溯源于《周易》。《周易》博大精深，《四库全书总目提要》中说："易道广大，无所不包，旁及天文、地理、乐律、兵法、韵学、算术、以逮方外之炉火，皆可援易以为说。"就是说，任何学科都可以从《周易》找到理论的渊源。明代医家张介宾在其著作《类经附翼·卷一·医易义》中说："宾尝闻之孙真人曰：'不知易，不足以言太（大）医'。"这就是说，学习中医的人首先要学好《周易》，因为从《周易》中可以找到中医理论之所以如此的基础和依据。

第一节 "周易"释名

《周易》为什么叫"周易"？弄明白这本书的书名含义，有利于我们解读其义理。然而，关于《周易》的命名含义，古人对此莫衷一是。

一 "周"有四义

（一）周代。据《周礼·太卜》记载："太卜……掌三易之法，一曰《连山》，二曰《归藏》，三曰《周易》。"郑玄在《易赞》中说："夏曰《连山》，殷曰《归藏》，周曰《周易》。"

（二）周地。唐代孔颖达在《周易正义》中云："连山、归藏并是代名，则周易称周取岐阳地名。"《毛诗》中云："'周原羑里'是也。""周"地到底在哪里？一种说法是在岐阳，就是现在陕西省岐山县；另一种说法是在羑里，在河南省汤阴县。这两个地方都与周文王有关，前者是他做官的地方，后者是他坐牢的地方。

（三）周遍。郑玄在《易赞》中说："《周易》者，言易道周普，无所不备。""周普"就是"周遍、周备、无所不备"，它涵盖了天地万物所有的一切。

（四）周期。即周而复始，循环往复。在《周易》的六十四卦中，不仅构成每一卦的六爻构成一个事态的发展周期，而且六十四卦从乾坤开始，到既济、未济结束，也形成了一个完整的运动周期。

二 "易"有三义

郑玄在《易赞》及《易论》中说："易含三义，易简一也，变易二也，不易三也。"

首先是易简。为什么说它易简？因为它用阴、阳统摄了天地间的一切万物，只论阴阳，而天地万物都已包含其中。高屋建瓴，提纲挈领，执简驭繁。

其次是变易。就是变化，体现了宇宙万物永恒的运动本质。有人说"易"是象形字，是蜥蜴的"蜴"的古字，就是变色龙，变色龙的最大特点就是变。有人说"易"是日月易，用日月周而复始的、永不停息的运行特点来体现运动变化的规律。所谓"易之为书，变动不居"。

最后是不易。不易就是不变。事物是运动的、变化的，但使之运动变化的总根源和总规律是不变的。比如一年内春夏秋冬的更替，一天之内朝昼夕夜的变化，这是运动变化，但引起这种变化的根源和规律是不变的，这个规律就是春夏秋冬、朝昼夕夜依次循环往复，周而复始，这是不会变的。

上述"周"有四义，我们主张取其第三和第四个义项；"易"有三义，我们主张取其第二和第三个义项。如此来讲，《周易》就是讲一切事物周而复始的运动变化规律的一部书。

第二节 《周易》的由来

《周易》是中华文化的元典，也是一部极具神秘色彩的经典。这部经典是怎么形成的？东汉时期的班固在《汉书·艺文志》中概括说："《易》道深矣，人更三圣，世历三古。"

一 上古，伏羲画八卦

《太平御览》卷九中记载，"伏羲坐于方坛之上，听八风之气，乃画八卦。"八风之气来自于不同的时节与方位，所以具有不同的能量和信息，伏羲凭借敏锐的直觉能力将八风之气符号化为八卦。

《周易·系辞下》中说："古者包牺氏之王天下也，仰则观象于天，俯则观法于地，观鸟兽之文，与地之宜，近取诸身，远取诸物，于是始作八卦，以通神明之德，以类万物之情。"包牺氏也就是伏羲氏，他通过仰观俯察，取象比类，将不同的象进行归纳并将其符号化为八卦。

《周易·系辞上》中说："天生神物，圣人则之；天地变化，圣人效之；天垂象，见吉凶，圣人象之；河出图，洛出书，圣人则之。"河图洛书与天文学有关，伏羲画八卦很可能是基于天象变化而形成的。

伏羲到底是如何画出八卦的？这依然是未解之谜。

二 中古，文王演周易

《周易·系辞》中载："《易》之兴也，其当殷之末世，周之盛德耶！当文王与纣之事耶！"《史记·周本纪》中记载："西伯盖即位五十年，其囚羑里，盖益《易》之八卦为六十四卦。"《汉书·司马迁传》有言："昔西伯拘而演《周易》。"周文王，姓姬，名昌，岐周（今陕西岐山）人。其父死后，继承西伯侯之位，故称西伯。姬昌在商纣王时期为西伯，建国于岐山之下，倡导仁义、敬老爱幼、礼贤下士的社会风气，积善行仁，使其所辖领地的社会经济得以发展，后因有人进谗言，而被囚到羑里。其子周武王建立周王朝以后，追封姬昌为周文王，为诸侯所拥戴。

就在殷纣王一怒之下将他囚禁在羑里之时，文王潜下心来，日思夜想，终于将八卦推演成六十四卦，并写出卦辞、爻辞。

三 下古，孔子作易传

在史书里，我们可以看到孔子作《易传》的记载。《汉书·儒林传》中记载，孔子"盖晚而好《易》，读之韦编三绝，而为之传"。《汉书·艺文志》有言："孔子为之《彖》《象》《系辞》《文言》《序卦》之属十篇。"《史记·孔子世家》中说："孔子晚而喜《易》，序《彖》《系》《象》《说卦》《文言》。读《易》，韦编三绝，曰：假我数年，若是，我于易则彬彬矣。"孔子周游列国，四处碰壁，五十岁时开始学《易经》。孔子为什么到五十岁的时候开始学习《易经》呢？大家知道，孔子说过"五十而知天命"。到了知天命之年，开始研究算命的书，也是情理之中的事。长沙马王堆汉墓出土帛书《要》中记载："夫子老而好易，居则在席，行则在囊。"孔子专心学易，到了痴迷的程度。并且为之作注，写成《易传》。

需要指出的是，不管是《易传》揭示了《易经》所蕴含的思想，还是孔子借为《易经》作传来传播他自己的儒家思想，都不可否认一个事实，那就是因为孔子作《易传》，才使得《周易》从卜筮之书提升为哲学著作。

第三节 《周易》的结构

《周易》可分为"经"和"传"两大部分。"经"就是《易经》，"传"就是《易传》。

一 《易经》

《易经》包括六十四卦，分上经和下经。上经，从乾、坤至坎、离共三十卦；下经，自咸、恒至既济、未济共三十四卦。全书共六十四卦，每卦都有卦形、卦名、卦辞、爻题、爻辞五部分组成。所谓卦形，也称卦画。卦名，是卦的名称，也就是卦的标题，它代表着一个卦的含义。卦辞，是对卦的解释，是说明卦义的文辞。卦辞对一个卦的宗旨、含义和特点进行说明，卦辞是对全卦所下的断语。

爻题，是爻的名称。一个爻题有爻位和爻性两部分构成。爻位，自下而上依次是：初、二、三、四、五、上；爻性，就是指阴爻和阳爻。构成卦的两个符号，一个是"—"，另一个是"- -"。在《易经》中，原来并没有"阴阳"二字，后来《易传》才把"—"这个符号叫阳爻，把"- -"这个符号叫阴爻。在爻题中，阳爻被称作九，阴爻被称作六，所以爻题的读法依次是：初九（初六）、九二（六二）、九三（六三）、九四（六四）、九五（六五）、上九（上六）。爻辞，是说明爻义的文辞。《周易》六十四卦，每卦六爻，共三百八十四爻，加上乾坤两卦各有一个用爻，总共为三百八十六爻，所以有三百八十六条爻辞。爻辞是组成各卦内容的主要部分。

二 《易传》

《易传》是对《易经》最早的注释，反映了《周易》的哲学思想。相传《易传》为孔子所作。《汉书·艺文志》有言："孔子为之《彖》《象》《系辞》《文言》《序卦》之属十篇。"我们需要注意两个问题。一是《易传》是我们开启《易经》之门的钥匙，没有《易传》，后人则无从读懂《易经》。二是《易传》使《周易》成为一部哲学著作，我们说《周易》是哲学之元典，主要是《易传》的功劳。

《易传》共有七个部分：《彖》《象》《文言》《系辞》《说卦》《序卦》《杂卦》。其中《彖》《象》《系辞》各分上下篇，故《易传》共计十篇，称为"十翼"，意思是辅助我们理解《易经》的十篇文章。

《彖》，是解释卦名、卦义及卦辞的，它对一个卦的主旨做出了判断。"彖"的意思就是判断。

《象》分《大象》和《小象》，《大象》解卦，《小象》解爻。《大象》，从卦象入手对整个卦义进行意义的概括和推演。《大象》尤其体现了《周易》"推天道以明人事"的特点。如乾卦的《大象》"天行健，君子以自强不息",先讲天而后讲人,首先总结卦象,概括乾卦所表现的是"天行健",然后推演出"君子以自强不息"。君子之所以要自强不息,是因为人要效法天道。

《系辞》,是《易经》的通论,因篇幅较长而分上下。对于《易》的产生,《易》的哲理意蕴,《易》的基本概念如太极、两仪、四象、八卦的产生及其内在关系等都有深刻的解释,《周易》的哲学思想主要包含在《系辞》当中。

《文言》,是对乾坤两卦的卦爻辞的贯通性解释,只有乾坤两卦才有,其他卦没有。由于乾坤两卦是六十四卦的基础、根本和门户,所以特地为乾坤两卦撰写《文言》来加以深刻的解释。

《说卦》,主要是解说乾、坤、震、巽、坎、离、艮、兑八卦所代表的属性特点,如"乾,健也。坤,顺也"。这是揭示卦的性质的。就是说,乾卦的本质是阳刚、刚健,坤卦的本质是阴柔、柔顺。

《序卦》,解说了六十四卦的排列顺序,说明了六十四卦的顺序之所以如此的内在逻辑联系。

《杂卦》,解说了六十四卦的卦义,它不依卦序,而大多是两卦为一组,揭示其对立统一的关系。如乾坤两卦、损益两卦、否泰两卦、坎离两卦,等等。

第四节 八卦与六十四卦

八卦和六十四卦是怎样形成的呢?我们可以通过八卦和六十四卦的演绎过程来加以说明。

一 八卦

八卦是中国古代的一套有象征意义的符号,每一卦形都代表一定的事物。它是怎么演变来的?《易传·系辞上》有言:"易有太极,是生两仪,两仪生四象,四象生八卦。"请看八卦生成图,图2-1:

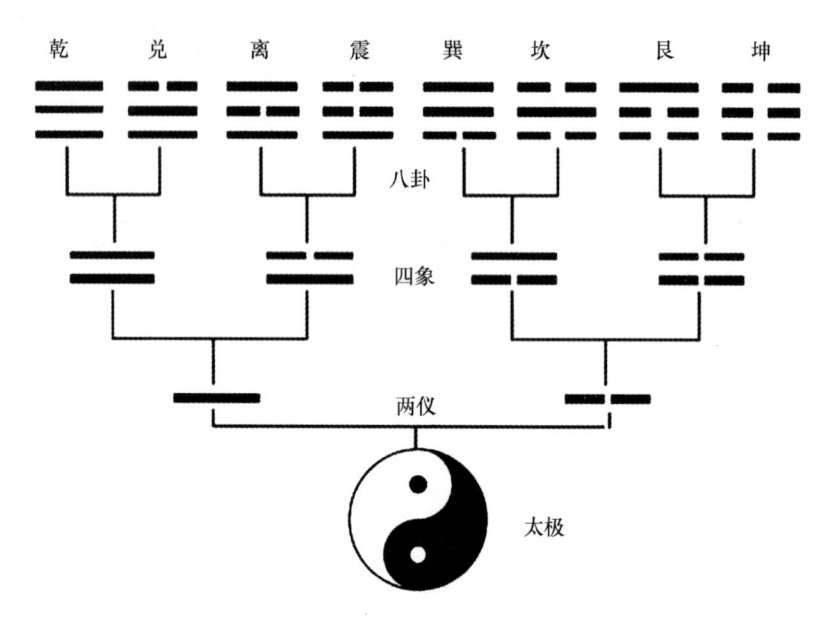

图 2-1 八卦生成图

在八卦生成的过程中,大家要注意两个要点。第一,从下到上,一分为二。第二,动而生阳,静而生阴。

太极生两仪,两仪就是阴阳;两仪生四象,阳动而生太阳(老阳),静而生少阴,阴动而生少阳,静而生太阴(老阴);四象生八卦,太阳动而生乾,静而生兑,少阴动而生离,静而生震,少阳动而生巽,静而生坎,太阴动而生艮,静而生坤。

八卦象征着自然界的八种基本现象,其对应关系是:乾为天,坤为地,震为雷,巽为风,坎为水,离为火,艮为山,兑为泽。那怎么记住八卦卦画呢?南宋时朱熹为我们写了一首八卦取象歌,这样我们就可以根据卦画记住卦名了:乾三连,坤六断;震仰盂,艮覆碗;离中虚,坎中满;兑上缺,巽下断。

二　六十四卦

上面提到的八卦都是三爻卦。八个三爻卦(经卦)各自重叠以后,变成了六十四个六爻卦（复卦）。要注意的是，画一个卦是从下面画起的，卦的变化也是从下面开始的，下面的卦是内卦，上面的卦叫外卦。这种由下往上，由内到外的情况，说明了事物的变化是从内部开始的。

简言之，六十四卦的演绎经历了这样几个步骤，我们以乾卦为例，如图2-2：第一步，本体卦，乾上乾下，三爻的乾卦，叠加而成为六爻的乾卦；第二步，初爻变，变的结果是天风姤；第三步，第二爻变，变的结果是天山遁；第四步，第三爻变，变的结果是天地否；第五步，第四爻变，变的结果是风地观；第六步，第五爻变，变的结果是山地剥；第七步，第四爻变回原爻，变的结果是火地晋；第八步，内卦变回本体卦，变的结果是火天大有。依此类推，就可以演绎出六十四卦。

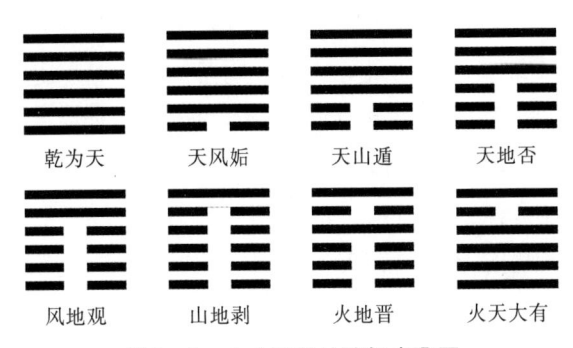

图2-2 六十四卦的演绎步骤图

第五节 阴阳之理

《周易》所讲的根本问题是"阴阳之理"。《庄子·天下》篇中说："易以道阴阳。"《周易》的根本宗旨是讲阴阳的。阴阳是易学的根本，也是中国古代哲学的基本问题。阴阳是《周易》最核心、最基础的概念，所有的易理都建立在阴阳之道的基础之上。《周易》以此来揭示自然与人事的变化规律。

阴阳作为中国古代哲学的一对范畴，经历了一个从具体到抽象的过程。阴阳最初的含义是很具体的，大家可以看到，阴阳两个字的偏旁是"阝"，在汉字结构中，汉字左边的"阝"本来是"阜"，意思是山，山南为阳，山北为阴。它表示阳光的向背，向日为阳，背日为阴，山南水北为阳，山北水南为阴。陕西有一个地方叫咸阳，因为它处在渭水之北，九嵕山之南。无论从山来看，还是从水来说，都是阳，故称咸阳。后来阴阳不断地被抽象，气候的寒暖，方位的上下、左右、内外，光线的明暗，状态的动静，时间上的春夏秋冬等都是阴阳的表现。中国古代的哲学家们进而体会到自然界中的一切现象都存在着相互对立而又相互作用的关系，于是就用阴阳这个概念进行解释，并认为阴阳的对立和消长是宇宙万物的基本规律。阴阳学说认为，世界是一个有机整体，自然界的任何事物都包含阴和阳两个方面，而对立的双方又是统一的。"阴不可以无阳，非气无以生形也；阳不可以无阴，非形无以载气也。"（《类经图翼》）《老子》第四十二章中指出："万物负阴而抱阳，冲气以为和"，这是对阴阳对立统一规律的最好概括。阴阳的对立统一运动，是自然界一切事物发生、发展、变化及消亡的根本原因。正如《素问·阴阳应象大论》有言："阴阳者，天地之道也，万物之纲纪，变化之父母，生杀之本始。"也就是说，阴阳是天地间的一般规律，是一切事物的纲领，是万物变化的根源，是生长毁灭的基础。世界本身就是阴阳二气对立统一运动的结果。

阴和阳，既可以表示相互对立的事物，又可用来分析一个事物内部所存在着的相互对立的两个方面。一般来说，凡是运动的、外向的、上升的、温热的、明亮的，都属于阳；静止着的、内守的、下降的、寒冷的、晦暗的，都属于阴。以天地而言，天气轻清为阳，地气重浊为阴；以水火而言，水性寒而润下属阴，火性热而炎上属阳。

阴阳学说源于《周易》，《易经》虽然没有明确提出阴和阳的概念，但它使用阴爻、阳爻两个符号，揭示了万事万物的变化规律。在《周易》六十四卦中，乾卦是纯阳之体，坤卦是纯阴之体，其他六十二卦都是阴阳变化的具体表现。所以庄子概括地说："易以道阴阳。"（《庄子·天下》）《慎子·外篇》中谓："气之挚敛而有质者为阴，舒散而有气者为阳。"到了汉代的董仲舒，他在《春秋繁露·基义》中说："凡物必有合……物莫无合，而合各有阴阳。"就是说，所有的事物都有对立面的存在，没有对立面的事物是不存在的，而对立的双方都可以用阴阳来概括和表述。具体来说，如：天地为一合，天为阳，地为阴；君臣为一合，君为阳，臣为阴；父子为一合，父为阳，子为阴；夫妻为一合，夫为阳，妻为阴。《基义》有言："阴者阳之合，妻者夫之合，子者父之合。"一切对立统一的双方都可以用阴阳来表述。二者相互依存，对立转化。

《黄帝内经·灵枢》有言："阴阳者，有名而无形。"这是说，阴阳是被抽象了的概念，没有固定的形态。像"九野"的划分、"四时"的变化、"月份"的大小、"日夜"的长短等，都是阴阳变化的具体体现。朱丹溪在《局方发挥》中说："阴阳二字，固以对待而言，所指无定在，或言寒热，或言血气，或言脏腑，或言表里，或言虚实，或言清浊，或言上下，或言邪正，或言生杀，或言左右。"就一年四季来看，春夏为阳，秋冬为阴。冬至和夏至是阴阳转化的交点，冬至一阳生，夏至一阴生。就一天昼夜来看，白昼为阳，黑夜为阴。午时和子时是阴阳转化的交点，子时一阳生，午时一阴生。孤阴则不生，独阳则不长，无阳则阴无以生，无阴则阳无以化。阴阳互根，始终处在不断消长之中。

中国古代思考和表达时间的方式主要是通过阴阳和五行，五行是阴阳的细化，所以中医的时间观本质上就是阴阳观。从一年的十二月到一日的十二辰，实际上都是阴阳消长变化的过程，是阴阳消长有规律的曲线运动。所以《素问·四气调神大论》在其分别论述了春夏秋冬四季以后，总结说："夫四时阴阳者，万物之根本也。所以圣人春夏养阳，秋冬养阴。"这一篇里还提出了"是故圣人不治已病治未病，不治已乱治未乱"，中医治未病和养生的基本原则就是顺应阴阳之理，阴阳为我们养生防病提供了认识论基础。

第六节　生生之道

《周易·系辞上》有言："生生之谓易。"可见，《周易》的精髓在于论述"生生之道"。《周易·系辞下》中说："天地之大德曰生。"天地自然的最大恩德是化育生成万物，使万物生生不息。

首先,《周易》这本书的命名就意味深长。前边我们在"周易释义"一讲中已经说过,《周易》是讲一切事物周而复始的运动规律的一部书。周而复始就是永不停息。《说文解字·易》曰:"日月为易,象日月也。"《周易·系辞下》中说:"日往则月来,月往则日来,日月相推而明生焉。""日往月来""月往日来"就是阴阳不断消长的过程。《尚书大传·虞夏传》说:"日月光华,旦复旦兮。"复旦大学的校名就来源于"旦复旦兮"所表现的生生不息的精神。这些都深刻地诠释了阴阳变化、日新月异、生生不息的易学文化精神。

其次,六十四卦的排列顺序也非常耐人寻味。六十四卦从乾坤两卦开始,一个是纯阳之体,一个是纯阴之体,这是阴阳之根本,阴阳和而万物生,所以乾坤两卦被称为众卦之父母,万物之祖宗。六十四卦终于既济、未济两卦,既济卦表示已经成功,未济卦表示没有成功,在六十四卦最后结束的卦是未济卦,意味深长。郭沫若说这叫"完了还没有完",我们也常常开玩笑说"有完没完"。就是说,一个周期结束了,下一个周期又开始了。《周易》六十四卦可分为上经和下经,上经以乾坤两卦起始,而乾坤象征天地之本始,万物之祖宗。下经以咸恒两卦开头,而咸恒两卦象征男女之始,夫妇之道。而无论天地阴阳还是男女夫妇,均以生生为第一要义。

再次,乾卦的卦辞充分体现了生生不息的思想。《周易·乾卦》的卦辞"元、亨、利、贞",《易传·乾文言》谓之"乾之四德",有人说表示朝、昼、夕、夜,有人说表示春、夏、秋、冬,有人说表示生、长、收、藏,不论哪一种说法,实际上都揭示了循环往复、周而复始、永无穷期的生生之理。

最后,乾卦的爻辞也同样体现着生生不息的思想。乾卦,多出一个爻题和爻辞:"用九:见群龙无首,吉。""用九"是对乾卦六个阳爻的画龙点睛的概括,"群龙"就是指乾卦中六个阳爻所代表的潜龙、见龙、惕龙、飞龙、亢龙,"无首"就是永无穷期,没有尽头。总结起来,就是说乾卦所具有的健运不息的刚健精神永无尽头,永不停息。所以,乾卦的《大象传》"推天道以明人事",指出"天行健,君子以自强不息"。

阴阳的消长变化正是万物生生不息的基础和根源。所以,《素问·宝命全形论》有言:"人以天地之气生,四时之法成。"《周易》论述的阴阳之理就是天地万物的生生之道,太极就是益之而损、损之而益的阴阳消长规律的体现。

第七节　善恶因果

大家都知道用《周易》可以算卦,《周易》在早期确实是卜筮之书。如宋代的朱熹就说:"《易》本因卜筮而有象,因象而有占,占辞中便有道理。"(《朱子语类》卷六十八)现当代也有一些学者认为《周易》不过是占卜算命、远古巫术的资料汇编。郭沫若的《中国古代社会研究》和高亨的《周易古经今注》等都持有这种观点。[①] 刘大钧也说:"归根到底,《周易》是一部筮书。"[②] 算卦无非是推算过去,预知未来。如何看待这一问题?这正是我们要深入思考的关键。

有人说,《周易》是哲学书。庄子就独具慧眼地指出:"《易》以道阴阳"(《庄子·天下》)。阴阳问题是中国哲学的基本问题,据此,《周易》成了哲学著作。现代易学家黄寿祺也认为《周易》是哲学著作。他在《周易译注》一书的前言中说:"冠居'群经'之首的《周易》,是我国古代现存最早的一部奇特的哲学专著。"[③] 孔子就不把《易经》当成算卦的书,他把《易经》从与鬼神打交道变成与人打交道。所以《荀子·大略》中就有言:"善为《易》者不占。"

《周易》的卦给人带来两套信息系统,一是算卦的,二是哲理的。应该说,《易经》是卜筮之书,《易传》使之提升为哲学著作。而算卦与哲理两者之间是相通的。正如李镜池先生综合诸家之说所总结的那样:"周易是以历史材料做根据表现作者哲学思想的一部占筮书。"[④]

---

① 张其成:《张其成全解周易》(上),华夏出版社 2018 年版,第 9 页。
② 刘大均:《周易概论》,齐鲁书社 1988 年版,第 93 页。
③ 黄寿祺、张善文:《周易译注》,上海古籍出版社 2010 年版,第 1 页。
④ 李镜池:《周易探源》,中华书局 1978 年版,第 6 页。

前面已经提到,《周易》讲一切事物周而复始的运动变化规律。《易》者,易也,这说明事物是运动的。既然事物是运动的,运动又是有规律的,规律是可以认知的,那么事物的发展就是可以预测的。如果运动没有规律,那就不可能预测。认识规律是可以预测未来的,预测未来是为了指导现实。算卦实际上就在于揭示出过去、现在与未来的善恶因果关系。

首先,积少成多,见微知著。《周易·坤卦》初爻曰,"履霜,坚冰至",当开始脚踩寒霜的时候,就应该意识到更加严寒的冬天要来临了。这就提出了一个看似简单而实际上非常深刻的问题,实在耐人寻味。《坤卦·文言》中解释说:"积善之家,必有余庆,积不善之家,必有余殃。"《周易·系辞下》有言:"善不积不足以成名,恶不积不足以灭身。小人以小善为无益而弗为也,以小恶为无伤而弗去也,故恶积而不可掩,罪大而不可解。"所以,无论做什么,都要见微以知著,慎始而善终。

其次,卦爻吉凶的转化。比如泰卦,地天泰。我们说"天地交泰""三阳开泰","泰"本来是和顺的意思。其卦辞是"小往大来,吉,亨"。泰卦对应的是正月,阴气不断地消退,阳气不断地生发,这就是"小往大来"。过了冬季,春天来了,万物充满生机,所以三阳开泰是对新年伊始的美好祝愿。其初爻的爻辞是"拔茅茹以其汇,征吉"。"征吉"就是征战吉利,利于打仗。需要注意的是,"征吉"的前提是"汇","汇"就是要汇聚人心,用今天的话说,就是要建立最广泛的统一战线,否则,"勿用师",即不要动用军队。所以泰卦的《大象》中说:"天地交,泰。后以财成天地之道,辅相天地之宜,以左右民。"泰卦以天道启迪人道,汇聚人心、凝聚人心要靠"交",只有沟通交流才能统一思想。泰卦从"征吉"到"城复于隍",从好变坏,由吉到凶,其关键就在于条件性因素的变化,在于能否做到真正汇聚人心。

再比如说蛊卦。蛊卦本来是一个不好的卦、不吉利的卦,《东坡易传》有言:"器久不用而虫生之,谓之'蛊'。人久宴溺而疾生之,谓之'蛊'。天下久安无为而弊生之,谓之'蛊'。"意思是说,器皿长期不用，里面就会生虫；人一直沉湎于安逸，身体就会生病；国家长期安宁无所事事，就会败亡。《序卦》有言："蛊者，事也。"之所以能用"事"来解释"蛊"，是因为语言中的"事"本来就有不吉利的意思，比如说"坏了，出事了"，还有成语"东窗事发"，其中的"事"肯定是坏事。蛊卦讲的是匡正父辈的过失，力挽狂澜，做中兴之主。而蛊卦的《大象》中说："山下有风，蛊。君子以振民育德。""山下有风"是什么意思？《论语·颜渊》篇中说："君子之德风，小人之德草。"风吹草动，风对草有引领其方向的作用。生逢乱世，境界高的人，即便不能兼济天下，至少也要独善其身，做中流砥柱，恪守和引领社会的道德与风尚。通过振民育德，蛊卦就能从坏变好，由凶到吉。

　　解读《易经》六十四卦的卦爻有一个通例，就是《周易·系辞下》所说的"其初难知，其上易知"，"二多誉，四多惧"，"三多凶，五多功"。然而乾卦九三爻辞似乎是一个例外："九三：君子终日乾乾，夕惕若，厉无咎。"第三爻本来多凶险，但在乾卦的第三爻却虽危无咎。为什么？因为有了"君子终日乾乾，夕惕若"这个重要的条件。在危险而不吉利的环境中，只要积极努力，就可以化险为夷，逢凶化吉。

　　所以，我们平时根本不需要算卦，也没必要一味地相信占卜的结果，因为重要的是形成某一结果的原因和条件。搞明白了因果关系，着眼于这个因，就可以趋利避害。改变现在就是改变未来，改变未来必须从现在开始。所以《周易》教导人们要"进德修业"，不断地进行自我完善。就像总有人过分追求好的风水，其实什么是最好的风水呢？德行才是决定所谓风水的关键因素，进德修业才能有最好的风水。

第八节　忧患意识

　　《周易·系辞下》有言："作《易》者，其有忧患乎！"创作《周易》的人，大概有着一种忧患的意识。《周易》一书充满着浓郁的忧患意识，书中反映了古圣先贤对自然灾害、国家存亡、兴衰治乱、人生祸福、得失吉凶、伦理道德等许多方面的忧患意识。忧患意识作为一种文化精神贯穿于《周易》的始终。《周易》中的忧患意识，对于人们的安身立命、人生事业和齐家治国仍具有重要的现实意义。《周易·系辞下》有言："危者，安其位者也；亡者，保其存者也；乱者，有其治者也。是故君子安而不忘危，存而不忘亡，治而不忘乱，是以身安而国家可保也。"既济卦的《大象传》有言："既济，君子以思患而豫防之。""思患而豫防之"就是忧患意识。

忧患意识是智慧精英在责任感和使命感的驱使下，面对现实的盲目所产生的一种理性思考，是以沉毅的思想对待现实社会和人生的一种理智的、富于远见的精神状态，是充满了辩证思维与中和思维的理性精神。它既超越了对现实苦难无益的沮丧，使人对理想充满希望而负重前行；又平抑了对眼前利益的盲目乐观，使人对未来有长久之计而未雨绸缪。《孟子·告子下》中说："然后知生于忧患，而死于安乐也。"《孟子·离娄下》中谓："是故君子有终身之忧，无一朝之患也。"

既济卦辞曰："既济：亨小，利贞。初吉，终乱。"一开始很好，但最终出现混乱。这是一种吉与凶的转化。忧患意识产生的基础就在于吉与凶的转化。既济卦中，"初九：曳其轮，濡其尾，无咎"。"曳其轮，濡其尾"是说，车轮陷进泥坑，过河的小狐狸的尾巴浸泡在水里，但结果却"无咎"，没有什么不好，因为身处逆境，他们会拼搏，会努力，这就是生于忧患。既济卦中，"九五：东邻杀牛，不如西邻之禴祭，实受其福"。杀牛是丰厚的祭品，禴祭是微薄的祭品，而后者比前者有福，为什么？生活要"为之计深远"，过日子要"细水长流"，不能"今朝有酒今朝醉，不管明日喝凉水"，更不能杀鸡取卵，寅吃卯粮。比如，经济建设也不能以牺牲生态与破坏资源为代价，我们要有生态文明意识，要注意可持续发展，因为绿水青山就是金山银山。古人告诫远行者要"饱带干粮，热带衣裳"，告诫养生者要"先寒而衣，先热而解"。中医更强调"不治已病治未病，不治已乱治未乱"。"既济：君子以思患而豫防之。"既济卦的《大象传》概括地揭示了本卦的核心意义在于"思患而豫防"，即居安思危、安不忘危、防患未然的忧患意识。

人有祸，则心畏恐；心畏恐，则行端直；行端直，则思虑熟；思虑熟，则得事理。行端直，则无祸害；无祸害，则尽天年。得事理，则必成功。尽天年，则全而寿。必成功，则富与贵。全寿富贵之谓福。而福本于有祸。故曰："祸兮福之所倚。"人有福，则富贵至；富贵至，则衣食美；衣食美，则骄心生；骄心生，则行邪僻而动弃理。行邪僻，则身死夭；动弃理，则无成功。夫内有死夭之难而外无成功之名者，大祸也。而祸本生于有福。故曰："福兮祸之所伏。"（《韩非子·解老》）

《韩非子·解老》是中国文化史上第一篇注释《老子》的文献，韩非子也是研究《老子》的第一人。他从正反两方面讲祸与福产生的根源，讲祸福的转化，给我们以重要的人生启迪，祸福并非无从把握，关键是要有忧患意识。当身处逆境和危难境地的时候该如何把握人生，当身处富贵的时候又该如何把握，如何避祸得福，这都值得我们深入思考。这是一个"天下莫不知，莫能行"（《老子》第七十八章）的问题，人们都知道，但都做不到。正是因为如此，《周易》才突出地强调和倡导这种忧患意识。

第九节　天人合一

天人合一是中国传统文化中最古老、最核心的一个观念，它不但是儒家的基本观念，而且是一切其他思想体系如道家、法家、阴阳家、兵家、农家、医家等学派的思想基础和思维路径。董仲舒在《春秋繁露·深察名号》中清楚地提出"天人之际，合而为一"，"天有阴阳，人亦有阴阳……以类合之，天人一也"。北宋理学家张载在《正蒙》中指出："儒者则因明致诚，因诚致明，故天人合一。"随着儒家思想的发展，天人合一的观念不断得以强化。天人合一的观念在《周易》中也得到了明确的阐释。"易之为书也，广大悉备，有天道焉，有人道焉，有地道焉。兼三材而两之，故六。六者，非它也，三材之道也。"（《周易·系辞下》）天人合一就是要找到天与人的相似性和相关性。

其实，所谓天人合一的思想最初来源于八卦。《易传》中早有论述："古者包牺氏之王天下也，仰则观象于天，俯则观法于地，观鸟兽之文，与地之宜，近取诸身，远取诸物，于是始作八卦，以通神明之德，以类万物之情。"伏羲氏试图构建一个系统，把天地万物纳入这样一个统一的系统之中。《周易》的天人合一观念主要体现在周期循环律、阴阳同构律、象数统一律三个方面。

首先，周期循环律。《周易》书名的含义是一切事物周而复始的运动变化规律。《系辞》所谓"变动不居，周流六虚"与《韩非子·解老》所谓"圣人观其玄虚，用其周行"是一致的。实际上，"周"字即有圆周、循环之意。至于《周易》的"易"字，"日月为易"，因此，《周易》的含义暗含"日月循环周期律"之意，说明事物的发生过程都是周期性的循环。

从一天一天的"旦复旦兮"到一月一月的朔望晦明，从昼夜更替到月亮圆缺，从春夏秋冬到生长收藏，从四季更替到年复一年，都是周期循环。随着自然的生、长、化、收、藏，人也经历着生、长、壮、老、已。所以《素问·宝命全形论》有言："人以天地之气生，四时之法成。"

其次，阴阳同构律。阴阳最初的含义是为了区分山的南北，后来经过抽象成为普遍性的观念，如阴为暗，阳为明；阴为柔，阳为刚；阴为辅，阳为主；阴为被动，阳为主动；阴为死，阳为生；阴为偶，阳为奇；阴为器质，阳为功能；阴为静，阳为动……不同事物尽管各有其不同特点，但其阴阳结构相同，因此带有相同的阴阳结构信息。阴阳同构，同气相求，同类相感。乾卦《文言》有言："同声相应，同气相求；水流湿，火就燥；云从龙，风从虎。圣人作，而万物睹，本乎天者亲上，本乎地者亲下，则各从其类也。"

再次，象数统一律。古人认为，世界是统一的有机整体，但整体观念是如何构建的呢？古人发现，不同的事物和现象在形象或者数量上存在着某种相似结构。于是人们用象数来构建事物的系统。

《素问·阴阳离合论》有言："阴阳者，数之可十，推之可百，数之可千，推之可万，万之大不可胜数，然其要一也。"通过阴阳，可以构建一个庞大的系统。同样，以五行为建构系统的方法论，可以将五脏、六腑、五官、五体、五声、五志与自然界五方、五季、五色、五味、五气进行归类，这样就可以建立一个庞大的系统，把看似"不相干"的事物联系起来。实际上，阴阳和五行是古人理解时间与空间的基本思维模式，所以用阴阳和五行就可以表达时间与空间相融的整体状态，用阴阳五行就可以统摄具有时间与空间属性的万事万物。

《礼记·乐记》有言"大乐与大地同和，大礼与天地同节"，"乐者，天地之和也；礼者，天地之序也。和故百物皆化，序故群物皆别。乐由天作，礼以地制。过制则乱，过作则暴。明于天地，然后能兴礼乐也"。可见，礼乐这种具有艺术与伦理内涵的文化形式也是效法天地自然的结果。

天人合一的实质就是以天道规定人道，以人道体认天道。因为天道规定了人道，所以人道要效法天道。人们不仅从自然界获取生活资料，而且从自然界获取生活和生命的智慧，这就是中国传统文化的特点。如阴阳观念下的祈雨仪式、婚丧礼仪、秋后问斩等社会行为法则都是在一以贯之的系统和体系中。现在如果久旱无雨，人们可以使用科技手段，人工降雨；过去的先民只能祈雨。人们穿什么颜色的衣服？只能穿黑色或者青灰色，肯定不能穿红色的。而秋后问斩，则是在春生夏长秋收冬藏这一自然天道指导下的社会行为规范。

第十节　意象思维

《周易》的核心思维方式是意象思维。意象思维，也叫象思维，是中国传统文化最重要的一以贯之的思维方法，从汉字结构到绘画写意，从情感表现到哲理表达，从诗歌创作到书法艺术，从音乐创作到舞台表演，都是要把思想意蕴转换成诉诸人们感官视听的形象，概莫能外。这是建立在天人合一和天人相应的认识基础上的一种思维方式。

意象思维方法的形成源于《周易》,《系辞上》有言:"子曰:'书不尽言,言不尽意。'然则,圣人之意,其不可见乎?子曰:'圣人立象以尽意……'"文字本来是记录语言的,语言本来是表达思想的。但是,文字不能完全记录语言,语言不能完全表达思想。当抽象而深奥的思想难以用语言表述时,圣人发明了表述思想的一种有效办法,这就是"立象"。所立之"象"一定要"像",即一定要与所表现的事物之间存在高度的相似性,从而显现事物的属性与特点。这样一来,看似不相关联的事物,通过其中的某种相似性建立起联系,抽象难明的事物就可以变得显而易见。意象思维的特点就在于使无形变为有形,使无形之物呈现出形象性和易见性。

　　使抽象变为形象,使无形变为有形,这样的探索在中国古代诗歌创作中获得了长足的发展。诗是抒发人的思想感情的,是人的心灵世界的呈现。这是诗歌的本质,是诗歌的使命和灵魂,正如刘勰在《文心雕龙》中所说:诗是"为情而造文"。

　　诗的使命和灵魂在于抒情。那么情为何物?汤显祖说:"世间只有情难诉。"(《牡丹亭》)那么如何表现情呢?情感本是无形可见的东西,要深刻、真切地表现这种微妙的东西,就必须把情感从无形变为有形,于是我们就要找到表达意的象。明代胡应麟在《诗薮》中说:"古诗之妙,专求意象。"意象是诗歌艺术的精灵。意与象是构成语言艺术性的不可分离的双重影像。象负载着意,意蕴含于象。诗歌追求的就是意象合,意象合就是情与景的水乳交融,这种意象建构所达到的最高境界就是"一切景语皆情语"[①]。如唐代边塞诗人岑参的《白雪歌送武判官归京》,既是白雪的歌,又是送别的情。每一句都在写景,而每一句也都在抒情,像"山回路转不见君,雪上空留马行处",与李白的"孤帆远影碧空尽,唯见长江天际流"颇有异曲同工之妙,都充分表现了送别之情。

　　《周易·系辞上》有言:"君子居则观其象而玩其辞。"这就是说,

[①] 王国维说:"昔人论诗词,有景语、情语之别。不知一切景语皆情语也。"王国维著,滕咸惠校注:《人间词话新注》,齐鲁书社1986年版,第54页。

君子一边观察着卦象，一边琢磨着卦辞。有人提出"象外无辞"，"以象言事"，要"以道观象"，这都说明《易经》是通过卦爻符号系统和卦爻辞文字系统所构成的象来表达特定的意义。《周易》的卦象是根据取象比类的原则来确定的。我们今天研究《周易》，必须充分认识其独特的思维方式，可以说，取象比类，推天道以明人事，是中国古代应用最为普遍的思维方式。《四库全书总目提要·易类》有言："《易》之为书，推天道以明人事者也。"推天道是方法，明人事是目的。其中的天道，往往是自然现象与自然规律。通过自然现象的启示，人获得了进德修业乃至齐家治国的经营管理智慧。《周易》中的各卦都是取象以论理，如乾卦取象于龙，龙能飞能潜，能屈能伸，其中还有"潜龙"之象，"惕龙"之象，"跃龙"之象，"飞龙"之象；坤卦取象于牝马，牝马至顺至贞，所以坤卦含有"履霜坚冰"之象，"含章可贞"之象，"括囊"之象。更值得注意的是，《周易》每一卦中都有《象传》，《大象》解卦，《小象》解爻。这里主要看《大象》，如乾卦的《大象》是"天行健，君子以自强不息"，坤卦的《大象》是"地势坤，君子以厚德载物"，蛊卦的《大象》是"山下有风，蛊，君子以振民育德"。前半句都是讲天道（自然现象和规律），后半句都是由天道启迪而形成的人道（人的行为准则）。这样的句式充分体现了天人合一的内涵。

第十一节 《周易》与中医

关于《周易》与中医之间的关系，自古以来，就有"医源于易""医易同源""医易相通"的说法。明代医家张介宾在其著作《类经附翼·卷一·医易义》中说："宾尝闻之孙真人曰：'不知易，不足以言太（大）医。'"张介宾所说的孙真人指的是孙思邈，所以后人多认为孙思邈最早指出了医易之间的密切关系。清代医书《医门棒喝》有言："是以《易》之书，一言一字毕藏医学之指南。"可见《周易》与中医关系之密切，《周易》对中医影响之深远。所以我们可以说，《易》肇医之始，医蕴《易》之秘。

首先,《周易》与中医有着相同的理论基础。前面我们讲过"易以道阴阳",而支撑中医理论体系的阴阳学说,就直接来源于《周易》。明代著名医家张介宾说:"天地之道,以阴阳之气而造化万物;人生之理,以阴阳之气而长养百骸。《易》者,易也,具阴阳动静之妙,医者,意也,合阴阳消长之机。虽阴阳已备于《内经》,而变化莫大乎《周易》。故曰:天人一理者,一此阴阳也;医易同源者,同此变化也。岂非医易相通,理无二致,可以医而不知易乎?"(《类经图翼》)通过把"天地之道"和"人生之理"进行对比论述,他最终得出的结论是"天人一理""医易同源",而"天人一理""医易同源"的根本则在于阴阳。《周易》与中医都研究阴阳,《周易》研究的主要是天地自然的阴阳,而中医研究的主要是人体生命的阴阳。或者说,《周易》研究的主要是广义的阴阳,中医则主要研究狭义的阴阳,在这个意义上,中医是《周易》阴阳理论的具体化。所以张介宾说:"易具医之理,医得易之用。"(《类经图翼》)

其次,《周易》与中医有着相同的思维方式。《周易》和中医共同的思维方式是意象思维。《周易》的意象思维是"立象以尽意",中医的意象思维则主要体现在中医的藏象学说中。藏象之说,可以看到的最早文献是《黄帝内经》,其中的"藏"是指藏于人体内部的不可见脏器,"象"则是人体外部的可见征象及天地自然之象。《素问·六节藏象论》有言:"帝曰:'藏象何如?'岐伯曰:'心者……通于夏气。肺者……通于秋气。肾者……通于冬气。肝者……通于春气。脾胃大肠小肠三焦膀胱者……通于土气。'"这段话清晰地阐明了五脏六腑之功能与四时阴阳之气的通应关系,充分地体现了天人合一、天人相应的文化理念。这就把无形可见的"藏"与有迹可循的象联系了起来,正如唐代医学家王冰在《黄帝内经素问次注》中所说的那样:"不谋而遐迩自同,勿约而幽明斯契",也就是说,遥远而明显的天象变化与切近而内隐的脏腑气血变化,存在着一种没有事先商量和约定就自然相符相契的通应关系。在这种意象思维的影响下,中医学就形成了以阴阳五行为思维工具所建构的藏象理论,即以人体内在的五脏功能为核心统御形之于外的形体官窍、四肢百骸乃至自然万象的有机关系系统。为什么中医会发展出藏象理论?

有人说这是基于古代解剖知识的积累，有人说这是对人体生理、病理现象长期观察的结果，还有人说这是医疗实践经验的积累与总结。但是，为什么西医也有上述三方面的观察、积累与总结，却没有发展出像中医这样的藏象理论？笔者认为，最核心的原因就是由《周易》所奠定的这种意象思维，没有了这种思维方式和文化土壤，藏象理论也就不会产生。

最后，《周易》与中医有着共同的价值取向。《周易》和中医共同的价值取向是生生不息。前面我们已经讲过了《周易》的生生之道。我们认为，中医有四种境界：下医医病，中医医人，上医医国，至医赞天。至医赞天即医之最高境界是赞天化育，就是帮助天地造化生成万物。所以，中医药文化的核心价值就体现为"生生"两个字。"生生"包括两个层次，一是使生命生存，二是使生命繁衍与发展。而"生生"的终极目标是使生命繁衍不息，代代相传，永无止期，以至无穷。这既是中华传统文化的核心价值取向，也是中医药文化的核心价值所在。

第三章　儒家文化

儒家文化源远流长，对中国传统社会影响非常深远。儒家学派由孔子创立，后来经过汉代的"独尊儒术"和宋明理学的"接续道统"，儒家文化的地位得到不断的强化和提高，成为中国传统文化的主流、主干和主导。

第一节　孔子的思想

孔子三岁丧父，家道衰落，所以孔子说："吾少也贱，故多能鄙事"（《论语·子罕》）。卑微的身份使得孔子不得不从事一些地位低下的工作，然而孔子却最终成长为我国古代伟大的思想家、教育家和儒家学派的创始人。孔子曾编修《诗》《书》《礼》《乐》《易》《春秋》，成为儒家思想乃至整个中国文化史上承先启后、继往开来的重要人物，被称之为"千秋帝王之师，万世人伦之表"。孔子的思想和学说对古代中国社会和学术思想都产生了非常深远的影响。

一　"正名"为先

"正名"是孔子思想的重要组成部分，是孔子思想的出发点和落脚点。孔子认为他所生活的春秋时代是"礼坏乐崩"的时代。当时，君不君、臣不臣、父不父、子不子，甚至出现臣弑其君、子弑其父的恶劣现象。针对天下伦常的混乱，孔子认为拨乱反正的最好办法就是"正名"。《论语·子路》中载："子路曰：'卫君待子而为政，子将奚先？'子曰：

第三章　儒家文化

'必也正名乎！'"子路对孔子说："卫国国君要您去治理国家，您要做的首务是什么呢？"孔子说："首先必须正定名分。"《庄子·天下》篇有言："《春秋》以道名分。"在六经之中，其他五经是整理删订的，唯有《春秋》是孔子写的。而孔子作的《春秋》主要讲述的是合乎社会道德的名分，因为名分是维持社会秩序的根本。

孔子讲"正名"，法家讲"定分"，商鞅的《商君书》中有一篇就叫《定分》。"正名"和"定分"合起来就是"正定名分"。在以"正定名分"来治理国家这一点上，儒、法两家不无二致。《管子·枢言》有言："有名则治，无名则乱，治者以其名。""名正则治，名倚则乱，无名则死。故先王贵名。"《管子·白心》有言："正名自治，奇名自废。名正法备，则圣人无事。"《申子·大体》有言："昔者尧之治天下也以名，其名正则天下治。桀之治天下也亦以名，其名倚而天下乱。"《商君书·定分》有言，"一兔走，百人逐之。非以兔也。夫卖者满市，而盗不敢取，由名分已定也"，"名分不定而欲天下之治也，是犹无饥而去食也，欲无寒而去衣也"。一只兔子在田野里跑而很多人都去追，等到最后兔子被逮住了，并不意味着参与追兔子的人都有份，而是谁逮住是谁的。由于名分未定，谁都可以来争。卖兔者满市，却没有人敢随意不给钱就拿走的，这是因为兔子有主，名分已定。所以定名分，才能天下大治；名分不定，必将天下大乱。可见，"正定名分"是治理社会使之和谐的基础和根本。

名分是什么？用现在的话说，名分就是法律赋予人的权利范围。有了名分，就有了相应的权利；没了名分，就没有对应的权利。所有权的问题是很重要的，所有权不确定，是引发社会纷争的重要原因。儒家和法家所讲的"正定名分"，实质上是为维护社会秩序服务的，孔子说得很清楚，《论语·颜渊》中记载，齐景公问孔子如何治理国家，孔子回答说："君君、臣臣、父父、子子。"国君要像国君的样子，臣子要像臣子的样子；爸爸要像爸爸的样子，儿子要像儿子的样子。生活在社会中的每一个成员都只能在自己的权利范围内，各安其分，各司其职，说自己该说的话，做自己该做的事，尽自己该尽的责任和义务，享有和行使自己应该具有的权利，这就叫"安分守己"。《论语·颜渊》有言："非礼勿视，非礼勿听，非礼勿言，非礼勿动。"即所谓"在其位，谋其政；不在其位，不谋其政"。

孔子曾经严厉地批评过两个人，一个是鲁国的大夫官员季氏，一个是孔子的弟子子路，原因是他们都越权、越位、越名分了。

《论语·八佾》中记载，鲁国的大夫官员季氏在庭院里观赏八佾舞。古代舞者八人为一行，一行为一佾。八佾即八行，共六十四人，这是只有天子才能享用的。诸侯呢，只能享用六佾，四十八人。大夫只能享用四佾，三十二人。季氏作为大夫官员，只能享用四佾，然而，他却过于张扬，不自量力地僭越名分，享用了天子的八佾舞。孔子认为这种不安分的行为是最不能容忍的，于是说："是可忍，孰不可忍也。"

子路在卫国做官时，有一次发水灾，民不聊生，死人无数。子路看到百姓饿死很多，于是就拿出自家的家产来赈灾。孔子知道后，就批评了他。据《孔子家语·观思》中记载，孔子是这样说的："汝以民为饿也，何不白于君，发仓廪以赈之？而私以尔食馈之，是汝明君之无惠，而见己之德美矣。"你看到百姓受灾了饿死了，为什么不禀报国君，让国君出面打开国家的粮仓来救济百姓呢？为什么私下里拿出自己的粮食送给百姓？你这不是在老百姓面前显示国君对他们如何没有恩惠，而表现你自己多么有美德吗？你让国君多没面子嘛！孔子讲"正名"，就是给社会中不同地位的人们确立相应的权利、责任和义务，从而使社会成员都在规定的权利范围内做事。每个人都做好自己分内的事，各安其分，那么维护社会秩序的目的也就达到了。

二 万善之德

根据杨伯峻先生《论语译注》一书中的统计，仁在《论语》中出现高达109次，可见仁是孔子思想的核心所在。我们也可以看出，仁是一个庞大的思想体系。孔子从来没有给仁以确定的定义，他总是根据问仁者的性格特点和当下情境，有针对性地做出巧妙的解释和回答。从这些问仁的对话中，我们可以看到，孔子对不同弟子的态度和要求是颇为不同的。

　　《论语·颜渊》中记载："樊迟问仁。子曰：'爱人'。"这是孔子对仁最简单的解释，原因是孔子不怎么喜欢樊迟。《论语·子路》中记载，樊迟向孔子请教如何种庄稼，孔子说："吾不如老农。"言外之意是，种庄稼这事你别问我。樊迟又向孔子请教怎么种菜，孔子说："吾不如老圃。"种菜这事你也别问我。樊迟出去走了以后，孔子说："小人哉，樊须也！"其他弟子都是"问仁""问政""问君子"，可是樊迟却问种庄稼、种菜这些事，所以孔子就斥责他。我们不能因此说孔子看不起劳动人民，孔子的意思是每个人在社会中的角色不同、地位不同，因此每个人担当的社会责任就不同，正如《论语·子张》有言："百工居肆以成其事，君子学以致其道。"在当时的历史条件下，上学读书是多么不容易的事啊，可作为弟子老想着种庄稼的事，在孔子看来，这是不务正业，所以孔子就不喜欢他。君子所看中的是"道"，是"成人""成德"这些根本性的东西，这些才是孔子育人的重要目的与内容。《史记·孔子世家》中记载："孔子以诗书礼乐教。"孔子教育人主要教诗书礼乐，他是不教种庄稼的。《论语·述而》记载："子以四教：文、行、忠、信。"孔子教学的内容包括四大部分：历史文献（即书本知识）、行为规范、忠心待人、诚信交往。这里边并没有教人种庄稼种菜的内容。

　　《论语·子路》还记载，樊迟又一次问仁，孔子说："居处恭，执事敬，与人忠。虽之夷狄，不可弃也。"日常起居要规矩守礼，处事做人要严肃认真，与人交往要忠诚信实。虽然到了未开化的蛮夷地区，也不能背弃了这些做人的原则。

　　《论语·雍也》篇记载，子贡说："如有博施于民而能济众，何如？可谓仁乎？"子曰："何事于仁，必也圣乎！尧、舜其犹病诸！夫仁者，己欲立而立人，己欲达而达人。能近取譬，可谓仁之方也已。"孔子不仅对子贡讲了仁是"己欲立而立人，己欲达而达人"，而且还进一步讲了实行仁的方法是"能近取譬"，即能够就近拿自己打比方。子贡是孔子非常喜欢的弟子，所以说的就详细而具体。

　　《论语·颜渊》记载，司马牛向孔子询问什么是仁，可能是司马牛平时比较琐碎、喋喋不休，孔子说："仁者，其言也讱。"就是说，说话不要喋喋不休、没完没了、啰里啰唆，要木讷一些，慢一些，所谓贵人语迟，君子讷言。司马牛说："其言也讱，斯谓之仁已乎？"说话木讷一些，慢一些，这样就可以说是做到仁了吗？孔子说："为之难，言之得无讱乎？"事情做起来难，说的时候能不保持木讷一些、慢一些、慎重一些吗？

《论语·颜渊》还记载，颜渊向孔子询问什么是仁，孔子回答说："克己复礼为仁。一日克己复礼，天下归仁焉。为仁由己，而由人乎哉？"这里对颜渊讲"克己复礼"比对司马牛讲"其言也讱"，比对樊迟讲"仁者爱人"，境界都要高得多。颜渊接着说："请问其目？"请孔子说具体一些，孔子说："非礼勿视，非礼勿听，非礼勿言，非礼勿动。"就是说，视听言动，一言一行，一举一动，都要依礼而行。颜渊说："回虽不敏，请事斯语矣。"我虽然比较笨，请允许我按您说的来做。大家看这一段对话多顺畅，两个人的关系也很融洽。

尽管孔子从来没有给仁以确定的定义，但我们不难发现，他所讲的仁都是非常具体的，每一种具体的美德都是仁的表现，所以一切美德的总和构成了仁的全部内涵。孔子的仁学思想实际上就是为所有美德找到一个共同的源泉和基础，所以我们称仁为万善之德。

三　仁者爱人

《论语·颜渊》中记载："樊迟问仁。子曰：'爱人'。"后来孟子说："仁者爱人，有礼者敬人。爱人者人恒爱之，敬人者人恒敬之。"（《孟子·离娄下》）这就是仁者爱人的来历，从此也就有了仁爱的说法。也许是因为孔子对樊迟这个弟子要求不高，所以孔子对樊迟讲仁就非常简单。恐怕这也是孔子所谓仁的最基本、最低层次的道德标准。然而，我们千万不能因为这是最基本、最低层次的道德标准而有所忽略，一切美德的基础都是根源于"爱人"的，一切美好的道德都是从"爱人"开始的。如果没有对人的爱，就不会有美德存在。如师德是基于对学生的爱，医德是基于对病人的爱，为政之德是基于对人民的爱，等等。

应当指出的是，道德必须具有现实的可行性和可操作性，空泛而不合实际的道德是没有任何意义的。儒家的道德之所以能承传不衰，就在于它能合人性，顺人情。《孟子·尽心上》中说得很清楚："君子之于物也，爱之而弗仁；于民也，仁之而弗亲。亲亲而仁民，仁民而爱物。""亲亲而仁民，仁民而爱物"，说明儒家的仁爱是推己及人，由亲及疏，由近及远的有等差之爱。儒家以自我为中心来确立爱的半径、画出爱的圆圈，儒家的这种有差等的爱同传统的"贵贱有等，亲疏有别"的生活结构密切相关，"爱有等差"是以血亲之爱为基础的。《国语·晋语》有言"爱亲之谓仁"，《孟子·尽心上》有言"亲亲，仁也"，《孟子·离娄上》有言"仁之实，事亲是也"。"爱亲""亲亲"和"事亲"是指在血缘关系的基础上，子女孝敬自己的父母、父母关爱自己的子女，弟弟尊敬自己的兄长、兄长关心自己的弟弟。原始儒家是很有人情味的，是很人性化的。对父母兄弟之爱就不同于对路人、旁人之爱，此乃人之常情，无可厚非，这种血亲之爱是人类与生俱来的带有本能性的爱。如果一个人连最基本的血亲之爱都没有，就谈不上对他人、对社会的爱，因此这种爱人的方式也是应当受到尊重和肯定的。由爱自己到爱父母，由爱父母到爱家人，从爱家人到爱族人，由爱族人到爱乡人。在儒家看来，"爱有等差"是本来如此，也是应该如此的。这样，按照宗法等级秩序即尊卑、贵贱、亲疏的顺序去爱人，"爱有等差"就为中国传统社会的等级制度提供了理论依据，而等级制度则使得尊卑贵贱、亲疏远近取得了合法的地位。

墨子则反对儒家的"爱有差等"，强调兼爱，主张不分远近亲疏厚薄的平等之爱。墨家的兼爱是一种超越血缘关系的爱，这种没有亲疏、厚薄、贵贱的无差别的爱，就是理想化的空泛的爱，是不可能实现的。实际上墨子也并没有这么高的境界，他从功利的角度出发，提出了"兼相爱"的目的是"交相利"。是为了利才去爱，那不是真正的爱。儒家的仁爱则是设身处地为他人着想，尽心尽力为他人做事，并且还不求回报的爱。

孔子在讲这种仁爱的时候，还明显表现出这种仁爱之德的现实可操作性和可行性，《论语·雍也》中记载，子贡曰："如有博施于民而能济众，何如？可谓仁乎？"子曰："何事于仁，必也圣乎！尧、舜其犹病诸！夫仁者，己欲立而立人，己欲达而达人。能近取譬，可谓仁之方也已。"意思是说，仁爱这样的道德标准，并没有要求做到"博施于民而能济众"，因为那境界太高，大概尧舜都做不到，我们所说的仁爱，所要求的只是"己欲立而立人，己欲达而达人"，只是"能近取譬"。只要能就近拿自己打比方，设身处地为别人着想就可以了。

四 珍爱生命

孔子是如何看待生命的呢？首先，孔子以一个圣哲的胸怀表现出对生命的无限热爱和珍惜。《论语·乡党》中谓："厩焚，子退朝曰：伤人乎？不问马。"孔颖达疏："此明孔子重人贱畜也。"孔子对人类生命的关切溢于言表。而对于能够危及人类生命的东西，孔子总是特别慎重，《论语·述而》有言："子之所慎：斋、战、疾。"其中，斋戒与祭祀相关联，这是古之大事，之所以说是大事，是因为这些事大多是关乎生命的。而战争和疾病是危及人之生命的事情，所以孔子都非常重视。当卫灵公问孔子如何排列军阵时，孔子一口回绝说："俎豆之事，则尝闻之矣；军旅之事，未之学也"（《论语·卫灵公》）。孔子不是不懂军旅之事，而是不愿意谈论这方面的话题。于是，在第二天他就离开了卫国。《论语·阳货》中记载："阳货欲见孔子，孔子不见，归孔子豚。"阳货，名虎，字货，是春秋时期鲁国大夫季氏的家臣，季氏曾几代掌握鲁国朝政，而阳货又掌握着季氏的家政。孔子非常鄙视他而不愿意与之交往，更不愿意去他手下做官。阳货用送给孔子小猪这一招，使孔子迫于礼尚往来的压力，而不得不去见他。你如果不去，就说明你虚伪，你天天口口声声讲礼、礼、礼，礼尚什么？对啊，"礼尚往来"，我给你送小猪了，你能不来吗？孔子为什么这么不愿见阳货？原因就是因为阳货残害生命，所谓"阳货肆凶暴"（白居易《杂感》）。《论语·为政》中记载："子曰：父母唯其疾之忧。"对这句话有两种解释，有人解释说，父母对孩子忧虑很多，但最忧虑的是怕孩子有病；有人解释说，孩子对父母忧虑很多，但最忧虑的是怕父母有病。无论如何，最忧虑的是病。因为病会危及生命。《论语·述而》中记载："子曰：暴虎冯河，死而无悔者，吾不与也。必也临事而惧，好谋而成者也。"这是孔子对子路鲁莽行为的批评。"暴虎冯河"的意思是徒手与老虎搏斗，徒步从黄河趟过，比喻鲁莽莽撞，拿生命开玩笑，拿生命当儿戏。还有《论语·乡党》中记载："康子馈药，拜而受之，曰：丘未达，不敢尝。"季康子送药给孔子，孔子拜谢后接受了，却说道："我对这种药的药性不了解，不敢尝用试服。"这种珍爱生命的精神尤其应当引起医学专业和重视养生的朋友们的注意。从对疾病的诊断与治疗，自始至终都必须贯彻这一精神。唐代孔志约在《新修本草·序》中认为，如果不明药性就随便使用，"用之凡庶，其欺已甚；施之君父，逆莫大焉"。

必须指出的是，孔子固然珍爱人的自然生命，但他更重视生命的精神价值，并且在他看来，只有后者才是人类生命的本质。《论语·颜渊》中记载，"子贡问政，子曰：'足食、足兵、民信之矣。'子贡曰：'必不得已而去，于斯三者何先？'曰：'去兵。'子贡曰：'必不得已而去，于斯二者何先？'曰：'去食。自古皆有死，民无信不立'"。孔子为子贡讲了国家政治管理的三大法宝，在这三大法宝当中，保卫人的自然生命的军备可以去掉，用来维持人的自然生命的粮食也可以去掉，但信是万万去不得的，因为它是生命的精神价值。自古以来，人的自然生命最终都难免一死，但作为生命本质的精神价值却是永恒的。正因为这种精神价值才是人之所以为人的根本，所以孔子说"民无信不立"。

健全的人格也是生命精神价值的体现。什么是健全的人格？孔子提出了一系列概念，诸如仁、义、礼、智、信、忠、孝、悌、恭、敏、惠、恕，等等。这些都代表着生命价值的不同侧面。尽管孔子并不主张偏废用以维持自然生命的物质财富，但当物质财富与精神价值发生冲突时，他就毫不犹豫地选择后者。"子曰：饭疏食，饮水，曲肱而枕之，乐亦在其中矣。不义而富且贵，于我如浮云。"（《论语·述而》）《论语·里仁》中记载："子曰：'富与贵，是人之所欲也；不以其道得之，不处也。贫与贱，是人之所恶也，不以其道得之，不去也。君子去仁，恶乎成名?'"并且主张以生命的精神价值为原则,要"见利思义"(《论语·宪问》),因为"君子喻于义,小人喻于利"(《论语·里仁》)。因此,孔子所真正追求的是生命的精神价值,"君子谋道不谋食……君子忧道不忧贫"(《论语·卫灵公》)。"道"是孔子人生追求的最高价值,是孔子人生的终极目标。他在《论语·里仁》中说:"朝闻道,夕死可矣。"在《论语·卫灵公》中说:"志士仁人,无求生以害仁,有杀身以成仁。"贪生怕死看似是对生命的珍爱和保护,实际上是舍本求末,是对生命的践踏,因为生命的本质不在躯体,而在于其精神价值。为了精神价值而在必要时献出躯体,才是对自我生命的真正的珍惜与尊重。《论语·微子》中记载:"微子去之,箕子为之奴,比干谏而死。孔子曰:'殷有三仁焉。'"当殷纣王暴虐无道的时候,他的哥哥微子便离开了他;他的叔父箕子进谏不被采纳,便披发佯狂,降为奴隶;他的另一个叔父比干竭力进谏,而惨遭纣王杀害,或者说是比干不顾自己生命而竭力谏诤。正是因为微子、箕子和比干通过不同的方式表达了他们对生命的热爱和尊重,所以孔子才称他们为"三仁"。有一次,冉有问孔子说,不食周粟而饿死在首阳山的伯夷、叔齐是怎样的人,孔子说"古之贤人也"。冉有又问:"怨乎?"就是说,他们有怨恨吗?孔子回答说:"求仁而得仁,又何怨?"(《论语·述而》)伯夷、叔齐也是杀身成仁的典范。正是因为孔子的生命伦理的引领,所以才有了后世志士仁人对理想信念的坚守和捍卫,他们才可以舍生取义、杀身成仁,他们才可以宁为玉碎不为瓦全。

五 孝悌之义

孝,指对父母之爱的回报;悌,指兄弟姊妹间的友爱。孔子非常重视孝悌,认为孝悌是做人、做事、做学问的根本。"孝悌忠信礼义廉耻"被宋代理学家、思想家朱熹总结提炼出来,世称"朱子八德",这是儒家文化的精髓,是古时做人的基本道德。简单地说,孝悌就是孝敬父母、友爱兄弟。每个人的生命都来自父母,所谓"受先人之体,有八尺之躯"(《针灸甲乙经》),"身体发肤,受之父母"(《孝经·开宗明义》)。

受血缘宗法观念的影响，作为美好道德的仁，其中包含着对父母兄弟的爱，这是对生命的感恩。

讲究孝道的意义体现在哪些方面呢？第一是尊祖敬宗。尽孝主要是通过祭祀来体现的，在宗庙通过奉献供品来祭祀祖先，尽孝的对象是故去的先人，这是一种宗法形式。第二是传宗接代。在古人看来，祖先是每个人的生命之根源，因此，崇拜祖先就是把祖先的生命延续下去，生生不息。在传统汉族人看来，人的生命是在子孙身上得到延续的，通过后代对祖先的祭祀，祖先的灵魂可以得到安息，血脉代代相连，永远传承，一代代祖先的牌位立于宗祠之中，香火不灭，薪火相传，这就是汉族人的信仰和精神寄托。

孝是子女对父母的一种善行和美德，所谓"百善孝为先"。孝是家庭中晚辈在处理与长辈的关系时应该具有的道德品质和必须遵守的行为规范。并且在尽孝时要注意做到三个方面。

首先，孝要建立在敬的基础上。孔子认为孝敬父母要真心实意，不单单是在物质上满足父母，仅此还不足以为孝，更重要的是要敬，对待父母，应该使他们在享受物质生活的同时，还能得到人格的尊重、心灵的抚慰和精神的满足。《论语·为政》中记载：子游问孝，子曰："今之孝者，是谓能养。至于犬马，皆能有养；不敬，何以别乎？"如果仅仅是"能养"的话，养狗、养马与养老就没有什么区别了。所以讲孝必须要注意敬，敬是孝道的精神实质。

其次，行孝与守礼应当是融为一体的。如果说孝道的精神实质是敬，那么如何表达出这种敬呢？在《论语·为政》中，孔子说："生，事之以礼；死，葬之以礼，祭之以礼。"无论父母生前还是死后，子女都应按照礼的规定来恪尽孝道，依礼侍奉，依礼安葬，依礼祭奠。一切都要按规矩办事，用今天的话说，就是还得有仪式感，不能太随便、不讲究。

最后，把孝与悌结合起来。最早的一部词典《尔雅》解释孝字说："善事父母为孝。"悌，《说文解字》解释说："悌，善兄弟也。"贾谊在《道术》中说："弟爱兄谓之悌。"实际上，大家可以想一想，友爱兄弟也是孝敬父母的重要组成部分，如果兄弟不睦，使父母伤心，怎么能说是对父母的孝敬呢？而尊敬兄长的实质，则是要求人们将家庭血亲中的等级推广到社会关系中去，所谓"出则弟"就是这个意思，它主要表现的是处理社会关系的准则。《论语》中多次将孝悌并称连用，如："弟子入则孝，出则弟"，"有子曰：'其为人也孝悌，而好犯上者，鲜矣；不好犯上，而好作乱者，未之有也。君子务本，本立而道生。孝悌也者，其为仁之本与'"。（《论语·学而》）从此可以清楚地看到，孔子之所以特别讲究孝悌之义，其目的在于以此来调整整个社会的秩序。

关于孝道，孔子还提出了"几谏"的原则。《论语·里仁》中记载，"子曰：事父母几谏，见志不从，又敬不违，劳而不怨。"所谓"几谏"，就是婉言相劝。孔子认为，父母若有过错，子女可以用委婉的话语进行劝谏，以免陷父母于不义。话说清楚了，父母却并不接受，做子女的仍然要尊敬他们，不要违逆对抗，还得继续为之操劳而不怨恨。

此外，孝敬父母也有不同的层级和境界。《礼记·祭义》中记载，"曾子曰：'孝有三，大孝尊亲，其次弗辱，其下能养'。"我们从下往上看，孝道的最基本层面是能赡养父母；高一个层次是"弗辱"，就是不要辱没了先人，不要给爸爸妈妈脸上抹黑；而最高层次的大孝是"尊亲"，使我们的父母能够因为我们的存在而尊贵，也就是通常所说的光耀门庭，光宗耀祖。从这个角度讲，为了正义之事业、为了理想信念、为了国家民族的利益而献身，也是一种孝，而且是大孝。

六　忠恕之道

我们还可以从忠恕之道来理解孔子的仁学思想。《论语·里仁》中记载，子曰："参乎！吾道一以贯之。"曾子曰："唯。"子出，门人问曰："何谓也？"曾子曰："夫子之道，忠恕而已矣！"孔子对曾参说："曾参啊！我的思想是一以贯之的。"曾参说："嗯，是啊。"孔子出去以后，门人们问曾参说："老师说的什么意思？"曾参说："老师一以贯之的思想，就是忠恕而已嘛！"到底什么是忠恕呢？孔子并没有具体解释"忠"，然而孔子却明确地解释了"恕"。《论语·卫灵公》中记载，子贡问曰："有一言而可以终身行之者乎？"子曰："其恕乎！己所不欲，勿施于人。"子贡问孔子说："能不能有一个字成为指导我终生行为的准则呢？"孔子说："如果能有这样一个字的话，这个字大概就是'恕'吧！""恕"是什么意思？孔子说，恕就是"己所不欲，勿施于人"。那么"忠"是什么意思呢？朱熹在《四书章句集注》中说："尽己之心为忠，推己及人为恕"，"尽己之谓忠，推己之谓恕"，"尽己之谓忠，以实之谓信"。①忠，就是竭尽自己所能为他人做事。

由上可见，所谓忠者，皆有"尽己"之意；所谓恕者，皆有"推己"之意。"忠"是"己欲立而立人，己欲达而达人"，尽自己最大的努力去利人；而"恕"则是"己所不欲，勿施于人"，就是尽力做到不害人。二者可以概括为：如果自己不能做到利人，那么也至少要做到不害人。"忠"是积极的道德，是要求自己做对别人有益的事情；"恕"是消极的道德，是要求自己不做对别人有害的事情。"忠"需要有能力才能做到，而"恕"不需要能力就能做到。所以当子贡问孔子"有一言而可以终身行之者乎"的时候，孔子说："那就是'恕'吧！"《论语·颜渊》中说："君子成人之美，不成人之恶。小人反是。"君子成全别人的好事，不促成别人的坏事。小人却恰好相反。成人之美，积善成德，便成为君子；成人之恶，积怨日多，便是小人。君子受人尊敬，小人遭人唾骂。君子对待别人，总是"推其所长，避其所短"，推广传扬别人的长处，回避谈及别人的短处。《论语·里仁》中也记载，子曰："见贤思齐焉，见不贤而内自省也。"看到贤能的，就想着要向人家看齐；看到不贤能的，自己内心明白就是了，而不会去传扬。"恕"就是知人心、能理解、善宽容的君子风范。

《孔子家语·卷二》中记载："孔子将行，雨而无盖。门人曰：'商也有之。'孔子曰：'商之为人，甚吝于财。吾闻与人交，推其长者，违其短者，故能久也。'"意思是说，孔子出行，遇到下雨却无车盖避雨，弟子们说，卜商（就是子夏）家有伞盖，我们可以找他借用一下。孔子听了以后说，别，千万不要找子夏提借伞盖的事。子夏为人有一个特点，

---

① 朱熹：《四书章句集注》，中华书局2011年版，第25、71、192页。

就是非常吝啬,小气鬼。找他借伞盖,无异于让他难受,他借也难受,不借也难受。借吧,舍不得;不借吧,又碍于面子。所以压根儿就别找他说借伞盖的事儿。我听说跟人交往,一定要注意一个原则,那就是"推其长者,违其短者",只有这样才能长久相处。

《论语·述而》篇中记载,鲁昭公娶了吴国国君的女儿。吴国国君是周文王的伯父太伯的后代,鲁国国君是周文王的儿子周公姬旦的后代。吴鲁两国本同族同姓。按周礼规定,同姓不能通婚。所以鲁昭公的婚姻是严重违背周礼的。陈司败知道这事以后,他会怎么做呢?按照"见不贤而内自省"的处事原则,知道了,不说就是了,可是陈司败偏偏要去问孔子:"昭公知礼乎?"鲁昭公懂不懂得周礼?孔子回答说,鲁昭公懂得周礼啊。"周礼尽在鲁矣",周礼在鲁国得到了最完备的保存,他作为一国之君,怎么能不懂得周礼呢。孔子离开以后,陈司败就给巫马期说,我听说君子坦荡荡,是不会有偏私、偏袒之心的,谁知道君子也有偏袒之心。鲁昭公娶了吴国同姓之女,有名有姓,清清楚楚,还说他懂得周礼。如果说鲁昭公懂得周礼,还有谁不懂得周礼呢?后来,巫马期就把陈司败的这一番话对孔子说了。孔子听了以后,只好敷衍说,我孔丘太荣幸了,如果有一点点过错,人们肯定都知道。孔子宁愿自己认错,也不说是别人的错。孔子做人是不是很厚道啊。

君子见人优而喜,见人劣而悲;小人见人优而恨,见人劣而乐。在有些人口中从来听不到他说别人的坏话,在有些人口中从来听不到他说别人的好话。到底如何做人,确实值得我们深思啊!

七 修己以敬

不论"忠"还是"恕",都是对别人的。那么如何对自己呢?这就涉及孔子思想中的另一个问题:修己以敬。《论语·宪问》中记载:"子路问君子,子曰:'修己以敬。'曰:'如斯而已乎?'曰:'修己以安人。'曰:'如斯而已乎?'曰:'修己以安百姓。修己以安百姓,尧、舜其犹病诸!'"子路,大家应该比较熟悉了,他是"孔门十哲"之一,是孔子非常喜欢也是被孔子骂得最多的弟子。子路很敬重孔子,"子疾病,子路请祷"(《论语·述而》),孔子病重,子路很着急,请求为孔子祈祷和祷告。子路和老师有不同意见会直接提出来,从不隐瞒,如孔子见南子时,子路就表现出不高兴的样子,因为南子"美而淫",不是个正经女人。这是子路率真的一面。孔子还说过:"道不行,乘桴浮于海,从我者其由与。"(《论语·公冶长》)就是说,我的主张不能得以推行,如果有一天我走到穷途末路,没办法而漂泊江湖的时候,还能追随我的恐怕就只有子路一个人了。这说明子路对孔子是真地好,孔子也真地很信任子路。但是子路为人性格爽直,好勇武而显鲁莽。头戴雄鸡式的帽子,腰挎带有野猪装饰的宝剑,显示自己像武侠一样的勇敢与无敌,这一点儿似乎又是孔子不大喜欢的,孔子说他:"暴虎冯河,死而无悔者,吾不与也。"(《论语·述而》)徒手打老虎,徒步趟黄河,死了还不后悔,我不赞赏这种人,不愿跟这种人打交道。所以当子路向孔子请教怎样才能成为君子时,孔子就针对子路的性格特点说:"修己以敬。"就是说,加强自己的修养,使自己达到"敬"的境界。谁知道子路听了以后,似乎很不屑地说:"仅此而已吗?"于是孔子进一步说:"修己以安人。"意思是加强自身的修养,使身边的人因为我们的存在而感到安逸舒服。谁知道子路听了以后,仍然是一脸不屑地说:"这就够了吗?"然后孔子说:"修己以安百姓。"意思是加强自身的修养,使天下百姓都能因为我们的存在而感到安逸舒服。不过,说到这里,孔子赶紧补充一句说:"修己以安百姓,尧舜其犹病诸!"加强自身的修养,使天下百姓都能因为我们的存在而感到安逸舒服,像尧舜这样的圣人大概还担心做不到呢!你就别指望了。

孔子对子路提出的基本要求是"修己以敬",从此可以看出儒家文化的一种基本精神——敬。敬,不是一个简单的动词或者形容词,比如尊敬或者恭敬,而是一种精神,一种品位,一种境界。如果就具体的词义分析来说,敬,意思是发自内心的庄重、严肃、认真、审慎,不轻慢,不苟且,慎重地对待。这是一种责任和担当,用我们今天的话说,就是敬人、敬事、敬业,认认真真做人,认认真真做事,认认真真地对待自己的职业和事业。做人做事必须严肃认真,不得随随便便,不得漫不经心，不得嘻哈游戏、玩世不恭。对自己、对家庭、对国家和民族，对天地万物，都必须有一种责任担当的意识，这样才能保持一种敬的思想和精神。

八　礼学观念

礼学是孔子思想的另一个重要组成部分。孔子提出"克己复礼"，他以恢复周礼为己任，不辞辛劳，周游列国，游说诸侯，目的就是传扬其思想。

礼源于原始时期的祭祀仪式，即举行仪礼，祭神求福，许慎《说文解字》说："礼，履也。所以事神致福也。"随着社会生活的发展，礼引申为宗法制度中的行为规范，形成了一整套以区别尊卑贵贱亲疏为内涵的意识形态。后来，礼由宗族内部扩展到国家的政治领域，礼就成了严格的社会等级制度，并进一步发展成为维护社会秩序的核心政治思想。礼在中国古代是社会的典章制度和道德规范。作为典章制度，它是社会政治制度的体现，是维护上层建筑及与之相适应的人际关系的礼节仪式；作为道德规范，它是君王和贵族的一切行为的标准和要求。

在封建时代，礼是维持社会政治秩序，巩固封建等级制度，调整社会成员关系与权利义务的规范和准则。孔颖达在《礼记正义》中说，"礼者，理也。其用以治，则与天地俱兴"。在这里，礼被说成自然而然形成的用以治理国家的原则和规范。礼是永恒的、普世的天道，礼是自然法则的体现。

《管子》中说："礼者，因人之情，缘义之理，而为之节文者也。"礼是根据人之常情，遵循道义之理，而制定的行为规范。《庄子》有言："礼以道行。"礼的核心宗旨就是讲行为规范。古代有"三礼"，《周礼》偏重政治制度，《仪礼》偏重行为规范，而《礼记》则偏重对具体礼仪的解释、论述。其中包括冠、昏、丧、祭、朝、聘、燕享等各种典礼，真可谓繁文缛礼。"三礼"是我国古代政治制度的三部儒家经典，是中国古代礼仪制度的百科全书。

第三章 儒家文化

"周之政法，即谓之礼。"① 周礼是用以规范人们行为的规矩和法度，其中有君臣尊卑之礼、父子长幼之礼、夫妇夫妻之礼等，这都是人与人相处的规矩和法度。礼就其实质而言，是用以维护宗法制度下森严的等级秩序的。因此，礼首先指社会政治制度，其次才是伦理道德规范。

孔子说："夫礼所以制中也。"(《礼记·仲尼燕居》) 礼是制度规范，其背后隐含的精神是让人们做事要恰当适中。孔子说："敬而不中礼，谓之野；恭而不中礼，谓之给；勇而不中礼，谓之逆。"(《礼记·仲尼燕居》) 敬重而不符合礼是粗野，恭顺而不符合礼是谄媚，奋勇而不符合礼是逆乱。礼就是使人恰当做事的规范和原则。

孔子非常重视礼，并规定"非礼勿视，非礼勿听，非礼勿言，非礼勿动"(《论语·颜渊》)。人们的视听言动都必须依礼而行。礼是治理国家的根本大法。《礼记·经解》有言："有治民之意而无其器则不成。礼之于正国也，犹权衡之于轻重也，绳墨之于曲直也，规矩之于方圆也。"有了治理民众的思想，却没有治理民众的工具，那是不行的。治理民众的工具是什么？就是礼。《礼记·仲尼燕居》有言："治国而无礼，譬犹瞽之无相与！"治理国家如果没有礼，就好像盲人没有拐杖。"礼之所兴，众之所治也；礼之所废，众之所乱也。"(《礼记·仲尼燕居》) 礼制兴则民安定，礼制废则民混乱。礼有"经国家，定社稷，序民人，利后嗣"(《左传·隐公十一年》) 的功能，礼是"社稷之卫"(《左传·僖公三十三年》)，"无礼必亡"(《左传·昭公二十五年》)。《礼记·礼运》中谓："坏国、丧家、亡人，必先去其礼。"以上充分说明了礼在治国安民中所起的重大作用。《孝经·广要道》中记载，子曰："教民亲爱，莫善于孝；教民礼顺，莫善于悌；移风易俗，莫善于乐；安上治民，莫善于礼。"

孔子还认为礼是个人修养和立身处世的根本，"不学礼，无以立"(《论语·季氏》)，"不知礼，无以立也"(《论语·尧曰》)。《礼记·曲礼上》："鹦鹉能言，不离飞鸟；猩猩能言，不离禽兽。今人而无礼，虽能言不亦禽兽之心乎？"就是说，人如果没有礼，虽然能说话，也跟禽

---

① 柳诒徵：《柳诒徵中国文化史》，吉林人民出版社2013年版，第198页。

兽没什么两样。《礼记·冠义》有言："凡人之所以为人者，礼义也。"既然有礼无礼是人有无修养，甚至是人区别于禽兽的分水岭，所以孔子本人对礼仪是身体力行的。《论语·乡党》不惜笔墨着力刻画了孔子在交谈、坐卧、站立、行走、乘车、寝食、服饰、出使外国、接待宾客、朋友交往、馈赠礼品等方面严格遵循礼仪的形象。从中我们可以感受到孔子确实是一个彬彬有礼、气质不凡、潇洒倜傥的仁人君子。

孔子的礼学观念，概括起来说，有几个方面的特征或者原则：第一是尊重，要求人与人交往的双方要相互尊重和礼让，这是礼的基本精神；第二是遵守，礼既然是规范和法度，就要求社会成员共同遵守；第三是适度，对人的尊重和礼让要做到得体适度，把握分寸，不卑不亢；第四是自律，礼是约束人的行为规范，首先要做到自我约束、自觉遵守。

九　中庸（一）

中庸一词最早见于《论语·雍也》，孔子说："中庸之为德也，其至矣乎！民鲜能久矣。"就是说，中庸是最高境界的道德，很长时间以来很少有人能够做到了。那么，到底什么是中庸？汉代经学家郑玄注解《礼记·中庸》说"庸，常也。用中为常道也"，即"以中为常"。郑玄又说："名曰中庸者，以其记中和之为用也。庸，用也。"即"以中为用"。在这些解释中，我们不难看出，关于"庸"的解释，是有分歧的，我们倾向于前一种说法，而把中庸的落脚点放在"中"上面却是没有异议的。孔子中庸思想的内涵大致包括了中正、时中、中和。

第一，中正。中正是中庸思想的基本理念。中正就是不偏不倚，无过无不及，恰到好处。从《论语》及相关典籍中不难看出，"中"是孔子品评人物、选才交友的标准之一，也是其自我修养的行为准则。如《论语·先进》中记载，子贡问："师与商也孰贤？"子曰："师也过，商也不及。"曰："然则师愈与？"子曰："过犹不及。"师，是指颛孙师，即子张。商，是指卜商，即子夏。二人均为孔子弟子。子贡问孔子，子张和子夏谁更强一些，孔子评价说，子张有些太过，子夏有些不及。子贡以为，子张有些太过，自然要比有些不及的子夏强些，而孔子却说，太过和不及是一样的，同样不好。在这里，孔子衡量弟子孰优孰劣的标准是"中"，即"无过无不及"。比如河南方言习惯说"中"，"中"就是对事物的肯定性评价，凡是好、行、成，就是"中"，不好、不行、不成，就是"不中"。

第二，时中。时中就是"随时以处中"，是一种动态的与时俱进的"中"。孔子将"时"与"中"联系起来，形成了时中的观念。朱熹《中庸章句》中谓："仲尼曰：'君子中庸，小人反中庸。君子之中庸也，君子而时中；小人之中庸也，小人而无忌惮。'"时中，即"随时以处中"，用孔子的话说，就是"无可无不可"。如何理解孔子的"无可无不可"呢？孟子对孔子的评价可以说明这一点："可以速而速，可以久而久，可以处而处，可以仕而仕，孔子也。"（《孟子·万章下》）由孟子的评论可知，孔子的"无可无不可"就是"可以仕则仕，可以止则止，可以久则久，可以速则速"。我们不能死板地规定什么是对，应该的就是对的。评价是非的标准关键在是不是合乎道义，这样才能做到"无可无不可"，随时以处"中"。中医理论讲春生、夏长、秋收、冬藏，万物生命的生、长、收、藏与春、夏、秋、冬的相应关系就是时中的表现，《黄帝内经·四气调神大论》中说："春夏养阳，秋冬养阴，以从其根。"这种与时消息的理念也是时中的体现。

第三，中和。中和强调的是一种和谐的境界。《礼记·中庸》中谓："仲尼祖述尧、舜，宪章文、武；上律天时，下袭水土。""上律天时，下袭水土"就是说，上与天道和，下与地道和。也就是说不论干什么事情都要遵循自然规律，与自然相和谐。孔门弟子有若说："礼之用，和为贵"（《论语·学而》），这也可以代表孔子对于礼的理解，即调和不同人之间的关系使其趋于和谐。《礼记·中庸》有言："喜怒哀乐之未发谓之中，发而皆中节谓之和；中也者，天下之大本也；和也者，天下之达道也。致中和，天地位焉，万物育焉。"这是讲如何调和个人内在情绪使其趋于和谐。喜怒哀乐的情感没有表现出来的时候，说明心中没有受到外物的侵扰，是平和自然的，这样的状态就是"中"；在处理各种事情的时候，不可避免地要在心理上产生反映，发生各种各样的情绪变化，并且在表情、行动、语言等方面表现出来，如果表现出来的情绪适度得体，与身份、情理、场合相符合，这样就达到了"和"。中是天下的根本，"和"是天下的通则。只有达到了中和，天地才能存在，万物方能化育。

十　中庸（二）

提倡中庸思想有什么样的意义呢？我们可以从三个方面进行理解。

第一，中庸是道德的最高标准。中庸一开始就是作为道德概念提出来的，前边我们已经讲过，孔子说："中庸之为德也，其至矣乎！"（《论语·雍也》）中庸是最高境界的道德。他还指出"君子中庸，小人反中庸"（《礼记·中庸》），主张处理事情要不偏不倚，无过无不及，做到恰到好处，做到刚刚好。

人的一切行为都可分为过度、不及和适中三种状态，如鲁莽、怯懦和勇敢等。过度和不及都是不好的，只有适中、适度才是美好的，才是美德。《毛诗·周南·关雎》前的序文，通常称为《诗大序》，其中指出："故变风发乎情，止乎礼义。发乎情，民之性也；止乎礼义，先王之泽也。""发乎情，止乎礼义"就是一种合乎中庸的美德。然而，作为最高标准的中和是很难做到的。《礼记·中庸》中记载，孔子说："天下国家可均也，爵禄可辞也，白刃可蹈也，中庸不可能也。"天下可以分给大家，爵禄可以不要，白刃可以踩上去，但唯独中庸做不到。所以孔子说："中庸之为德也，其至矣乎！民鲜能久矣。"（《论语·雍也》）作为道德的最高境界，的确是很难达到的。从孔子赞扬"其至矣乎"到孔子为"民鲜能久矣"感到惋惜，我们可以看出，在孔子心目中，中庸之德是非常完美的。

第二，中庸是艺术或审美的最高境界。比如，人体的高与低、胖与瘦、白与黑、美与丑，眼睛的大与小，等等，都必须合乎中庸才算得上尽善尽美。宋玉的《登徒子好色赋》对人体美做了具体的阐述："天下之佳人，莫若楚国；楚国之丽者，莫若臣里；臣里之丽者，莫若臣东家之子。东家之子，增之一分则太长，减之一分则太短；著粉则太白，施朱则太赤；眉如翠羽，肌如白雪，腰如束素，齿如含贝。嫣然一笑，惑阳城，迷下蔡。"其中体现了不偏不倚、恰到好处的和谐之美。而且，大家应当注意一个问题，凡是定格了的美，都是有限的美。而中国古代诗文中的美女都因为没有定格而呈现出超时空的永恒之美。像"东家之子"这样的美女，到底多高，并没有具体说出，只是说"增之一分则太长，减之一分则太短"。还有汉乐府《陌上桑》中描写的"自名为罗敷"的"秦氏好女"到底是什么样的姿色容颜，也没有直接写出，作者只是通过"耕者忘其犁，锄者忘其锄。来归相怨怒，但坐观罗敷"展示了出来。这样的超越时空的美是符合时中原理的，什么时候都那么美。如果是定格了的美，必然会随着审美的时代差异性和审美的个体差异性而变得不美。

第三，中庸是科学遵循的法则。中庸也是现代科学所必须遵循的原则，科学上总要讲到一个阈值的问题，阈值又叫临界值，是指一个效应能够产生的最低值或最高值。这一名词广泛用于各方面，包括建筑学、生物学、物理学、飞行、化学、电信、电学、心理学等。如磁悬浮、气悬浮技术和航天技术都不能离开这一原则。

中医学理论把中和、中庸的思维方式运用到人的养生、生理、病理、方药、治疗等各个环节，强调人与自然的和谐、肌体内外的平衡、脏腑的协调、气血的和顺。《素问·生气通天论》中有一句非常经典的话："阴平阳秘，精神乃治；阴阳离决，精气乃绝。"阴与阳在相互对抗、相互制约和相互排斥中以求其统一，取得阴阳之间的动态平衡，这被称为"阴平阳秘"，这是健康的根本。中医认为，一切疾病的产生都根源于阴阳不和，而对一切疾病的治疗也都是恢复和重构"阴阳和"，因为生命的根源就是"阴阳和"。

十一　天命观念

天命观念是孔子思想体系的重要内容。关于孔子对待天命的态度，也是争议较多的问题，有人认为孔子相信天命，把天当作最高的人格神；有人则完全相反，认为孔子否定天命，孔子的天命观是把天当作自然界的必然性或不以人的意志为转移的客观规律。

孟子说:"莫之为而为者,天也;莫之致而至者,命也。"(《孟子·万章上》)不事而成的是天,不求而至的是命。总之,天命是大自然的运行规律,不为人力所控制,不依人意而转移。

《礼记·表记》中记载,"夏道尊命,事鬼敬神而远之……殷人尊神,率民以事神,先鬼而后礼……周人尊礼尚施,事鬼敬神而远之"。夏商周三代,人们经历了从尊命到尊神再到尊礼的过程。夏代尊天命,就是说夏王朝认为他们是受天之命来统治万民的,因此,这样的天命是一种有神论的宗教思想,天是一种意志的存在。他们以为有上帝的存在,人间所有的一切都是上帝神的安排和命定,所以他们笃信和尊崇天命。但随着对生死祸福、王朝更迭、历史发展的思考和探索,人们逐渐认识到"皇天无亲,惟德是辅;民心无常,惟惠之怀"(《尚书·周书·蔡仲之命》)。意思是说上天是公平的,也是主持公平正义的,他只辅佐和保佑有德之人。因为殷商"不敬厥德",所以失去了皇天的宠爱,于是上天把自己的宠爱给予周人,要求周朝的统治者来统治天下。天命靠不住,天命不可靠,必须靠自身的道德修为,必须靠施人以恩惠来赢得民众的拥戴。

前面我们说过,"周礼尽在鲁"(《左传·昭公二年》)。礼是宗教仪式,孔子置身其中,难免受其影响,《史记·孔子世家》记载:"孔子为儿嬉戏,常陈俎豆,设礼容。"就是说孔子小时候与小伙伴们一起做游戏玩的都是礼。但从孔子的言行中可以看到他的天命观念的内涵和特点。

首先,子不语怪力乱神。《论语·述而》中记载:"子不语怪、力、乱、神。"孔子不谈论怪异、暴力、变乱、鬼神。因为孔子当时正在大力提倡仁德、礼制等道德观念,他要以道德、礼制培育人们的思想,而不是用鬼神、怪异控制人们的精神。

其次,敬鬼神而远之。《论语·八佾》中记载:"祭如在,祭神如神在。子曰:'吾不与,祭如不祭。'"就是说,虔诚地祭祀鬼神,鬼神好像就存在。孔子说,我不认同这种说法,祭跟不祭一个样。《论语·雍也》中记载:樊迟问知。子曰:"务民之义,敬鬼神而远之,可谓知矣。"就是说，要专心致力于做引导民众走向正义的事，对鬼神要敬而远之。

再次，知天命而敬畏之。《论语·尧曰》中记载，孔子说："不知命，无以为君子也。"换句话说，但凡是君子，就必然会知命。确实应当明白，有些东西不是我们能说了算的，不是自己的能力所能做到的，是不以我们的意志为转移的。《论语·为政》中说孔子"五十而知天命"。知天命是一种明智的认识，所谓乐天知命。只有这样，才可能去掉很多不必要的烦恼和抑郁的情绪。《周易·系辞上》中说："乐天知命，故不忧。"《论语·季氏篇》上说："君子有三畏：畏天命，畏大人，畏圣人之言。小人不知天命而不畏也，狎大人，侮圣人之言。"就是说，君子对天命、大人和圣人之言都怀有一种敬畏之心；而小人因为不懂而不敬畏天命，而且不敬重大人，轻慢圣人之言。君子三畏，其中第一个畏就是畏天命。"畏天命"，即敬畏天命而不违天命，不敢恣意胡为，而是按"天"的意旨、规则行事。在我们明白了天命是什么以后，我们必须对之敬畏。如果没有了敬畏之心，做事肆无忌惮，那是要付出代价的。

最后，尽人事而听天命。孔子的天命观并非要在"天"和"命"面前消极等待，而是积极争取，努力挖掘个人的潜力。听天命而不失其主动性和积极性。《论语·宪问》中有一个故事从侧面体现了这种自觉的精神，故事说孔子的弟子子路宿于石门，守门人问子路从哪里来，子路说从孔子那里来，守门人说，你所谓的孔子，就是"知其不可而为之"的那个人吧！可见孔子"知其不可而为之"的精神是出了名的。所谓"尽人事以应天命"，就是说，谋事在人，成事在天，我们只管尽心竭力地做事，至于最终能否成功，还得任其自然。我们宁愿相信天道酬勤，所以就只管耕耘，别问收获。

第二节　孟子的思想

孟子从学于孔子之孙子思，他自命为孔子的继承人，自称"乃所愿，则学孔子也"（《孟子·公孙丑上》），"序《诗》《书》，述仲尼之意"

(《史记·孟子荀卿列传》)。孟子给孔子极高的评价,他在《孟子·公孙丑上》中说:"圣人之于民也,亦类也。出于其类,拔乎其萃,自生民以来,未有盛于孔子也。"孟子认为孔子是有人类以来最出类拔萃的。正是因为孟子是孔子思想的忠实继承者,所以他被称为亚圣,儒家思想被称为孔孟之道。韩愈评价说:"惟孟轲师子思,而子思之学出于曾子。自孔子没,独孟轲氏之传得其宗。故求观圣人之道者,必自孟子始。"(《四书章句集注·孟子序说》)到了宋元时期,孟子的亚圣地位逐渐得以确立,思孟学派遂升格为孔学之正宗。

一 性善论

性善论是孟子最早提出的一种人性论。程颐说:"孟子有大功于世,以其言性善也","孟子性善、养气之论,皆前圣所未发"。[①]

孟子在《尽心上》中说,"仁也者,人也",在《孟子·告子上》中说,"仁,人心也"。用人和人心来诠释仁这种美德,使仁成了人与生俱来的内在本性。

孟子明确指出"仁义礼智根于心"(《孟子·尽心上》),他提出了"四心""四端"说:"无恻隐之心,非人也;无羞恶之心,非人也;无辞让之心,非人也;无是非之心,非人也。恻隐之心,仁之端也;羞恶之心,义之端也;辞让之心,礼之端也;是非之心,智之端也。"(《孟子·公孙丑上》)换句话说,但凡是人,就肯定有恻隐之心、羞恶之心、辞让之心和是非之心。这"四心"是人所必备的,而且是仁义礼智的开端和基础,没有"四心"就不会有仁义礼智。孟子说"人之有是四端也,犹其有四体也"(《孟子·公孙丑上》),"四端"就像人的四肢,是与生俱来的,是与人不可分离的。仁义礼智这些善端都是人的心性的本然状态,是天所赋予的先验认识,孟子又称之为"本心"。

孟子还提出了著名的"良知"概念,《孟子·尽心上》中说:"人之所不学而能者,其良能也;所不虑而知者,其良知也。""不虑而知"的

[①] 朱熹:《四书章句集注》,中华书局2011年版,第186页。

"良知"几乎就是一种人生本能的反映。

《孟子·公孙丑上》中讲了这样一个事情："今人乍见孺子将入于井，皆有怵惕恻隐之心，非所以纳交于孺子之父母也，非所以要誉于乡党朋友也，非恶其声而然也。"就是说，一个人突然看到一个孩子将要掉进水井里，就会本能地产生恐惧和恻隐的心理而把孩子救上来，其中没有任何的功利性，没有任何其他的想法，也容不得有任何想法。他并没有想通过救这个孩子而能跟孩子的父母结交，并没有想通过救这个孩子而在乡党朋友中获得赞誉，也并不是因为厌恶孩子惨叫声而这样去做。什么都不为，什么都不想，就做了这样的好事，这就说明人性之善良是本来就有的。

在《孟子·告子上》中，孟子还从反面论证了人性本善的问题。他说："人性之善也，犹水之就下也。人无有不善，水无有不下。今夫水，搏而跃之，可使过颡；激而行之，可使在山。是岂水之性哉？其势则然也。人之可使为不善，其性亦犹是也。"意思是说，人性善就如同水往低处流一样，是自然而然的。但在一定形势下，也可以为不善，就像水在一定形势下"可使过颡""可使在山"一样。但是，必须注意：水之"过颡"或者"在山"都不是水的本性，是"搏而跃之"或者"激而行之"的结果。因而，人之为不善，也不是人的本性。

总之，孟子从不同的层面论证了人性本善。前面我们讲过，人性包括自然本能性和社会伦理性，而孟子讲人性是着眼于人的社会伦理性，因为只有社会伦理性才是人所特有的能够区别于动物的本质属性。他为什么要执意这样讲呢？

二 仁政思想

孟子讲人性本善的目的就是要为他的政治思想寻求理论依据。孟子和孔子一样，都有着强烈的政治关怀。孟子曾说："如欲平治天下，当今之世，舍我其谁也？"(《孟子·公孙丑下》)那么孟子平治天下的理想政治是什么呢？这就是孟子提出的仁政。所谓仁政，就是通过争取民心以达到治国之目的的政治主张，也就是通常所说的王道仁政，与之相反的是霸道暴政。王道仁政是以德服人，霸道暴政是以力服人。

孟子认为实行仁政是"平治天下"的方法和手段。《孟子·离娄上》中说："离娄之明，公输子之巧，不以规矩不能成方圆。师旷之聪，不以六律，不能正五音。尧舜之道，不以仁政不能平治天下。"仁政对于治天下的意义，就像规矩对于画方圆，就像六律对于正五音。孟子的仁政思想是在继承孔子德治和仁的思想基础之上提出来的。从孔子主张德治到孟子提出仁政，这是儒家政治学说的重大发展。孔子主张的德治和仁，其内容基本上属于道德伦理的范畴，还不是政治学说。孟子进一步把仁的思想发展为系统的仁政学说。他认为"人皆有不忍人之心。先王有不忍人之心，斯有不忍人之政矣"（《孟子·公孙丑上》）。"不忍人之政"就是仁政。这就是说，在孟子看来，依靠道德使人民服从，人民就会心悦诚服，这是发自内心的服从。

与仁政密切相连的是王道。孟子主张王道仁政，反对霸道暴政。说："以德行仁者王。"认为"制民之产"，使人民有一小块土地，能"养生丧死无憾"，就会"无敌于天下"。孟子反对"以力服人"的霸道，主张"以德服人"的王道，目的是劝诫诸侯君王要"以德王天下"，着眼于争取民心，做到"保民而王"。

仁政思想首先体现在以民为本上。孟子的王道仁政思想发展了古代的民本思想，根据《尚书》中的"民为邦本，本固邦宁"，孔子提出"节用而爱人，使民以时"（《论语·学而》）的思想，孟子的老师子思提出了"社稷，所以为民也，不可以所为亡民也"（《孔丛子·居卫》），就是说，社稷是为人民的，不能用为人民的社稷把人民逼上绝路。民本思想是中国传统文化中极其重要的思想资源，古代的民本思想经历了从敬天、敬鬼到敬德保民，再由重民轻天到民贵君轻这样的发展历程。孟子就旗帜鲜明地提出了"民为贵，社稷次之，君为轻"，告诫统治者要"爱民""利民"，轻刑薄赋，施惠于民，听政于民，与民同乐。这标志着民本思想的真正形成。

仁政思想还体现在"推恩"上。孟子继承发展了孔子的忠恕之道，尤其发展了推己及人的思想，主张推恩以治理天下。《孟子·梁惠王上》

说："古之人所以大过人者无他焉，善推其所为而已矣"，提出"老吾老，以及人之老；幼吾幼，以及人之幼。天下可运于掌"，"故推恩足以保四海，不推恩无以保妻子"。"推恩"就是施惠于人。如果能真真切切地做到"推恩"，就能赢得百姓的拥戴，就能保证把天下治理好；如果不能"推恩"，恐怕连自己的老婆和孩子都不能保证他们会对你好。看来，处理好人与人之间关系的最好办法就是"推恩"，争取民心以达到治理天下之目的也是"推恩"。

三　浩然之气

在《孟子·公孙丑上》中，"公孙丑问曰：'敢问夫子恶乎长？'曰：'我知言，我善养吾浩然之气。''敢问何谓浩然之气？'曰：'难言也。其为气也，至大至刚，以直养而无害，则塞于天地之间。其为气也，配义与道；无是，馁也。是集义所生者，非义袭而取之也。行有不慊于心，则馁矣。'"这是说，孟子的弟子公孙丑有次问孟子："请问老师，您的长处是什么？"孟子回答说："我善于培养我的浩然之气。"公孙丑又问："请问什么叫浩然之气？"孟子说："这很难说明白。大致说来，就是一种十分浩大而刚健的可以顶天立地的气。这种气的形成必须有正义和道义存在其中，否则，就干瘪无力了。这种气是由正义和道义的长期蓄养而慢慢养成的，不是靠虚假的正义和道义的偶尔炫耀来获取的。如果你的行为造成内心的愧疚和不满意，这种气也就干瘪无力了。"

由此可见，所谓浩然之气，就是一种刚正大气、光明磊落、堂堂正正、痛快淋漓、敢于拍着胸脯做人的男子汉大丈夫之气，这是一种浩气长存的精神力量，这种气场和力量可以塑造出人格魅力。联系《孟子》的其他论述，如果贯通起来理解，我们认为孟子所谓的浩然之气应当包括三个方面内容。

第一，道义和正义。宋明理学家程颐说："孟子有功于圣门，不可胜言。仲尼只说一个仁字，孟子开口便说仁义。仲尼只说一个志，孟子便说许多养气出来。只此二字，其功甚多。"（《四书章句集注·孟子序》）什么是义？义者，宜也。义就是应该的，合适的。比如在君臣关系上，孟子就表现出坦荡磊落的英才之气。《孟子·离娄下》中记载："孟子告齐宣王曰：'君之视臣如手足，则臣视君如腹心；君之视臣如犬马，则臣视君如国人；君之视臣如土芥，则臣视君如寇仇。'"在《孟子·万章下》有言："君有大过则谏，反复之而不听则易位。"其中，对君臣关系的处理，尤其凸显了道义和正义的精神。

第二，勇力和豪气。有了道义感和正义感，还得有勇气和豪气，要敢于担当。《孟子·离娄上》中记载了孟子和淳于髡的一段对话：

> 淳于髡曰："男女授受不亲，礼与？"
> 孟子曰："礼也。"
> 曰："嫂溺则援之以手乎？"
> 曰："嫂溺而不援，是豺狼也。男女授受不亲，礼也；嫂溺援之以手者，权也。"

这段对话是基于孔子曾经说过的话"男女授受不亲，礼也；嫂溺援之以手，豺狼也"。男女授受不亲，是合乎周礼的；嫂子掉到河里，小叔子伸手拉嫂子一把，那就是豺狼，那就不是人。孟子认同男女授受不亲的礼教，但他认为"嫂溺援之以手"这是具体问题具体分析，如果小叔子为了标榜自己恪守"男女授受不亲"的周礼，却眼睁睁看着嫂子掉河里淹死而不拉嫂子一把，那才真是豺狼之狠心。在孟子看来，只要是合乎道义的就做，身正不怕影子斜，敢做敢当。

第三，意志和毅力。《孟子·告子下》有言，"天将降大任于斯人也，必先苦其心志，劳其筋骨，饿其体肤，空乏其身，行拂乱其所为，所以动心忍性，增益其所不能"，"然后知生于忧患而死于安乐也"。人需要在逆境中磨炼，这是意志的磨炼，正如孔子所说"岁寒然后知松柏之后凋也"，温室里的花草总是经不起风霜雨雪的吹打。同时，浩然之气还包含对名利地位和权势的超越，既能抵抗名利的诱惑，又不屈从权势的压力。这是一种毅力的表现。《孟子·滕文公下》中说："居天下之广居，立天下之正位，行天下之大道；得志与民由之，不得志独行其道；

富贵不能淫,贫贱不能移,威武不能屈:此之谓大丈夫。"金钱和地位不能使之迷惑腐化,贫苦穷困、地位低下不能改变其志向,权势武力不能使之屈服变节,这就是所谓的男子汉大丈夫。

第三节 荀子的思想

荀子是战国末期著名思想家、文学家、教育家,时人尊称为"荀卿",章太炎称之为"儒家后圣",素有"诸子大成"的美称。他的弟子韩非子随之学习"诸子百家",最终成为集先秦法家之大成的思想家;李斯"乃从荀卿学帝王之术",最终成为中国历史上第一位丞相;张苍跟荀子学《左氏春秋》,后来成为汉文帝的丞相。荀子学问之大,可见一斑。郭沫若曾说,"荀子是先秦诸子中最后一位大师,他不仅集了儒家的大成,而且可以说是集了百家的大成的","公正地说来,他实在可以称为杂家的祖宗,他是把百家的学说差不多都融会贯通了"。[①]

一 性恶论

人性善恶的问题是先秦学术争论的一个重要问题。荀子从现实社会的实践出发,提出了与孟子相对立的人性恶的理论。荀子认为,人的本性就是"饥而欲食,寒而欲暖,劳而欲息,好利而恶害",人的本性就是"目好色,耳好声,口好味,心好利,骨体肤理好愉佚",所以说"人之性恶,其善者伪也"。(《荀子·性恶》)荀子认为,人性恶是明摆着的事实,人性中善的一面都是虚伪的或者说是人为的,"伪"的写法就是"人"和"为"的会意。在荀子看来,凡是有价值的、善的东西都是人为的产物,善是来自文化的,文化是人创造的。荀子说:"今人之性,饥而欲饱,寒而欲暖,劳而欲休,此人之情性也。今人饥,见长而不敢先食者,将有所让也;劳而不敢息者,将有所代也。夫子之让乎父,弟之让乎兄;子之代乎父,弟之代乎兄,此二行者,皆反于性而悖于情

[①] 郭沫若:《十批判书》,东方出版社1996年版,第218页。

也。而孝子之道，礼义之文理也。"(《荀子·性恶》)按照与生俱来的人的本性，饿了就想吃饱，冷了就想穿暖，累了就想休息，这是人的本性之真实表露。然而，现在人们饿了，看见长辈却不敢先吃，要有所礼让；劳累了本来应该休息，可是还要为长辈代劳。这些都不是人的真实本性。所以，所谓孝子之道、孝悌之义都是一种人为的礼义制度和道德规范。

荀子主张性恶论，反对孟子的"仁义礼智根于心"，指出道德规范、礼义制度是后天才有的，是人为添上去的，这种思想也是符合实际的。通常人们都虚伪地标榜什么淡泊名利，而实际上人们总是在名利的驱动下去追名逐利。而这种好利恶害、追名逐利的人之本性，荀子都认为是人性之恶。

需要指出的是，孟子和荀子的人性主张并非是完全对立的，而是着眼于复杂人性的不同面向，为各自的理论学说提供人性论上的根据。孟子论人性是着眼于人的社会伦理性，是就其向善的可能性而言的。荀子论人性是着眼于人的自然本能性，是就其向恶的方向发展的可能性而言的。孟子主张人性本善论的目的是给他推行的仁政寻求理论依据，那么荀子力主人性恶，又是为什么呢？

二　隆礼重法

荀子之所以要着眼于自然本能性来论证人性恶，目的就是要为他的治国理念寻找理论依据。荀子的治国理念就是隆礼重法。

事实上，荀子主张人性有"性"和"伪"两部分，"性"（本性）是人性向恶的动物本能，"伪"（人为）则是人性趋善的道德教化。"生之所以然者谓之性""不事而自然谓之性"(《荀子·正名》)，与生俱来的、没有人为干预过的为"性"；"心虑而能为之动谓之伪，虑积焉、能习焉而后成谓之伪"(《荀子·正名》)，经过深思熟虑然后为之改变的是"伪"。"不可学、不可事而在天者谓之性。可学而能、可事而成之在人者谓之伪。是性伪之分也。"不可学、非人为而完全是与生俱来的是"性"；可以通过学习、可以通过人为做到的是"伪"。"圣人之所以同于众，其不异于众者，性也；所以异而过众者，伪也。"(《荀子·性恶》)

圣人与民众没有什么不同的那是"性",不同于民众而超越民众的是"伪"。在充分论述"性""伪"之分以后,主张"化性而起伪",就是指改变先天的恶的本性,兴起后天的善的人为。孔孟在政治思想方面,注重仁义道德,强调为政以德和王道仁政。荀子在继承孔孟政治思想的基础上,提出隆礼重教,以礼教为主;但也吸收法家思想,主张礼法并重。这是荀子政治思想学说的基本纲领。

首先是礼乐教化。《荀子·礼论》中特别讲到礼的起源:"礼起于何也?曰:人生而有欲,欲而不得,则不能无求,求而无量度分界,则不能不争。争则乱,乱则穷。先王恶其乱也,故制礼义以分之,以养人之欲,给人之求,使欲必不穷乎物,物必不屈于欲,两者相持而长,是礼之所起也。"荀子认为,礼起源于人生来就有的欲望,欲望得不到满足,就不得不去寻求,而对欲望的追求又是没有限度的,这样就不可能不发生争斗。争斗就会引起混乱,国家混乱就会穷困。先王厌恶这种混乱的局面,所以制定礼义以划分界限,在欲望与财物两者之间起到协调制衡作用。这就是礼的起源。

《荀子·富国》中分析说:"欲恶同物,欲多而物寡,寡则必争矣。"如果人之所欲和人之所恶不是同一事物,比方说,有人只想当主人,有人甘愿做仆人,那就相安无事,世界太平。或者人们想要的东西非常丰富,就像空气可以让人自由呼吸一样,那也不会出现争夺,人们也会相安无事。可是,社会的实际并不是如此令人满意。人们必须在同一蓝天下生活,物质财富又不可能丰富到使每个人的欲望都得到满足的程度,人们的欲望都必须受到一定的限制。礼所具有的功能正是对人们欲望的限制。有了礼,就有道德,遵礼而行就是合乎道德,违礼而行就是不道德的行为。更何况荀子认为人性的本质是恶,所以用礼义道德来对人们进行约束以维系社会的安定和谐就显得非常必要。正如《荀子·修身》中所说:"人无礼则不生,事无礼则不成,国家无礼则不宁。"

其次是隆礼重法。法源于礼,礼流为法。从礼到法是从源到流的自然发展过程。《韩非子》中就说得非常明白:"凡治天下,必因人情。人情者,有好恶,故赏罚可用;赏罚可用,则禁令可立而治道具矣。"

(《韩非子·八经》)韩非子作为法家思想的代表人物,精于"刑名法术之学","而其归本于黄老",所以他从道家"道法自然"中悟出了立法治国也必须因循人情之自然,人之常情是好利恶害,基于此而制定赏善罚恶的法制来治理天下,也就是顺理成章的事了。

荀子立论的基点是性恶。既然人性的本质是恶,人的天然本性是人心不足,欲壑难填,而礼的作用则是对人们无限的欲望追求进行限制,二者之间难免会有冲突。为了确保社会秩序的正常运转,礼的遵循不免要诉诸一种强制性。由此,礼演变为法。

"礼义者,治之始也"(《荀子·王制》),"法者,治之端也"(《荀子·君道》),礼和法都是治理国家的基础,"听政之大分:以善至者,待之以礼;以不善至者,待之以刑"(《荀子·王制》),国家政治的重要纲领是以礼待善,以刑制恶,礼法并重,才能长治久安,所谓"隆礼至法则国有常"(《荀子·君道》),"故人之命在天,国之命在礼。君人者,隆礼尊贤而王,重法爱民而霸"(《荀子·天论》)。荀子的礼法兼施、王霸统一,是对礼法、王霸之争的总结,开创了后世儒法合流的先河。所谓"隆礼尊贤而王,重法爱民而霸",既有王道仁政,又有霸道暴政,是王道与霸道的统一。就治理天下而言,荀子的思想是最实用的,难怪谭嗣同在其《仁学》一书中发出"二千年来之政,皆秦政也""二千年来之学,皆荀学也"的感叹。[①]

三 天人相分

荀子对天人关系的理解主要体现在四个方面。首先是天道自然。这是天人相分的思想基础。荀子把天、天命、天道这些概念自然化、客观化与规律化,他在《荀子·天论》中说:"列星随旋,日月递照,四时代御,阴阳大化,风雨博施,万物各得其和以生,各得其养以成,不见其事而见其功,夫是之谓神;皆知其所以成,莫知其无形,夫是之谓天功。"在荀子看来,天为自然,它没有理性、意志、善恶和好恶之心。

[①] 蔡尚思、方行编著:《谭嗣同全集》,中华书局1981年版,第337页。

天是自然之天，而非人格神。他把日月星辰、阴阳风雨、春夏秋冬等潜在的功能叫作神，万物都是因为得到了这些自然现象的滋养而生成的。因"其无形"且"不见其事"，人们只能看到最终功成的结果，故这种自然界的功劳叫作天功。宇宙的生成不是神造，而是万物自身运动的结果。"不为而成，不求而得，夫是之谓天职"，这种没有人为和不假虑求就可以实现的东西，这正是"天职"所在。

其次是天行有常。荀子以为，自然界的日月星辰、阴阳风雨、春夏秋冬的变化不是神秘莫测的，而是有其自身不变的规律。自然界的一切变异现象都有其发生的原因，即便有些原因可能还不能得到圆满的解释，也不应当用神秘主义的观念来对待，更不应将其与人事相联系。他说："天有常道矣，地有常数矣。"（《荀子·天论》）天地各有自身的不以人的意志为转移的规律。这一规律不是神秘的天道，而是自然的必然，它不依赖于人间的好恶而发生变化。人不可违背这一规律，而只能严格地遵守它。"天行有常，不为尧存，不为桀亡。"（《荀子·天论》）天道不会因为人的情感或者意志而有所改变，不会因为尧是明主而存在，也不会因为桀是暴君而消失。荀子对传统的宗教迷信持批判的态度，认为自然的变化与社会的治乱吉凶没有必然的联系。

再次是天人相分。荀子认为自然界有自身的规律，人类社会也有自身的特点，天道不能干预人道，人道也不能干预天道。天在行使天职之时对人的行为是不加考虑的。"天职"有着自然之意，非人为所能改变。天归天，人归人，治乱吉凶，在人而不在天，所以说天人相分。并且天人各有不同的职能，"天能生物，不能辨物也；地能载人，不能治人也"（《荀子·礼论》）。《荀子·礼论》有言："天有其时，地有其才，人有其治。"天有自己的时令季节，地有自己的材料资源，人有自己的治理方法，三者并行而不同。"天不为人之恶寒也辍冬，地不为人之恶辽远也辍广。"（《荀子·礼论》）天绝不会因为人们厌恶天气寒冷而停止冬天到来的脚步，地也不会因为人们害怕路途遥远而停止了它的广袤无垠。所以荀子认为，人事的吉凶和社会的治乱，完全取决于人类自身，而与自然界的变化没有必然的联系。《荀子·礼论》中还有言："上明而政平，则是虽并世起，无伤也。上暗而政险，则是虽无一至者，无益也。"就是说，如果政治清明，即便是各种怪异现象同时出现，也不会给社会造成伤害；如果政治黑暗，即便没有一点自然界的怪异现象，也不会对社会带来裨益。他又从反面指出"强本而节用，则天不能贫；养备而动时，则天不能病；修道而不贰，则天不能祸。故水旱不能使之饥渴，寒暑不能使之疾，妖怪不能使之凶……故明于天人之分，则可谓至人矣"，他还进一步提出"治乱非天也""治乱非时也""治乱非地也"。（《荀子·礼论》）社会的一切都事在人为。这种对自然现象的理性解释，表现出中国传统文化在天人关系问题上的极大进步。

最后是制天命而用之。在荀子看来，与其迷信天的权威，去思慕它、歌颂它，等待天的恩赐，不如利用自然规律以服务于人们的生活和生产劳动。荀子强调"敬其在己者，而不慕其在天者"（《荀子·礼论》），他认为人们应当重视自己能够决定的东西，强调人在自然面前的主观能动性，而不要幻想天赐祥瑞、天降鸿福。荀子明确宣称："大天而思之，孰与物畜而制之！从天而颂之，孰与制天命而用之！"（《荀子·礼论》）就是说，与其尊崇天而期待它的恩赐，还不如像畜养万物那样将天驯服；与其顺从天而歌颂它，还不如掌握自然规律而利用它。认识天道就是为了能够支配天道而宰制自然世界。人只要按照这些规律办事，就可以"制天命而用之"，人就可以成为自然界的主人。

第四节　两汉经学

自西汉董仲舒"罢黜百家，独尊儒术"以后，凡对中国古代儒家经典学说进行经文训解、义理阐释和研究的学问都被称之为经学。从此，儒学被奉为一尊，成为古代社会的主导思想。汉代研究经学的方法对中国传统的学术研究也产生了深远的影响。

一　儒家思想的政治化

儒家学说从诸子之学一跃而获得独尊的地位，由此结束了子学时代而开启了经学时代。这个转变的产生既有政治需求的因素，也是儒学自身的思想特质使然。

独尊儒术意味着清静无为政治的终结。大汉王朝刚刚建立之时，迫于连年战争带来的社会经济凋敝，统治阶级不得不顺应历史发展的需要，实行了与民休息的无为之治，并因之带来了社会经济的繁荣。但是无为而治的黄老之学有其天然的缺陷："君无为而臣有为"弱化了中央集权，从而使中央缺乏对社会的统一调控和管理，导致富商豪门兼并土地、聚敛财富，从而拉大了社会的贫富差距，社会矛盾日趋尖锐，社会秩序严重混乱。

独尊儒术是改进"牧民之道"的需要。对于如何统治人民的问题，汉代统治者认真总结了秦亡的教训，认为秦统治者夺取天下是成功的，但治理天下却是失败的。这是历史的事实。为了统一思想，大秦王朝采用了残暴的焚书坑儒政策，加上经济上的横征暴敛，以及繁重的兵役、徭役，最终造成了农民大起义的爆发。秦二世而亡，意味着法家暴力统治思想的破产。

大秦王朝法家式残暴统治的灭亡教训和西汉前期道家无为政治的弊端，使统治者不得不探求治国理政的新思路。在某种程度上说，儒家学说能够把政治问题伦理化，从而在统治者与被统治者之间蒙上宗法观念的温情面纱，同时，儒家所倡导的宗法制度和宗法思想也更符合古代集权社会的实际需要。董仲舒为了适应封建统治的需要，着眼于巩固整个封建国家的政权，对儒学进行了神学化的改造，最终使之被定为一尊。

元光元年（前134），汉武帝令郡国举孝廉，策贤良，试图进行改革。汉武帝对董仲舒提出："朕欲闻大道之要，至论之极。"汉武帝需要的是总结既往兴亡治乱的经验教训，提出既能解决国家现实问题，又能保证汉朝强盛的长久治安之道。汉武帝连问三策，董仲舒亦连答三章，史称"天人三策"或"贤良对策"。

第一策，概括起来，包括法天、正始、教化、更化四个方面。所谓法天，就是治理天下必须上承天命，顺天而行。董仲舒指出："《春秋》之中，视前世已行之事，以观天人相与之际，甚可畏也。"基于天人感应的思想，董仲舒提出，帝王之术必须效法天道，"法天而立道"。

所谓正始，就是确立国家的根本。董仲舒认为，政治之本在百官，百官之本在朝廷，朝廷之本在君主。董仲舒指出："《春秋》谓一元之意，一者万物之所从始也，元者辞之所谓大也。谓一为元者，视大始而欲正本也。《春秋》深探其本，而反自贵者始。故为人君者，正心以正朝廷，正朝廷以正百官，正百官以正万民，正万民以正四方。"意思就是要确立帝王大一统的思想，以便加强中央集权。

所谓教化，就是对天下民众进行思想教育。董仲舒指出："凡以教化不立而万民不正也。夫万民之从利也，如水之走下，不以教化堤防之，不能止也。""是故南面而治天下，莫不以教化为大务。"教化民众是君王治理天下的大事。

所谓更化，就是改革，即要求以仁德代替严刑，以儒家学说代替法家学说。董仲舒引用孔子的话说："腐朽之木不可雕也，粪土之墙不可圬也。"他把大秦帝国留下的烂摊子比作朽木、粪墙，实在是无可奈何。"为政而不行，甚者必变而更化之，乃可理也。""当更化而不更化，虽有大贤不能善治也。"只有改革，才有出路。

汉武帝对第一策十分欣赏。于是又提出"尧舜垂拱无为而治，文武勤勉有为而治，难道帝王治国之道，可以不同吗？"于是，董仲舒又上了第二策："圣王之治之所以有差别，那是因时而异。无论是黄老的无为而治，还是文武的有为而治，都有历史的合理性，而现在是汉承秦弊，非力行有为而不可。"时移世易，国家政治必须因时制宜，强调"力行有为"。

后来，董仲舒又进献了第三策。董仲舒研究《春秋公羊传》，认为其根本宗旨是大一统。他说："春秋大一统者，天地之常经，古今之通义也。"大一统是天经地义的，理所当然的，因此他希望汉武帝能够建立封建大一统的帝业。大一统的根本特征是思想的统一，于是董仲舒在他的《贤良对策》中，向汉武帝提出"推明孔氏，抑黜百家""罢黜百家，表章六经"的建议，主张"诸不在六艺之科、孔子之术者，皆绝其道，勿使并进"，凡是不属于六经的内容，凡是不属于孔子的思想，都要一律禁绝。这就是后人所说的"罢黜百家，独尊儒术"。汉武帝接受了这个建议，儒家思想从此开始登上政治舞台，成为官方的意识形态，成为中国传统文化的核心和正统。

二 儒家思想的神秘化

通过"天人三策"，董仲舒完成了儒家思想的政治化。那么这种官方的意识形态如何能够使社会民众心悦诚服呢？这是我们要探讨的问题：儒家思想的神秘化。

儒家思想的神秘化，也可以说是儒家思想的合理化，或者说是儒家思想的宗教化，说到底就是用阴阳五行诠释儒家伦理，为儒家思想寻求理论上的支持。其内容主要表现在董仲舒的代表性著作——《春秋繁露》中。

董仲舒把儒家学说与阴阳五行说结合起来，建立了一套帝制神学体系。或者说，董仲舒在新的历史条件下建立了以阴阳五行为框架的具有神学内容的新儒学体系。所以班固在《汉书·艺文志》中说："儒家者流，盖出于司徒之官，助人君顺阴阳明教化者也。""顺阴阳"是儒家"助人君""明教化"的工具。董仲舒认为世界上的一切都是天意有目的的安排，"天者，百神之大君也"（《春秋繁露·郊语》），"天者，万物之祖"（《春秋繁露·顺命》）。人间社会的尊卑关系也都是天定的秩序。《春秋繁露·基义》有言："凡物必有合……有美必有恶，有顺必有逆，有喜必有怒，有寒必有暑，有昼必有夜，此皆其合也……物莫无合，而合各有阴阳。"就是说，任何事物的存在都有其相互依存的对立面，用今天的话说就是对立统一，而任何对立统一的事物都可以用阴阳来概括。具体来说，天地为一合，天为阳，地为阴；君臣为一合，君为阳，臣为阴；父子为一合，父为阳，子为阴；夫妻为一合，夫为阳，妻为阴。《春秋繁露·基义》有言，"阴者阳之合，妻者夫之合，子者父之合，臣者君之合"，"阳兼于阴，阴兼于阳；夫兼于妻，妻兼于夫；父兼于子，子兼于父；君兼于臣，臣兼于君。君臣、父子、夫妇之义，皆取诸阴阳之道"。值得注意的是，董仲舒总喜欢拿天说事儿，他根据《周易·系辞》"天尊地卑"的说法，提出"阳贵而阴贱，天之制也"（《春秋繁露·天辨在人》)的观念,认为"天地之常,一阴一阳。阳者,天之德也;阴者,天之刑也"(《春秋繁露·阴阳义》)。由于天"任阳不任阴,好德不好刑"(《春秋繁露·阴阳位》),所以董仲舒一再强调,阴是对阳的配合,他认为对立的双方有一方(就是阳)永远处在主要的地位,起着主要的主导作用,并且对立双方不是可以相互转化的,而是固定不变的,阴性的只能从属于阳性的。于是在君臣、父子、夫妻这三对关系中,属于阳的君、父、夫永远是高贵的,属于阴的臣、子、妻永远是低贱的。他说:"王道之三纲,可求于天。"(《春秋繁露·基义》)人伦之理可以从"天理"中找到依据,"天理"就是人伦之理,人伦之理就是"天理"。"道之大原出于天,天不变,道亦不变。"(《贤良对策》)因为天不变,所以这样的伦理纲常是永远都不能改变的。董仲舒就是这样以阴阳学说解释了人类社会的君臣、父子、夫妻关系的所以然,为"三纲"找到了理论根据。说"阳德阴刑""阳尊阴卑",就是认为四时的变化体现了一种道德的目的,这就把阴阳二气的运行神秘化了,这是目的论的自然观。

除了阴阳之外,董仲舒还用五行来诠释儒家伦理。对五行的论述是董仲舒《春秋繁露》一书的重要组成部分,以五行命篇的就有《五行之义》《五行相生》《五行相胜》《五行顺逆》《治水五行》《治乱五行》《五行变救》《五行五事》,此外还有《循天之道》《四时之副》《同类相动》《人副天数》也都涉及五行。他在《五行之义》中首先明确了五行的次序:"天有五行:一曰木,二曰火,三曰土,四曰金,五曰水。"而且明确其位置关系:"木,五行之始也;水,五行之终也;土,五行之中也,此其天次之序也。"如此规定五行次序的目的在于指出五行之间存在着"比相生而间相胜"的关系。董仲舒接下来说:"木生火,火生土,土生金,金生水,水生木,此其父子也","由此观之,父授之,子受之,乃天之道也。故曰夫孝者,天之经也,此之谓也","五行者乃孝子忠臣之行也"。这就是说,五行相生的顺序,体现了君臣、父子的关系,从而在五行相生与父子相生之间搭建起等同的关系。按照董仲舒所做的解释,五行的运行,同样体现了一种道德目的。这就把五行相生的事实判断用在了论证宗法伦理关系的价值判断领域,将一种原本描述自然规律的象数思维模型移植到了对社会现象的诠释中，其目的即是论证君臣父子等伦常秩序和忠孝等道德要求的合理性和永恒性。

三　经与经学

首先，我们来看什么是经。经是以孔子为宗师的儒家所撰书籍的通称。这里所说的经就是专指儒家经典。

春秋末年，儒家学派的创始人孔子在长期周游列国的政治活动失败以后，返回故乡鲁国，编订和整理了传统文献，删订《诗经》，序《尚书》，编辑《礼》《乐》，作《易传》，写《春秋》，形成了《诗》《书》《礼》《乐》《易》《春秋》，称之为"六艺"，直到西汉，在刘歆所编辑的《七略》中仍然称之为"六艺"。由于秦始皇采纳李斯的建议焚书坑儒，将全国图书集中到咸阳城，秦亡以后，项羽又焚烧咸阳，致使大量先秦典籍被毁。西汉初年，《乐》失传，"六艺"自此仅存其五。到汉武帝时期，在董仲舒的努力下，儒学取得了独尊的地位，朝廷从此设立了五经博士，儒学从显学成为官学，终于成为中华文化的核心，而儒家经典也由此成为中华文化最重要的载体之一。"六经"一词虽然最早见于《庄子·天运》，但把儒家著作称为经，应当是从汉代开始的。

大家可能会问，儒家著作为什么叫作经。《汉书·儒林传》中说，"《六艺》者，王教之典籍，先圣所以明天道，正人伦，致至治之成法也"，可见儒家著作对社会政治具有重要意义。《说文解字注》中曰，"经，织从丝也"，经就是我们通常所说的织布的经线。"织之从丝谓之经。必先有经而后有纬，是故三纲五常六艺谓之天地之常经。"张华在《博物志》卷四云："圣人制作曰经，贤者著述曰传。"刘勰《文心雕龙·宗经》中说："经也者，恒久之至道，不刊之鸿教也。故象天地，效鬼神，参物序，制人纪，洞性灵之奥区，极文章之骨髓者也。"《四库全书总目提要·经部总叙》中说："盖经者，非他，即天下之公理而已。"钱大昕在《潜研堂集》中说："《易》《书》《诗》《礼》《春秋》，圣人所以经天纬地者也，上之可以淑世，次之可以治身，于道无所不通，于义无所不该。"

西汉时，汉武帝立《诗》《书》《礼》《易》《春秋》"五经"，到东汉，由于当时标榜"以孝治天下"，而列入《论语》《孝经》；到了唐朝，分《礼》为三，即《周礼》《仪礼》《礼记》，拆《春秋》为"《春秋》三传"，即《春秋公羊传》《春秋谷梁传》《春秋左氏传》，同时又纳入了《尔雅》；到了宋代，由于理学家的重视而把《孟子》也列入其中，这样就有了儒家的"十三经"。

从织布的经线，引申出"恒久之至道，不刊之鸿教"，再到"天地之常经""天下之公理"，我们可以看到，随着儒家思想在政治地位上的提高，儒家经典在社会上的地位也越来越重要。孔子之所以被后人尊为圣人，不仅是因为孔子的立身处事能为人师表，更是因为他对中华文明的传承所作出的重大贡献。在此基础上形成的"十三经"，包含了修齐治平的无穷智慧，对中国传统文化产生了巨大影响。它深刻根植于人们的思想意识和生活观念中，表现出中华民族的精神气质、思想理念和价值取向。所以《汉书·韦贤传》记载邹鲁之地的谚语说："遗子黄金满籝，不如一经。"

那么什么是经学呢？经学是指中国古代研究儒家经典学说并阐明其含义的学问。经学包括对经典的文字释读、词义训诂、语法分析、修辞说明、名物探源、典制考证、义理阐释及文献的源流考辨等，因此经学在发展过程中形成了古代注释的基本方法。清代学者阮元主持校刻的《十三经注疏》在"十三经"的注释版本中最为完善，是研究中国古代文化的重要资料。

四　今文经学与古文经学

在汉代的经学研究中，由于文献的版本不同、认识的方法不同、研究的目的不同，出现了许多纷争。这时出现了两大派别，形成了两种不同的治学方法，对后世中国产生了深远的影响，这就是今文经学和古文经学。汉代经学盛行，既是学术研究的需要，也是功名利禄的驱动。尤其是西汉时期的今文经学表现出了极强的功利色彩，《汉书·儒林传》中曰："自武帝立五经博士……劝以官禄……一经说至百余万言，大师众至千余人，盖利禄之路然也。"颜师古注曰："言为经学者则受爵禄而获其利,所以益勤。"通经可以得到爵禄高官。西汉元帝之后更是"公卿之位未有不从经术进者"。

汉武帝所立五经博士皆为今文经学,今文经学长期垄断西汉官学。后来今文经学逐渐陷入了僵化和烦琐,且又与谶纬结合而流于妄诞,西汉后期日渐衰落。与此同时,古文经学却不断发展壮大,王莽当政时,古文经学曾一度被立为官学,东汉后期渐成压倒今文经学之势。

历经秦火战乱,汉初儒家经典大都无先秦旧本。今文经是指西汉初年由儒生口传,并用当时流行的隶书记录下来的经籍;古文经是指汉代前期从民间征集或孔子故宅壁间所发现的用先秦古籀文写成的经籍。所谓"今文""古文",原本是两种字体。"今文"是汉代通行的隶书,"古文"是先秦时期的篆书。当然,今文经学和古文经学的区别不只是书写的字体不同,它们在字句、篇章、解释及对古代的制度、人物、事件等的评价上也不尽相同,甚至大相径庭。

今文经学崇尚微言大义。今文经学盛行于西汉,西汉说经偏重于微言大义,讲究经世致用,研究一部经书,就要发挥其能为当世所用的政治观点,或者为政治寻求理论依据,董仲舒的思想就是一个典型代表。阴阳五行化的今文经学充斥着具有神秘主义色彩的天人感应和灾异谴告思想,存在着许多穿凿附会的内容,这都是儒学政治化的产物。

古文经学重视章句训诂。古文经学盛行于东汉,东汉说经注重名物、章句训诂,许多古文经学大师都是训诂大师,尤其是许慎、马融、郑玄在经义训诂方面都取得了重大的成就,后来人们把名物、训诂之学称为汉学,其原因就在于东汉时期的古文经学大师在训诂上取得的成就为后世训诂树立了典范。

另外,今文经学家视孔子为政治家,称之为"素王",说孔子虽无王者之位,但有王者之道、王者之德,作"六经"是为"后世立法";而古文经学家视孔子为史学家、文献学家,称孔子为"至圣先师",说孔子"述而不作,信而好古",说"六经皆史"。

正因为如此,周予同先生在皮锡瑞所著《经学历史》的序言中说:"因经今文学的产生而后中国的社会政治、哲学以明;因经古文学的产生而后中国的文字学、考古学以立。"① 就是说，今文经学的方法，对中国后世的社会政治、哲学、宋明理学、变法维新都产生了深远的影响；古文经学的方法，对中国后世的文字学、训诂学、考据学等汉语言学及清代实学都产生了深远的影响。古文经学保持了朴学的传统，按字义讲解经文，训诂简明，反对迷信，不凭空臆造。

在东汉今文经学和古文经学相互斗争的过程中，郑玄囊括大典，综合百家，遍注群经，打破今文经学和古文经学的门户和家法，使经学研究走向融合与统一，结束了今古经学的纷争局面，使经学发展到了一个新的阶段。

今文经学与古文经学发展的历史给我们今天的学术研究提供了重要的启迪，尤其是对古代经典的诠释，我们主张汲取两种治学方法各自的长处，做到文有所用，理有所据。

五 董仲舒的天人学说

董仲舒是秦汉之际新儒学思想的集大成者，当时研究天人关系已经成为一时风尚，这样的学术背景，使得天人学说成为董仲舒哲学体系的核心。关于董仲舒的天人学说，我们可以从三个方面来认识。

一是天人相应。董仲舒在《春秋繁露·人副天数》中说，"唯人独能偶天地。人有三百六十节，偶天之数也。形体骨肉，偶地之厚也。上有耳目聪明，日月之象也。体有孔窍理脉，川谷之象也"，"天之终岁之数成人之身，故小节三百六十六，副日数也。大节十二分，副月数也。内有五脏，副五行数也。外有四肢，副四时数也"。同样在汉代成书的医家经典《黄帝内经》也有类似的表述方式，例如《黄帝内经·灵枢·邪客》记载，黄帝问于伯高曰："愿闻人之肢节以应天地奈何？"伯高答曰："天圆地方，人头圆足方以应之。天有日月，人有两目；地有九州，人有九窍……天有四时，人有四肢……岁有十二月，人有十二节。此人与天地相应者也。"从这些论述中可以看出，天人相应的意思是说，天

---

① （清）皮锡瑞：《经学历史》，周予同注释，中华书局2004年版，序言第3页。

与人之间存在着相应、对应关系，人有什么，天也有什么；天有什么，人也有什么。董仲舒将人体的结构和用数量关系描述的自然现象进行比附，认为人无处不与天相对应。

二是天人感应。天人感应意思是说天与人之间能够相互感知而引起反应，互相受对方影响而发生相应的变化。董仲舒认为，天与人可以相互感应，帝王将兴，吉祥先见；帝王将亡，妖孽先见。于是提出了"灾异谴告说"。《春秋繁露·必仁且智》中说："凡灾异之本，尽生于国家之失。国家之失乃始于萌芽，而天出灾害以谴告之；谴告之而不知变，乃见怪异以惊骇之；惊骇之尚不知畏恐，其殃咎乃至。"意思是说，自然界灾异的出现，完全是由于国家政治的过失。当国家政治过失尚处于萌芽之时，天就会出现灾害来谴责和警告；面对天的谴责和警告还不知道改正过失，天就会出现怪异现象来吓唬；对于天的吓唬还不知道畏惧，大概就要大祸临头了。

天人感应之说，源于《尚书·洪范》。《洪范》中记载："我闻在昔，鲧堙洪水，汨陈其五行。帝乃震怒。"并且说："曰肃，时雨若；曰乂，时旸若；曰晰，时燠若；曰谋，时寒若；曰圣，时风若。"意思是说，鲧堙洪水，搅乱了五行之序，引起上帝震怒；君主施政态度能影响天气的变化。孔子作《春秋》，也认为灾异是国君失德而引发的。孔子曾说："邦大旱，毋乃失诸刑与德乎？"（楚简《鲁邦大旱》）墨子也说："爱人利人者，天必福之；恶人贼人者，天必祸之。"（《墨子·法仪》）由此可见，天人感应是古人的普遍认识，董仲舒可以说是集其大成。对此，王充在《论衡·谴告篇》中对"人君为政失道，天用灾异谴告"的说法提出了质疑，他说："夫天道，自然也，无为。如谴告人，是有为，非自然也。"

三是同类相感。关于同类相感，我们在前边讲《周易》时已经讨论过。《周易·乾·文言》解释"九五曰：飞龙在天，利见大人"时，提出"同声相应，同气相求，水流湿，火就燥，云从龙，风从虎，圣人作而万物睹。本乎天者亲上，本乎地者亲下，则各从其类也"。而董仲舒就是沿着《周易》的路径继续前行的，把《周易》的内容扩而充之，推而广之。《春秋繁露·同类相动》中说，"今平地注水，去燥就湿；均薪施火，去湿就燥；百物去其所与异而从其所与同。故气同则会，声同则比……美事召美类，恶事召恶类，类之相应而起也，如马鸣则马应之，牛鸣则牛应之"，"天有阴阳，人亦有阴阳，天地之阴气起，而人之阴气应之而起；人之阴气起，而天地之阴气亦宜应之而起，其道一也"，"阴阳之气，因可以类相益损也"。这实际上就是对《周易》的解释、引申和发挥。

　　董仲舒之后，对天人感应提出怀疑的不乏其人，而比较彻底地否认了天人感应思想的是王充。王充作为唯物主义思想家和无神论者，从多方面批驳天人感应思想，但王充承认同类相感，提出"气性异殊，不能相感动也"（《论衡·乱龙》）。他认为同类相感的现象只适用于物与物之间，而不适用于天与人之间，说："夫人不能动地，而亦不能动天。"（《论衡·变动》）

　　明白了同类相感，就知道了一切自然现象与人类社会的政治治乱、吉凶祸福无关。同时发生的天象和人事只能是巧合，是"天道自然"而非天人感应。前面我们已经讲过荀子的"天人相分"，问题已经非常清楚。"天人感应论"只满足于一般的相应关系，并没有对这种关系进行深入研究。比如感应的中介是气，而没有气作为中介的政治与天象之间是不可能产生感应的。董仲舒牵强附会地把自然界各种事物都联系在一起，无限地演绎，尤其是把自然现象的变化与社会政治的变化完全牵扯到一起，把自然和社会本不相同的东西混为一谈，必然是荒谬的。董仲舒的天人学说所包含的天人相应、天人感应与天人合一，既有讲述人与自然相关联、相类比的合理性方面，也有出于论证王权合法性或者约束王权而有目的地进行神学化诠释的内容。对此，我们要进行仔细甄别。

第五节　宋明理学

　　所谓宋明理学，是指在宋明时期，以儒学为主干，融摄佛道思想内容与方法所构建的以理气论、心性论为中心的道德形而上学体系，又称道学或新儒学。在理学的发展过程中，比较有代表的思想家有北宋时期的周敦颐、张载、程颐、程颢，南宋时期的朱熹、陆九渊，以及明代的王守仁。

一　宋明理学总论

根据理学的理论特色和发展阶段，我们可以将理学大体划分为三大派别或者三大阶段：第一，以张载为代表的气本论；第二，以程朱为代表的理本论；第三，以陆王为代表的心本论。为什么宋明时期产生了理学这样一种思想形态呢？

（一）理学产生的思想背景

从思想发展史的角度讲，理学的产生主要有两方面原因。第一，从儒学自身的发展来讲，先秦时期孔子与孟子以心性论为中心的哲学取向逐渐式微，被汉儒尤其是董仲舒糅合阴阳五行、灾异谴告诸说所构建的宇宙论为中心的儒家哲学取代。德性与价值的问题，都要建立在宇宙存在的基础之上，这种粗疏的天人比附，自然需要以一种更为精致的形上学来延续儒学的思想活力。此外，汉唐盛行的注疏之学在经历高度发展之后，出现了严重的流弊，烦琐的训诂考据淹没了儒学的义理思想。

第二，从儒学所面临的外部挑战来看，道教的发展、佛教的传入都在撼动儒学的主体地位，隋唐时期，中国已经形成了儒释道三足鼎立的局面。尤其是佛教，对当时的下层民众和士人阶层，都具有强大的吸引力。那么当时的儒家学者在面对佛教所带来的外部压力时，汉儒传统下的建基于宇宙论的思想系统就暴露出了自身的弱点。佛教传入中土以后，虽然也开始与中华文化融合而产生中国化的佛教，比如禅宗，但佛教的根本精神是出世的，对现实世界持一种否定与出离的态度。这与儒家不离现实生活的传统是根本不容的。于是，儒家学者就迫切需要通过恢复儒学心性论的传统来克服汉代儒学传统的不足，同时起到抗拒佛老尤其是佛教出世主义的作用。

首先展开这项工作的是唐代的韩愈和李翱。从这个意义来说，韩愈和李翱才是宋明理学的前驱。韩愈以力排佛老、振兴儒学为己任。当时的唐宪宗极力提倡佛教，想迎"佛骨"入宫中供奉，韩愈冒死上谏，在他的《谏迎佛骨表》中要求皇帝把佛骨烧掉。唐宪宗大怒，差一点下令杀掉他。韩愈被贬官后曾写诗说："一封朝奏九重天，夕贬潮阳路八千。欲为圣明除弊事,肯将衰朽惜残年。"(《左迁至蓝关示侄孙湘》)由此可见他排佛决心之坚定。为了与佛老相抗衡,韩愈提出了"道统说",即儒家思想在历史上也有一个传授系统。韩愈在《原道》中说:

> 斯道也,何道也?曰:斯吾所谓道也,向非所谓老与佛之道也。尧以是传之舜,舜以是传之禹,禹以是传之汤,汤以是传之文武周公,文武周公传之孔子,孔子传之孟轲。轲之死,不得其传焉;荀与扬也,择焉而不精,语焉而不详。

韩愈说他所谓的道统与佛老之道不同;儒家之道的传承谱系是尧、舜、禹、汤、文王、武王、周公、孔子、孟子,而孟子之后,这个道统就中断了,荀子和汉儒扬雄都不能担起传承儒家道统的重任。韩愈认为,他的历史使命就是要恢复这个道统,从而使儒家学说成为中国社会的正统思想,以此来排斥佛教和道教的思想影响。韩愈的"道统说"影响很大,后世的理学家普遍略过汉唐诸儒,自诩直承孔孟,即所谓"传千四百年不传之秘"。韩愈对后世理学家的另一个重大影响在于他对孟子和儒家经典《大学》的推崇。当然,韩愈的儒学主张与孔孟原义还存在诸多不同,韩愈对佛教的了解也不太深入,他对佛教的驳斥也未必令人信服。因此,儒学义理的深化发展,只有到了宋明理学家那里才达到新的高峰。

与韩愈一样,另一位排斥佛老的理学先驱是唐代的李翱。李翱是韩愈的学生,他依据《中庸》理论,同时吸收了佛教的某些心性思想,提出了"复性说,"以此来抗衡佛教信仰的权威。李翱对后世理学家的影响主要体现在两个方面:一是他特别推崇儒家典籍《中庸》,认为《中庸》所讲的性命学说是孔孟思想的精华,从而开创了理学家尊奉《中庸》传统;二是他"性善情恶""灭情复性"的思想,影响了宋明理学家的人性论和性情观,理学家"存理灭欲"的主张与李翱"灭情复性"的思想是一脉相承的。

我们来总结一下。宋明理学是儒学历经先秦子学、两汉经学之后，吸收佛道思想而形成的新的儒学形态，是儒学自诞生之后第三次理论高峰。理学的出现，是儒学在儒释道三足鼎立并不断融合的时代背景下，为了克服自身的理论弱点、直面佛道两教的挑战，而做出的又一次理论创新。宋明理学虽然借鉴了佛教与道教的部分内容与思想方法，但其主体内容却是对孔孟心性儒学的回溯与再发展。为宋明理学的诞生做出奠基性工作的是唐代的韩愈和李翱。韩愈的"道统论"为儒学的再发展指明了方向，李翱的"灭情复性"则为理学的心性论和工夫论奠定了基础。而韩愈之推崇《大学》，李翱之本于《中庸》，则为宋明理学家的儒学创新找到了新的文本和发挥空间。

（二）理学的本体论和方法论

宋明理学的发展波澜壮阔，气本论、理本论、心本论异彩纷呈。如果我们对整个宋明理学进行一个理论概括的话，我们会发现，理学是以"理一分殊"为本体论、以"格物致知"为方法论的一个思想运动过程。

我们先来看作为理学本体论的"理一分殊"。"理一分殊"的最早提出者是程颐，朱熹则采用"太极"的观点对"理一分殊"进行了进一步的丰富和发展。那么什么是"理一分殊"呢？"理一分殊"是指天地万物总体上有一个共同的理，而这个理散落在具体的万物之中，从而使万物都具有这个理。在根本上看，"理一分殊"探讨的是本体与现象、本原与万物之间的关系。那么理学家为什么会提出"理一分殊"的命题呢？从思想资源来看，理学家提出"理一分殊"主要有两方面来源：一个是道家，另一个是佛教。

在中国古代，老庄道家最早探讨了本体与现象的关系，即"道"与"物"的关系。老子说"道生一，一生二，二生三，三生万物"（《老子》第四十二章），万物都是从"道"这一本原中派生出来的；他还说"道生之，德蓄之"，"物"在被"道"生成以后，其自身即涵藏着"道"，这就是万物之"德"，那什么是"德"呢？"德"者，得之于"道"也。可见，"道"在逻辑上先在于"物"，但在时间上又与

"物"同在，道物关系，就是先在与同在的统一。庄子呢，以"气化"来解释"道"的功能与作用，万物的成毁存亡都是一气聚散的体现，所谓"通天下一气耳"（《庄子·知北游》）。庄子还说过："万物殊理，道不私，故无名"（《庄子·则阳》）。万物之理各有不同，但是"道"并不偏私任何一物，所以"道"以"无名"的方式遍在于万物之中。当东郭子向庄子请教"道"究竟在什么地方时，庄子的回答是，"道"在蝼蚁中、在小草中、在砖瓦中，甚至在屎溺中。这难道不是统一之"道"遍在于分殊之"物"吗？所以，当宋明理学家提出"理一分殊"并探讨"太极"、"道器"、阴阳气化时，我们似乎能够看到老庄道家对理学思维方式的影响。理学"理→气→万物"的本体论建构，与道家"道→气→万物"的宇宙生成论具有明显的渊源关系。

除了道家的影响，佛教尤其是华严宗和禅宗对理学"理一分殊"的思维方式也有较大的影响。华严宗讲"一多相即""理事无碍"，也就是说本体是"一"，但本体体现在现象的"多"之中；本体是理，现象是"事"，理与"事"是相互融摄的关系。比如，天上有一个月亮，但地上的所有水中都有一个月亮的影子，这个月亮就好比理或者"一"，而所有的水中月影则好比是"事"或者"多"，这就是所谓的"月映万川"。禅宗永嘉大师在《永嘉证道歌》中也表达了这个道理："一性圆通一切性，一法遍含一切法。一月普现一切水，一切水月一月摄。"理学家"理一分殊"，以及"物物一太极"的思想，显然就受到了这种佛教思想方法的影响。但需要说明的是，理学家只是在思辨方法上对佛教有所借鉴，儒家与佛教在世界观上还是具有根本性差别的。

接下来我们来看作为理学方法论的"格物致知"。"格物致知"出自《礼记·大学》，是"格物、致知、诚意、正心、修身、齐家、治国、平天下"八条目中的前两个。由于"格物"和"致知"在先秦文献中没有过多的解释，所以宋明理学家大多结合自己的见解对其进行诠释，从而使"格物致知"成了理学中的关键命题和重要方法论。

那么什么是"格物致知"呢？程颐说："格犹穷也，物犹理也，犹曰穷其理而已也。穷其理然后足以致之，不穷则不能致也。"（《二程遗书》）可见，"格物"就是"穷理"。程颐有时候又认为"物"就是"事"，他说："物，犹事也。凡事上穷其理，则无不通。"（《二程遗书》）程颐认为，眼前所见之物都有理，这个理就是"物"的"所以然"，他说："凡眼前无非是物。物皆有理，如火之所以热，水之所以寒。至于君臣、父子之间，皆是理。"（《二程遗书》）可见，程颐所理解的"格物致知"，就是通过穷究事物之理，从而获得不受物欲蒙蔽的真知，即对事物之"所以然"的真切体会。

朱熹对"格物致知"的理解与二程相似，他说："所谓致知在格物者，言欲致吾之知，在即物而穷其理也。盖人心之灵，莫不有知，而天下之物，莫不有理。惟于理有未穷，故其知有不尽也。是以《大学》始教，必使学者即凡天下之物，莫不因其已知之理而益穷之，以求至乎其极。至于用力之久，而一旦豁然贯通焉。故众物之表里精粗无不到，而吾心之全体大用无不明矣。此谓之物格，此谓知之至也。"（《四书章句集注·大学章句》）意思是说，穷究事物的理就是发现人心本有的"知"，不能穷理就不能致知，《大学》一开始就教导我们要穷究事物的分殊之理，这样长期用功，就会豁然贯通，最终通达最高的普遍的理，如此则使心中本有之"知"也豁然明了，这就是"物格"，这就是认知的极致了。

王阳明对"格物致知"的解释则与程朱颇为不同。他不承认存在一个外在的客观之理，而是认为理在心中，心即理。所以，当王阳明对"格物致知"重新进行解释时，他训"物"为"事"，即"意之所在"；"格"不是"至"，而是"正"，他说："凡意之所发必有其事，意所在之事谓之物。格者，正也，正其不正以归于正之谓也。"（《大学问》）所以阳明所理解的"格物"就是为善去恶，使心意所在之事物皆符合心中的良知。而他对"致知"的解释则融合了孟子的"良知说"和《大学》的"致知"概念，提出了"致良知"的修养方法论。他说："致知云者，非若后儒所谓充广其知识之谓也，致吾心之良知焉耳。"（《大学问》）"所谓致知格物者，致吾心良知之天理于事事物物，则事事物物皆得其理矣。致吾心之良知者，致知也；事事物物皆得其理者，格物也。是合心与理而为一者也。"(《答顾东桥书》)王阳明说得很清楚，"致知"并不是扩充我们的知识和见闻，而是什么呢？"致知"是"致吾心之良知"。那什么是"格物"呢？就是把"吾心之良知"推到事事物物上，以良知本心观照事事物物，则事物自然"得其理"，可见这个理的根源不在客观的事物，而是通过主体生命的良知本心使事物获得了价值与意义上的理。心和理是"一"，"格物"和"致知"也不是两件事。这就是王阳明所理解的"格物致知"。

我们理解了"理一分殊"和"格物致知"，也就抓住了理解宋明理学的关键。

二 周敦颐的思想

周敦颐（1017—1073年），字茂叔，号濂溪，人称濂溪先生，道州（今湖南道县）人，他是理学的开山鼻祖。周敦颐为官三十多年，始终未曾显达。晚年时，他在庐山莲花峰筑"濂溪书堂"，潜心学问，钻研易理，程颐、程颢都曾向他问学。周敦颐虽然参透大道，妙悟玄机，但却惜墨如金，少有著述。他的主要思想著作，就是一幅太极图，一篇两百多字的《太极图说》，还有一卷不满三千字的作品《通书》。然而，就是这样一幅小小的太极图，以及区区两百多字的《太极图说》，却奠定了影响中国数百年的理学世界观，周敦颐也因此被后世儒家学者尊为"宋理学之宗祖"。

（一）《太极图说》

提起"太极"，大家首先想到的也许是太极拳。在世界范围内，大多数人也许不了解"太极"哲学，但很少有人没听说过太极拳。太极拳拳名的确立，与明代万历年间一位叫王宗岳的武术家所写的一篇《太极拳论》有关。《太极拳论》开篇写道："太极者，无极而生，动静之机，阴阳之母也。动之则分，静之则合。"从王宗岳的这个表述来看，他的直接思想来源可以追溯到北宋理学家周敦颐所著的《太极图说》。

周敦颐的"太极"学说并非凭空产生，而是吸收道教内容并结合《周易》所做的儒家式发挥。据说，周敦颐的《太极图》来源于华山道士陈抟所传的《无极图》，如图 3－1。

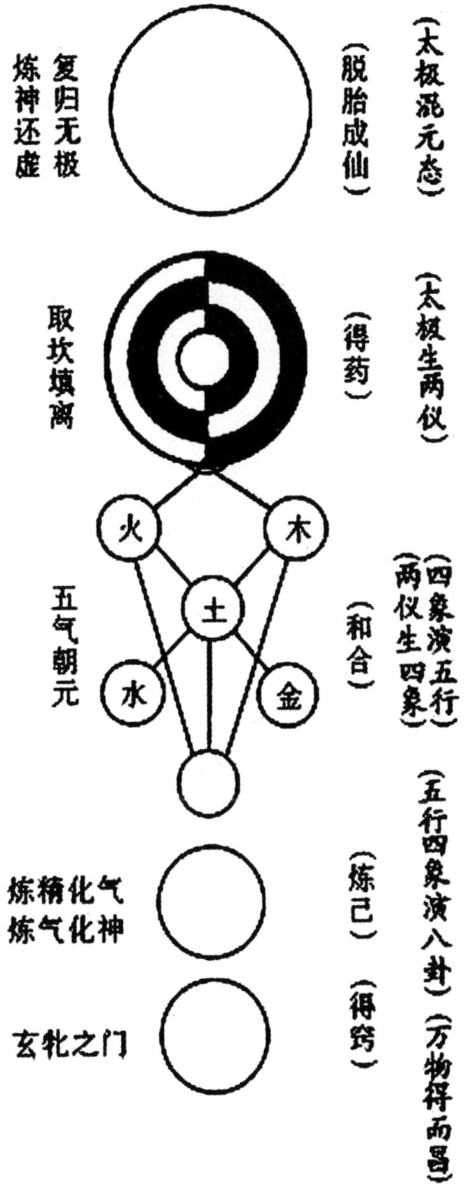
复归无极
炼神还虚
（脱胎成仙）
（太极混元态）
取坎填离
（得药）
（太极生两仪）
火
木
土
水
金
五气朝元
（和合）
（两仪生四象）
（四象演五行）
（五行四象演八卦）
炼精化气
炼气化神
（炼己）
玄牝之门
（得窍）
（万物得而昌）

图 3－1　陈抟《无极图》

从道教修炼的角度看，它的读图顺序是自下而上的，象征着普通人通过对自身精气神的炼养，历经五气朝元、坎离交媾等阶段，最终达到炼神还虚、复归无极大道的境界。这就是所谓的"返本还原，逆则成仙"。但对于周敦颐来说，他更看重的是建构一个极具概括力和包容性的宇宙创生模式，这就是他的《太极图》。

这幅图的读图顺序是自上而下，是"顺则生人"的模式。我们来看下周敦颐在《太极图说》前半段中为这幅图所做的说明，如图3-2：

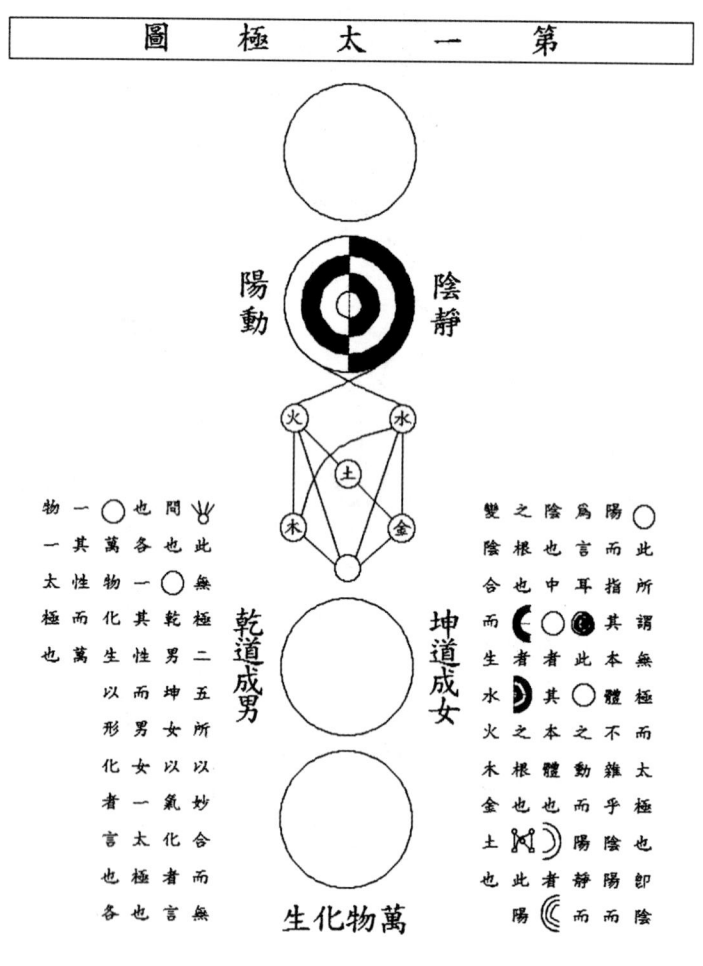

图3-2 《第一太极图》

无极而太极。太极动而生阳,动极而静,静而生阴,静极复动。一动一静,互为其根。分阴分阳,两仪立焉。阳变阴合,而生水火木金土。五气顺布,四时行焉。五行一阴阳也,阴阳一太极也,太极本无极也。五行之生也,各一其性。无极之真,二五之精,妙合而凝。乾道成男,坤道成女。二气交感,化生万物。万物生生,而变化无穷焉。(《周濂溪集》卷一)

第一幅图的圆圈之象,是"无极而太极","无极"即"太极","无极"是就宇宙的本源无形无象而言,"太"是"大"的意思,"太极"是就其作为最大的统一体而言,"无极而太极"象征着天地未分以前,元气混一、无形无象、至大无外的状态。第二幅图是阴阳动静之象,左右分别写上"阳动""阴静",象征着"一动一静,互为其根;分阴分阳,两仪立焉"。意思是说,"太极"动起来,就生出阳来,动到极点就静下来,静下来就生出阴来。静到极点又动,一动一静,互为根本,于是分化出阴阳二气。第三幅图是水火木金土五行交错之象,象征着"阳变阴合,而生水火木金土。五气顺布,四时行焉"。意思是说,阴阳二气交互作用,就生出水火木金土五行,五行按照顺序发生作用,于是便形成了春夏秋冬四时。周敦颐说:"五行一阴阳也,阴阳一太极也,太极本无极也。五行之生也,各一其性。无极之真,二五之精,妙合而凝。"(《太极图说》)意思是说,五行可以归结为阴阳,阴阳可以归结为"太极",而"太极"也就是"无极"。五行产生以后,就各自依照其属性发挥作用。于是,"无极"的真常本体,阴阳五行的精微质料,巧妙地凝结与融合起来。具有阳性的成为男性,具有阴性的成为女性。这也就是第四幅图这个圆圈所象征的阴阳五行融合以后,"乾道成男""坤道成女"。乾坤、男女其实都是指阴阳属性而言。阴阳二气互相交感,于是"化生万物",这是第五幅图所象征的含义。这就是周敦颐在《太极图说》中所展示的宇宙生成图式和万物化生过程,它为理学提供了宇宙化生的理论框架,南宋的朱熹就是在周敦颐"太极"学说的基础上解释理学中"理一分殊"的命题的。

为什么周敦颐要建立一个这样的宇宙创生模式呢？难道仅仅是为了给宇宙万物一个所谓的科学设想，就像霍金的"大爆炸"理论一样吗？显然不是。周敦颐对天道的论述，是为了表达他的人道思想，这也是他开创儒学发展新局面的关键所在。那么周敦颐从天道出发对于人的存在有哪些思考呢？

（二）诚静无欲

周敦颐在《中庸》义理的基础上，特别拔高了"诚"在儒家思想中的地位。他认为人有一种超然的本性，这种本性叫作"诚"，而"诚"是从阳气得来的，是纯粹至善的，也是一切道德的根源。他在《通书》开篇中就说："诚者，圣人之本。'大哉乾元，万物资始'，诚之源也。'乾道变化，各正性命'，诚斯立焉。纯粹至善者也。"也就是说，"诚"是圣人的根本。《易传》所赞叹的万物所由以发生的"乾元"，就是"诚"的根源。《易传》所讲的确定万物性质的"乾道"，就是"诚"的确立。所以"诚"是纯粹至善的。周敦颐将"诚"推到天道、天德的形而上的高度，于是"诚"成了万物"各正性命"的价值判断依据。"诚"是仁义礼智信的基础，"诚"是一切德行的根源。我们说中国哲学的一个主要特色就往往在于把本体论、工夫论、境界论融合为一体，那么周敦颐所说的"诚"就是本体、工夫与境界融合为一的表述。就本体论而言，"诚"就是形而上之理、天之道、圣人之所本。从工夫论和境界论的角度说，人如果能够践行"诚"、达到"诚"的境界，那么他的行为就自然而然合乎仁义礼智信的道德要求，因为仁义礼智信只是"诚"的外在表现而已。

"诚"虽然是纯粹至善的天道，是形而上之理，但是它一旦落入形而下的人心活动中，也就有了善恶的分别。人心的活动，既有"诚"的本性，也有人欲的因素对"诚"的干扰。于是，周敦颐综合了儒家"中庸"、道家"清静"、佛家"寂静"的思想，提出了"主静"的修养方法。他在《太极图说》中先论述天道创化万物的机理，然后话锋一转，从天道转到人道。他说："唯人也得其秀而最灵。形既生矣，神发知矣。五性感动而善恶分，万事出矣。圣人定之以中正仁义而主静，立人极焉。"意思是说，人得阴阳五行的优秀材质而生，所以是万物之中最灵的。人的身体生成以后，精神开始发挥作用，于是就有了知识，五行属性相感而动，于是善恶分判，万物层出不穷。那么儒家的圣人呢，就为人确立了一个最高的标准，这就是所谓的"人极"，而"人极"的内容就是"中正仁义"，而"中正仁义"又以"静"为主。这种"中正仁义而主静"的境界，也就是周敦颐在《通书》中所说的"诚"的境界。周敦颐对他所说的"主静"有一个解释，他说"无欲故静"。所谓"静"，就是安定、安宁；所谓"无欲"，就是没有私欲的干扰。在他看来，人如果能够做到"无欲"，那么"中正仁义"这些道德的本性也就充分发挥出来了，这也就是他所说的"诚"的境界。他在《通书》中说道："圣可学乎？曰：可。曰：有要乎？……曰：一为要。一者，无欲也。无欲则静虚动直。"意思是说，儒家成圣之道可以学吗？可以学。有要领吗？处于"一"的境界就是要领。那么如何才能处于"一"的境界呢？只能通过"无欲"。无欲的话，心静之时，与虚无道体合一，心动之时，则直接由"诚"的本性产生出来。"静"和"无欲"就是通达"诚"这一境界的修身工夫。

所以我们说，周敦颐"诚""静""无欲"的思想是一体的、一贯的，可以互相解释。总体来说，周敦颐的思想融合了佛教禁欲主义思想和道教宇宙创化论的内容，尤其是对道教流传的《无极图》进行了儒家式的改造。他本于《中庸》而极力标举"诚"的形而上意义，而他所主张的"诚""静""无欲"都是成为儒家圣人的工夫路径。他的"主静说"和"无欲"思想，逐渐发展成了理学的基本思想基调，无论后来的程颐、朱熹还是阳明，都持"天理"与"人欲"相对立的立场。

三　张载的思想

张载（1020—1077年），字子厚，祖籍大梁，生于长安，因久居陕西眉县横渠镇讲学，世称横渠先生，因为他和他的弟子多是关中人，所以张载一派的学说被称为"关学"。张载少有大志，无所不学，当时西夏经常骚扰北宋边境，张载对大宋消极退缩、苟且求安的做法非常不满，因此努力钻研兵法,曾一度计划组织人马对西夏发动军事进攻。十八岁时,他上书进见范仲淹,范仲淹见到他以后,知道他必成大器,就反问他:"儒者自有名教,何事于兵!"(吕大临《横渠先生行状》)意在引导他不要把精力放在军事上,而是建议他研读儒家经典,尤其是《中庸》。张载回去以后,立志求学,认真研读儒家经典,但又觉得仅仅读儒家的书还不够,因此他还出入于佛老之学。后来,他在赴洛阳与程颐、程颢共同探讨道学之后,自信地说:"吾道自足,何事旁求!"(吕大临《横渠先生行状》)于是乃以儒学为宗。诸多经典中,《周易》对张载影响最大,他最为重要的著作名为《正蒙》,即取蒙卦"蒙以养正"之义,即童蒙阶段最重要的是培养纯正无邪的品性,以确立成为圣人的基础。

(一)"太虚即气"

张载在宋明理学家中的独特地位,在于他是"气本论"或者"气一元论"的创立者。他的思想体系,建基于"太虚即气"的命题。他认为,有形有象可见的万物及看来空虚无物的太虚,都是气所构成的。他说:"凡可状皆有也,凡有皆象也,凡象皆气也。"(《正蒙·乾称》)凡是可以描述的都是"有",即都是存在,而凡是存在的都是现象,而这些现象都是气构成的。即便看起来空无一物的天空,也就是张载所说的太虚,也是由气构成的,只不过太虚是气散开来而未凝聚的本然状态。他说:"太虚无形,气之本体;其聚其散,变化之客形尔。"(《正蒙·太和》)这里的"本体"不是西方哲学中本体论所说的本体,而是指本然状态;"客形"是指暂时的形态。张载说,无形的太虚,是气散而未聚的本然状态;而气通过聚散运动,就暂时地变化为有形态的万物。所以,太虚和万物只是一气之聚散,"太虚不能无气,气不能不聚而为万物,万物不能不散而为太虚"(《正蒙·太和》)。张载认为,气聚有形,眼睛可以看得到;气散无形,眼睛看不到。但不能因为看不到便认为它不存在。气的聚散变化只有显与隐的差别,而没有"有"与"无"的区别。张载举例子说,水凝则为冰,冰释则为水;太虚聚则为气,气散则为太虚。可见,无形无象的太虚并非空空如也的绝对虚空,而是充满一种清澈、稀薄、细微之气。张载因此得出结论说:"知太虚即气,则无无。"(《正蒙·

太和》）这就是说，没有离开气而存在的虚空，虚空只是气存在的一种状态，无形无象的太虚就是气，并没有"绝对空无"意义上的"无"。

张载的气本论是对中国古代气化论的继承和创新，他的理论特色在于取消和否定了在气之上还有所谓的形而上本体，无论这个本体是叫"道""理""虚"或者"无"。对于张载来说，"太虚即气"的命题意味着，气就是本体，气是体用一源、有无混一的存在。他据此批判了道家和佛家的观点：他认为道家"虚能生气"或者"有生于无"的观点都是在气之上又悬置了一个虚或者无作为本体，因此犯了割裂体用的错误；而佛教将万物视为现象、为虚幻，以虚无为本体、为真实的观点，也是没有看到太虚和万物之间相互联系、相互依存的关系。

太虚之气何以能够生生变化不已？太虚之气何以能够生成宇宙万物？张载给出的答案是"一物两体，气也"（《正蒙·参两》）。也就是说，气是包含阴阳对立两端的统一体。一中涵两，两在一中，这就是"一物两体"，这统一的气叫作"太和"。张载认为，"太和"之气中就含有升降沉浮、动静相感之性，正是阴阳推移摩荡才造就了神妙的气化运动。

张载认为，"知人而不知天"是秦汉以来儒家之"大弊"，而正是这个"大弊"，造成了儒学命运的千年幽暗，而让佛道两家的学说一度占据思想史的主导地位。因此，张载非常重视儒学本体论的重建，以弥补传统儒学天道观的不足。但是，张载提出"太虚即气"的命题，并不仅仅是对天道自然进行解释，如果那样的话，他的思想也就与道家差别不大了。显然，张载气本论的天道观是服务于他对儒家伦理道德的诠释的。那么张载从"太虚即气"的天道中，又是如何推出为人之道呢？

（二）"变化气质"

张载根据"太虚即气"的本体论，提出了人同时具有"天地之性"与"气质之性"的二重人性论，并据此提出了"变化气质"的工夫修养论。

按照张载"太虚即气"的观点，万物，包括人，都是由气凝聚而成的，那么气的本性也就是人的本性。张载说"合虚与气，有性之名。"（《正蒙·太和》）这里的"虚"指的是太虚，即气的本来状态，而在张载看来，太虚之气是清彻纯一的；"合虚与气"当中的"气"指的是人的形体所禀受的阴阳二气，这便有清有浊、杂而不纯，因此导致个体之间存在着形体与本性的差异。"合虚与气，有性之名"是说，人性当中既有太虚之气清彻纯一的本性，又有阴阳二气杂而不纯的本性。张载把前者称为"天地之性"，把后者称为"气质之性"。张载认为"天地之性"是无不善的，人的道德品质来源于生而具有的"天地之性"；而"气质之性"是人的各种欲望和一切不善的来源。人人各异的"气质之性"对于人人皆有的"天地之性"具有遮蔽作用，所以人所本具的纯善本性也就不能得以彰显。于是，张载提出了"变化气质"的思想。

那么该如何变化自身的气质呢？张载认为，作为人，只要通过学习不断反省，就可以认识到自身所本具的"天地之性"了。他说："形而后有气质之性，善反之，则天地之性存焉。"（《正蒙·诚明》）这里的关键在于"善反之"，即善于反思、反省、返回自己的"天地之性"。张载的二元人性论，就为我们指明了德性修养工夫的实践路径：那就是通过反省自身所本具的"天地之性"来"变化气质"，即变化自身形体所禀受的阴阳二气的质地，从而不断实现自身德性的完善，直至能够完满体现太虚清彻纯一的至善之性。

在说明"变化气质"时，张载尤为重视学的价值，通过不断地学，气质不好的人便可以不断迁善。他说："为学大益，在自求变化气质。"（《经学理窟·义理》）为学的最大好处就在于能够不断变化人自身的气质。他还说："人之气质美恶与贵贱寿夭之理，皆是所受定分。如气质恶者学即能移，今人所以多为气所使而不得为贤者，盖为不知学。"（《经学理窟·气质》）意思是说，人气质禀赋的美恶及由此决定的贵贱寿夭，都是与生俱来的，人无法自己做主。但是，天生气质不好的，通过学便能够变化气质，当今之人大多都被其天生气质所拘而不能成为贤者的原因，就在于不知道去学。当然，张载所谓"学"并非今人所说的学知识、学文化，而是儒家所一贯强调的学礼、学仁义之德、学做人、学做君子、学做圣人。程颢曾说："学至气质变，方是有功。"（《近思录》）通过学变化了自身的气质，才算真正有工夫了。钱穆先生说："宋儒意见，人生一切习惯，皆从躯体起。要泯化小我，还归大我，则须把天地万物与我一体的理想长存于心，令他成为心理上思想的又一新习惯。待那新习惯既成，以前旧习惯自除，小我之私，便自泯化。"①

在今天的语言习惯中，虽然我们还说某某人很有气质，但我们所说的气质不一定具有德性境界的内涵。比如我们说"诗人的气质""忧郁的气质""文弱的气质"，等等。而张载所说的"气质"，虽然也涉及我们今天所说的性格、脾气、能力等，但他主要是从德性境界的角度来讲"气质"的。按照张载的观点，"气质"既有自然禀赋的因素，也有后天修养的可能。因此，张载"变化气质"的工夫论对于今天的人们依然具有指导修身实践的价值。朱熹认为，"气质"之说"起于张程。某以为极有功于圣门，有补于后学，读之使人深有感于张程，前此未曾有人说到此"（《朱子语类·性理一》）。张载和二程最早提出"变化气质"之说，可以说"变化气质"的工夫修养论就是儒学的精义所在。

（三）"民胞物与"

在张载"天道性命相贯通"的思维方式里，由于天道本体是超越的、普遍的、永恒的，因此人性中与天道本体相贯通的纯粹至善的"天地之性"也就是超越、普遍和永恒的。又因为"天地之性"是儒家仁义道德的根源，所以儒家的仁义道德也就是超越、普遍和永恒的。事实上，张载关于纯粹至善的"天地之性"的认识是对孟子性善论的直接继承。孟子在论说性善时主张"尽心知性知天"，张载也在天道性命相贯通的架构下提出了类似的观点，这就是张载通过"大其心"所体会到的"民胞物与"的境界。

首先我们来看，什么是"大其心"？张载在《正蒙·大心》中说："大其心则能体天下之物，物有未体，则心为有外。世人之心，止于闻见之狭。圣人尽性，不以见闻梏其心，其视天下无一物非我，孟子谓'尽心则知性知天'以此。天大无外，故有外之心不足以合天心。"张载所说的通过"大其心"就能体察天下万物的境界其实就是天人一体的境

---

① 韩复智：《钱穆先生学术年谱》，中央编译出版社2012年版，第330页。

界。如果还有什么没有被体察到，那就意味着人心还没有被充分地扩充，心对于所体察之物还有遗漏。而世人的心通常被限制在日常见闻的狭窄范围内。只有圣人可以超越日常见闻对心灵的桎梏，从而使自身纯粹至善的"天地之性"完全彰显，这样便能达到天下万物融为一体的境界。张载还引用孟子"尽心则知性知天"的话为自己"大其心"的观点进行论证。张载最后总结说："有外之心"不能和"无外之天"相合，言外之意是，只有通过"大其心"的扩充涵养，人才能超越"气质之性"的桎梏和羁绊，使人性中本具的清彻纯一的"天地之性"完全彰显，从而使人心合于天心，这就是天人合一、万物一体的境界。

张载的"大其心"其实也就是他所说的"尽性"。在他看来，如果人们能够认识自己的本性是与一切人、一切物相同的，就会泛爱一切人、一切物。他说："性者万物之一源，非有我之得私也。惟大人为能尽其道。是故立必俱立，知必周知，爱必兼爱，成不独成。"（《正蒙·诚明》）这是说，万物的本性同出一源，不是我个人所能私有的，唯有"大人"——"大写的人"才能充分体现天道性理。所以"立必立己立人、成必成己成物、知必知己知人知物、爱必爱己爱人爱物"[①]。张载在《西铭》中进一步描绘了"体天下之物"的泛爱思想，并且提出了"民胞物与"的命题。他说："乾称父，坤称母，予兹藐焉，乃浑然中处。故天地之塞，吾其体；天地之帅，吾其性；民吾同胞，物吾与也。"（《正蒙·乾称》）意思是说，天可以称为父，地可以称为母。我是藐小的，和万物一样，生存于天地之间。所以，充塞于天地之间的气就构成了我的身体；而作为天地之间统帅的气的本性，就是我的本性。人民都是我的同胞兄弟，万物都是我的同伴。由于天地是父母，一切人、一切物都是天地所生，所以一切人都是同胞兄弟，一切物都是同伴，体会到这一点就应该爱一切人、爱一切物。这就是"民胞物与"。

需要指出的是，张载的"民胞物与"并不是现代意义的人人平等，而是建立在旧有宗法关系基础上的仁爱精神。比如，张载认为君主是天

[①] 郭齐勇：《中国哲学史》，高等教育出版社2013年版，第257页。

地父母的长子，他的大臣们是君主的管家人。尊敬老年人，就是尊敬我的兄长；慈爱孤儿和小孩，就是慈爱我的幼弟。圣人就是能体现天地父母品德的人，贤人就是天地的优秀的儿子。所有天下残疾的人、孤苦的人，都是我受苦受难的可怜兄弟们。天下本是一家，天地就是我们的大父母，在大父母的怀抱里，众人与生灵万物不再是与我无关的外在者，而是与我血脉相连的同胞兄弟。因此对于老弱病残孤苦受难的同胞兄弟进行爱护与拯救，就是我义不容辞的责任，也是我对天地父母尽孝的体现。这就是张载通过"大其心""尽性"所达到的"民胞物与"的境界，这种天人合德、勇担道义的宏大气象，就是他"为天地立心，为生民立命，为往圣继绝学，为万世开太平"的具体写照。

四 二程的思想

周敦颐、邵雍、张载、程颐、程颢被并称为"北宋五子"，五人之中，洛阳的程氏兄弟就占据两席。他们围绕"天理"或者理所开创的学说体系，成了两宋理学的主流和典范。

（一）天理论

程颢（1032—1085年），字伯淳，人称明道先生。程颐（1033—1107年），字正叔，人称伊川先生。兄弟二人是河南洛阳人，而且长期在洛阳讲学，所以他们所创立的学派被称为"洛学"。兄弟二人性情差异很大，他们的思想也是同中有异。在此，我们不做特别说明，把二人的思想作为一个整体来向大家介绍。

二程的整个学说是围绕"天理"二字展开的。程颢曾经说："吾学虽有所授，天理二字却是自家体贴出来。"（《河南程氏外书》卷十二）这说明他对"天理"有着非常真切的体会，而不仅仅是理性思辨的结果。二程的"天理"观念是在他们探讨心性问题的过程中，为了给人的道德心性提供一个新的解释与说明，他们便以儒家经典《中庸》《易传》《孟子》为依据把人的道德之性与天道、"天理"联系起来，认为人的道德之性即是天道、"天理"在人身上的体现。

二程所说的理或者"天理"，主要有以下几方面含义与特点：第一，理具有绝对性、普遍性、恒常性；第二，理既是自然界的最高原则，也是社会与道德的最高原则；第三，理在逻辑上先在于事物而存在，是万物之所以然；第四，一物有一物之理，一物之理又是万物之理，即"理一分殊"。

我们先来看第一点，理具有绝对性、普遍性、恒常性。二程说，"天者理也"，天是古人认为的最高存在，天通常与"道"连用，道家思想就源出于天道观念；而二程把天和理联系起来，便赋予了理作为最高的形而上原则的地位。二程认为"天理"是不为尧存、不为桀亡的。"天理"上头呢，没有存亡加减，它自身便是圆满而不亏欠，万物之理，都源出于这个共同的理。

二程所体贴出来的这个"天理"，并不仅仅限于自然意义上的原则，理的主要内涵其实是伦理纲常、道德仁义。这就是我们所讲的第二点，理既是自然界的最高原则，也是社会与道德的最高原则。比如程颢就说，"为君尽君道，为臣尽臣道，过此则无理"，"父子君臣，天下之定理"。（《二程遗书》卷五）很显然，这里的理主要就是古代社会中人伦关系和社会关系的伦理准则。我们都知道儒家的五常即仁义礼智信，而二程认为，仁义礼智信之性就是超越的"天理"内在于人心的体现，这样就使儒家的道德法则具有了神圣性、绝对性和永恒性。

那么这个超越的理和形而下的万物是一种什么关系呢？这就是我们要讲的第三点，理在逻辑上先在于事物而存在，是万物之所以然。程颢说，理是万事万物所依据的法则，是现象世界的所以然。比如一般人只是说天很高，地很深，那么程颐就认为，这种表述只是就现象进行一个描述而已，在这个现象之上或者在这个现象背后，还有一个"天之所以高、地之所以深"的所以然，这个所以然就是他所说的理。天下万物都有理，有物就有物要遵从的理，每一个物都有它自身的理存在。我们由此可以看出，二程非常强调形而上与形而下世界的区别。形而下的世界，就是物的世界，他们认为这不是根本的；形而上的世界是"道"和理的世界，他们认为这才是根本的。当时的张载提出了气本论，认为气就是最终极的存在，二程从他们的"理一元论"出发，对张载的"气一元论"进行了批驳。程颢说:"形而上者谓之道,形而下者谓之器。若如或者以清虚一大为天道,则乃是以器言,而非道也。"(《二程遗书》卷十一)这句话当中的"或者"指的就是张载,而"清虚一大"就是指张载所说的"太虚即气"当中的"太虚"。程颢认为讲气还是处在形而下的器物层面,他认为张载的思想还没有触及形而上的道和理。可见在二程的思想中,理是在逻辑上先在于万物的,而理又是在事实上与万物同在的东西。理是万物的所以然,即终极根据。

接下来我们要问,二程所谓的至高无上的理和万物之理又是什么关系呢?这就是我们要讲的第四点——"理一分殊":一物有一物之理,一物之理又是万物之理。前面我们给大家介绍过,"理一分殊"是理学的一个基本思维方法,这个说法最早就是由程颐提出的。他认为,万物的理是一个,而每一物又彼此不同,互有分别。这就是说,万物分有了那个统一的、绝对的理,而万物之理在具体表现方式上则各有差别。比如,火之所以热,水之所以寒,乃至于君臣父子间何以要有如此的关系和伦理要求,皆是理的具体体现。这就是"理一分殊"。

(二)"性即理"

"天理"是二程在探讨心性问题时所体会出来的形而上之理。接下来我们就说一说"性即理"这个命题。

程颐认为,理和心是一贯的,他说:"在天为命,在人为性,论其所主为心,其实只是一个道。"(《二程遗书》卷十八)他又说:"在天为命,在义为理,在人为性,主于身为心,其实一也。"(《二程遗书》卷十八)也就是说,心、性、命、道、理,只是不同的名词概念,至于这些概念的实际所指,其实只是同一个"道",或者说同一个理。

其实,早在先秦时期,孟子就已经将心、性、天联系起来了。孟子说:"尽其心者,知其性也。知其性,则知天矣。"(《孟子·尽心上》)这条通过"尽心"从而"知性"进而"知天"的道路,是一条通过"下学"通往"上达"的道路。"下学"就是"尽心",是对形而下的经验世界的学习;"上达"指通往形而上的超验境界,这种境界也就是"知性"和"知天",也就是觉悟生命的本性和天道的运行。程颢在继承孟子此说的基础上，讲得更为直截了当，他说："只心便是天，尽之便知性，知性便知天。当处便认取，更不可外求。"（《二程遗书》卷二上）他直接说，心就是天，"尽心"就能"知性"，"知性"便能"知天"。体认"天理"根本不需外求，而是要内求于心。对于二程而言，"穷理""尽性""至命"是一回事，"穷理尽性至命，只是一事。才穷理，便尽性；才尽性，便至命"（《二程遗书》卷十八）。

说到这个性，我们就不得不提一下二程的人性论观点。我们知道，中国哲学中关于人性的观点有性善、性恶、非善非恶、性三品等几种情况，二程的人性论其实是一种二元人性论，他们认为人性有两个方面，一个是"天命之谓性"的性，是人未生以前就已经存在的性，这是最根本的、绝对至善的性，是作为宇宙根源的理在人心中的体现；另一个是"生之谓性"的性，程颢称之为"气禀之性"，程颐称之为"才"，才干或者才能的才，这种性是从气而不是理得来的，因此它有质地上的差异。所以这方面的性是有善有恶的。

那么当程颐提出"性即理也"（《二程遗书》卷二十二上）这样一个命题，其实他说的这个性指的是"天命之谓性"的性，是绝对的、恒常的道德心。具体而言，这个性指的就是仁义礼智信这"五常"。也就是说，"五常"是一切人固有的先天的本性，是人内在的固有的东西。既然人性当中就包含仁义礼智信这样的道德内容，而且这"五常"就是恒常不易的"天理"的体现，那么为什么还有很多人的行为并不符合这些道德准则呢？程颐认为，这和人性两方面来源中的"气禀之性"有关。气有清浊之分，有的人禀清气而生，所以自幼就有向善的倾向，长大就是贤者；而有的人禀浊气而生，所以自幼就有向恶的倾向，长大就是愚者。所以人们恶的行为是从先天禀受的气质中带来的。

根据这种二重人性论的观点，二程就提出了"存天理，去人欲"的观点。程颐说："不是天理，便是私欲"，又说"无人欲即皆天理"，（《二程遗书》卷十五）认为"天理"和"人欲"是势不两立的。这种观点在后世逐渐被扭曲成为禁欲主义的道德教条，当然也沦为古代君王的思想统治工具。我们现代人也常常对这句话进行批判。但我们今天重新学习理学文化，其实就是要将思想家的观点放在具体的历史语境和文化语境中进行"同情之理解"，所以我们在对"存天理，去人欲"这句话所产生的流弊进行批判和反省的同时，也应该认识到理学家们提出这个主张合理性的一面。

二程所提出的存理去欲的思想，其实和我们前面讲到的周敦颐和张载的人性思想和修养工夫是一脉相承的。二程非常注重心性修养，而"存天理，去人欲"就是他们所主张的修身工夫论。什么是工夫论？今天我们一提到工夫，想到的都是武术，其实武术只是工夫的一种特殊形式，而在中国古代的文化传统中，一直有一种通过修养实践提升和转化自身心性水平和道德境界的操作方法，这就是广义上的工夫论。而真正对修身工夫进行强调并进行理论探讨的，就是宋明理学家。所以我们今天学习宋明理学，乃至学习整个中国传统文化，一定不要局限于文字上的理论思辨，大家要明白一点：中国古人的学问，历来是主张知行合一的，所以本体论、工夫论、境界论，往往是融为一体的。对于二程来说，讲"天理"是为了通过存理去欲的心性修养工夫，达到儒家所推崇的仁的境界。这种境界是一种什么境界呢？就是"万物一体"的境界。比如程颢就说："仁者浑然与物同体"（《二程遗书》卷二），"若夫至仁，则天地为一身，而天地之间品物万形为四肢百体。夫人岂有视四肢百体而不爱者哉？圣人仁之至也，独能体是心而已"（《二程遗书》卷四）。他强调要以天地为大我，要泛爱万物，认为这就是仁爱的最高境界。通过克制自身过分的欲望，最终追求达到泛爱万物、天人一体的圣贤境界，这难道不值得我们这些生活在欲望过度泛滥的现代社会的人们学习吗？

（三）持敬工夫

二程关于德性人格如何完善的工夫修养理论，包括两方面内容：一是我们前面已经谈到的"格物致知"；二是二程所提倡的"主敬"的修养方法。

我们先来看"格物致知"。二程当中的程颐对于"格物致知"有一套系统的论述，他说，人之为学，要懂得本末终始，而"格物致知"就是所谓的本。那么"格物"和"致知"到底是什么意思呢？程颐说："格犹穷也，物犹理也，犹曰穷其理而已也。穷其理，然后足以致之，不穷不能致也。"（《二程遗书》卷二十五）意思是说，"格物"就是"穷理"，通过"格物穷理"就能推致或者穷尽真知，"致知"是"格物"的深化。那么怎么"致知"呢？程颐说，可以通过读书讲明义理的方式，也可以通过评论古今人物并辨别其是非的方式，还可以通过恰当的应接事物的方式，这些都算"穷理"的方式。可见，程颐所理解的"格物致知"并非研究和探求事物的客观规律，而是一种道德修养的工夫，通过"格物致知"的工夫达成对德性之理的体认。所以他所说的"知"指的是对道德伦理意义上的"天理"的"知"，而不是我们今天所说的客观知识。在程颐看来，这种"知"不是从外面强加给个体的，而是每个人所固有的，只是被物欲蒙蔽，所以人心对于"天理"便不能知，也正是因此，人需要通过"格物"的工夫来"致"这个"知"。

有人问过程颐，格物是要格所有的物，还是只用格一物而明白众物之理呢？程颐的回答很明确，他说如果只用格一物便能通所有的理，即便是颜回也不敢这么说。那应该怎么"格物"呢？他说："须是今日格一件，明日又格一件，积习既多，然后脱然自有贯通处。"（《二程遗书》卷十八）意思是说，通过不断地格各种事物之理，最后就会融会贯通，从而体认到那个与万物所具有的分殊之理不一不异的那个普遍的理。当然，程颐的意思并不是说要格尽天下之物才能领悟这个恒常而普遍的理，他也说过，可以在一件事上穷尽其理，其他的事则可以类推。"格物穷理"，可以先易后难，也可以先难后易，这个要随个人根器深浅灵活展开。总之有一点是明确的，那就是程颐所谓的事理或者物理主要指的是儒家的道德原则和人伦规范。西方的物理学，我们最早翻译为格致之学，后来翻译为物理学，这两个译法其实都和理学有关，但显然像二程这样的理学家所说的物理和现代物理学所说的物理，其所指分属两个完全不同的领域：理学家所说的物理是德性价值领域的"物之理"，所追求的是善的问题；而物理学家所说的物理是客观知识领域的"物之理"，所追求的是真的问题。

除了"格物致知",程颐还提出了"主敬"的修养方法,这个对后世影响也非常之大。那么程颐所说的"敬"具体具有什么含义呢?他说"所谓敬者,主一之谓敬","至于不敢欺,不敢慢,尚不愧于屋漏,皆是敬之事也。但存此涵养,久之自然天理明"(《二程遗书》卷十五)。程颐对于"敬"的解释是"主一",而"主一"是说心有所主,不是一会儿往东、一会儿往西,一会儿往这儿、一会儿往那儿。当然,"主一"也不是说让内心死守在某种具体的事物上,而是使内心不放逸散漫,使自身处于一种真诚无妄的道德本心状态来应事接物。这样的心不是凝固僵死的,而是真实无妄、活泼有生气的流动状态。关键是什么呢?关键是"不敢欺,不敢慢,尚不愧于屋漏",也就是说,内心要真诚无欺,恭敬而没有傲慢、怠慢,在人所不能见的地方也要做到问心无愧。可见,程颐所说的"敬"主要是就德性方面而言的,因此他还说:"主一之谓敬,一者谓之诚。"(《二程遗书》卷二十四)"敬是闲邪之道。闲邪存其诚,虽是两事,然亦只是一事,闲邪则诚自存矣。天下有一个善,一个恶。去善即是恶,去恶即是善。"(《二程遗书》卷十八)这里说得很明显,"敬"就是"主一",而"主一"其实也就是诚意,使内心处于"诚"的状态。"敬"能够防止邪念产生,邪念不产生也就能处于"诚"的状态,所以"敬"和"诚",就是"闲邪"和"存诚",表面是两回事,其实是一回事,因为去恶也就是善,所以"敬"往往和"诚"连在一起讲,这就是"诚敬"。

我们这样讲,大家也许会觉得"诚敬"都是对内心的较高要求,好像在我们的生活中不太好学习和操作。其实,我们内心的状态往往体现在我们的外在行为上,程颐也说过外貌的整齐、严肃、庄重等,虽然不等于他所说的"敬",但"持敬"可以以此为上手方法。我们举个例子。比如,你要见一位长辈或者领导,如果你蓬头垢面,衣衫不整,这是不是对见面这件事不敬呢?你在外面举止还算规矩,可是你回到家以后,东西乱仍,卫生也不打扫,白天黑夜作息颠倒,这是不是对自己的生活和健康不敬呢?你读书或者吃饭时,三分钟一看手机,五分钟一回微信,这是不是对读书或者吃饭不敬呢?你与人交谈,把道听途说的话再添油加醋地说与人听，偶尔还夹杂脏话和并无实质性含义的流行用语，这是不是言语上的不敬呢？程颐说："言不庄不敬，则鄙诈之心生矣；貌不庄不敬，则怠慢之心生矣。"（《二程遗书》卷一）"持敬"就要在视听言动、容貌词气上下功夫。

五　朱熹的思想

朱熹（1130—1200年），字元晦，号晦庵，徽州（今属安徽）婺源（今属江西）人，生于福建尤溪，闽学学派创始人，南宋时期理学的集大成者。朱熹十九岁考中进士，此后曾从学于李侗，李侗是杨时的再传弟子，而杨时是二程的高徒，所以朱熹自认为接续了二程之学。按照韩愈的"道统论"，儒家道统经尧、舜、禹、汤、文、武、周公、孔子、孟子之后，便中断不传了。朱熹认为二程直接继承了这个道统，因此他以二程理学为宗，融汇周敦颐、张载、邵雍之学，同时批判地吸收了佛老思想，从而构筑了博大精深的理学体系，对中国古代社会后期有深远影响。大家都知道朱熹为"四书"做注，元明以后，朱熹对"四书"的注解成了官方注解，科举考试以"四书"为出题范围，而回答这些题目则必须依据朱熹的注解，可见朱熹的思想在成为官方意识形态以后对古代知识分子影响之大。

（一）"理一分殊"

那么朱熹在继承二程理学的基础上有哪些理论创新呢？我们先来介绍他对二程所提出的"理一分殊"这个命题的新解释。我们前面和大家介绍过"理一分殊"，它是指天地万物总体上有一个共同的理，而这个理散落在具体的万物之中，从而使万物都具有这个理。朱熹虽然继承和发展了二程的"天理"思想，但他同时也非常重视周敦颐在《太极图说》中所提出的"太极"观念，朱熹哲学体系的出发点和核心点是"太极"，"太极"就是理，他对"理一分殊"的解释也是通过"太极"展开的。周敦颐说"无极而太极"，按照朱熹的诠释，"无极"是对"太极"的修饰，"无极"表明"太极"无形无象，不可以与有形质的事物混为一类；"太极"之上没有更高的绝对存在者；"太极"不是在事物之外别有一物，而是贯通形而上与形而下的本然之理。朱熹通过解释"无极而太极"丰富和深化了二程所开创的理学体系，他说："不言无极，则太极同于一物，而不足为万化之根；不言太极，则无极沦于空寂，而不能为万化之根。"（《朱文公文集》卷三十六）

那么朱熹怎么用"太极"的观念来论说"理一分殊"呢？他说："盖合而言之，万物统体一太极也；分而言之，一物各具一太极也。"（《太极图说解》）"太极只是天地万物之理。在天地言，则天地中有太极。在万物言，则万物中各有太极。"（《朱子语类》卷一）"人人有一太极，物物有一太极。"（《朱子语类》卷九十四）也就是说，宇宙万物的全体就是一个"太极"，而宇宙全体中的每一个人、每一个物又都各自具有一个"太极"，"太极"是人和万物的本源和存在的根据。朱熹为了说明"人人有一太极，物物有一太极"的道理，曾引用佛教"月映万川"的比喻进行论证：天空中只有一轮明月，但是当月光照在万千河流中时，则每条河流中都可以看到一轮月亮。每一个月影都是一个完整的月亮，而不是月亮的某一部分。同样的道理，每一个人、每一个物从宇宙全体所得来的"太极"也都是完整不可分的"太极"。而这个"太极"并不是一个具体的事物，而是贯通形而上与形而下的无形无象的理，他说"太极非是别为一物，即阴阳而在阴阳，即五行而在五行，即万物而在万物，只是一个理而已"（《朱子语类》卷九十四）。"太极"是"理一"，即万物共有的、普遍的理。那么"理一分殊"中的"分殊"又是如何体现的呢？我们不能简单地说万物都含有"太极"之理就是所谓"分殊"，因为万物所具有的那个"太极"之理都是那个普遍的、公共的理，朱熹所谓"分殊"主要是就"太极"之理这个本体在万物具体之"用"上的不同体现而言的。而万物之所以有区别而表现出不同的理，乃是因为每一个具体事物所禀受的气质不同，所以普遍之理在具体事物上表现出来时就有偏有全、有昏有明，从而呈现出差异性。朱熹常常以"随器取量"的例子来做说明。他说："人物之生，天赋之以此理，未尝不同，但人物之禀受自有异耳。如一江水，你将勺去取，只得一勺；将碗去取，只得一碗；至于一桶一缸，各自随器量不同，故理亦随以异。"

(《朱子语类》卷四)所以朱熹的"理一分殊"与佛教"月映万川"所揭示的真假两界"一多相摄"的内涵并不全然相同,他实际上继承了二程"体用一源、显微无间"的思想,认为太极之理能够统摄人和物的分殊之理。朱熹的老师李侗曾经说:"吾儒之学,所以异于异端者,理一分殊也,理不患其不一,所难者分殊耳。"(赵师夏《跋延平答问》引)意思是说,我们儒家的学问,之所以和佛道二教不同,就是"理一分殊"这四个字,而且关键在于分殊。朱熹通过气有粹驳清浊之分,说明了"理一"何以在万物中体现出分殊,并认为只有在事事物物上体会分殊之理,才能领悟"太极"之理本来是一贯的。不去体会分殊之理,只是谈论"理一",那么这个"理一"就是空疏的。

实际上,朱熹之所以更重视分殊之理,是因为分殊之理除了能够解释自然万物的差异性之外,还能够解释儒家的伦理道德和有差等的爱。他说:"为君须仁,为臣须敬,为子须孝,为父须慈。物之各具此理,事物之各异其用,然莫非一理之流行也。"(《朱子语类》卷十八)也就是说,君臣有君臣之理,父子有父子之理,这些理就是那个共同之理在不同的伦理角色中的具体体现。朱熹还强调儒家的爱有差等,他认为,不能因为不同的角色都有共同的理而泯灭其间的差别,分殊之理在人伦上就体现为爱有差等。"且如人之一家,自有等级之别。所以乾则称父,坤则称母,不可弃了自家父母,却把乾坤做自家父母看。且如'民吾同胞',与自家兄弟同胞,又自别。"(《朱子语类》卷九十八)朱熹是说,自家父母与乾坤大父母自然不同,自家兄弟同胞和百姓同胞自然不同,儒家的爱是由近及远一层层推出去的,这种等级上的差异是分殊之理的具体体现。

(二)"理气关系"

我们在讲述朱熹以"太极"观念诠释"理一分殊"这个命题时曾经谈到,作为全体宇宙普遍之理的"太极"之所以在万物之中有分殊之用,主要是受到了有形质之物所具有的气质的影响。这里我们主要和大家介绍朱熹如何看待理与气的关系。按照朱熹的理解,理与气的关系主要体现在两个方面:第一,不离不杂;第二,理在气先。

第三章 儒家文化

我们先来看什么是"不离不杂"。朱熹说:"天下未有无理之气,亦未有无气之理。"(《朱子语类》卷一)"天地之间有理有气。理也者,形而上之道也,生物之本也。气也者,形而下之器也,生物之具也。是以人物之生,必禀此理然后有性,必禀此气然后有形。"(《晦庵先生朱文公文集》卷五十八)这是说,理不离气,气不离理。理是形而上之道,是万物的本源与存在根据,万物从理那里获得了自身之性;气是形而下之器,万物从气那里获得了具体的形态。朱熹所说的理其实就是"太极",而他说的气其实就是阴阳之气。"太极"是所以阴阳者,是阴阳动静相感之性,而阴阳二气推移摩荡则是"太极"之理的具体体现。所以理与气是不离的。但我们不能据此就说理和气是一样的。朱熹说:"所谓理与气,此绝是二物。但在物上看,则二物浑沦,不可分开各在一处,然不害二物之各为一物也。若在理上看,则虽未有物而已有物之理,然亦但有其理而已,未尝实有是物也。"(《晦庵先生朱文公文集》卷四十六)这是说,理和气虽然浑然不可分,但理是理,气是气,二者绝对不可混同。若从形而下的物来看,那么二者浑然一体、不可分开;若从形而上的理来看,那么即便还没有某个物,就已经有了关于此物的理,但仅仅是有这个理而已,有理并不必然就有与之相对应的实体之物。一言以蔽之,理和气虽然不可分离,但也不可混杂,这就是"不离不杂"。

我们再来看什么是"理在气先"。朱熹虽然认为理气"不离不杂",但又认为理是第一性的,气是第二性的。他说:"有是理便有是气,但理是本。"(《朱子语类》卷一)理是更为根本的,所以他有时也说"理在气先"。他说:"理气本无先后之可言,然必欲推其所从来,则须说先有是理。"(《朱子语类》卷一)"理未尝离乎气,然理形而上者,气形而下者。自形而上下言,岂无先后?"(《朱子语类》卷一)也就是说,理和气本来无所谓先后,但在哲学上讲、在理论上讲,理是在先的。理是形而上者,是无形的存在;而气是形而下者,是具体的、有形质的存在。在这个意义上讲,理与气当然有先后之分。大家要注意,朱熹所说的理在先、气在后,不是就时间上的先后而言,而是就其理论上的重要性、根本性而言。所以,"理在气先"是一种哲学上的在先、理论上的在先、逻辑上的在先，而不是常识上的在先、具体的在先、时间上的在先。朱熹当然非常清楚理气本无先后可言，但如果从逻辑上非要找出一个第一性的东西的话，他认为第一性的东西当然是理而不是气。从朱熹对理气关系的思辨中，我们似乎可以看到，他的思想体系实际上融合了周敦颐的"太极"思想、张载的气化思想和二程的理本思想，这也是为什么我们称他为理学集大成者的一个主要原因。

（三）"心统性情"

我们在现代汉语中经常说心性、性情、心情，性和情在字形上也都有一个竖心旁，那么心、性、情在具体内涵上有什么区别与联系呢？我们来看看朱熹如何看待这个问题。

我们知道，朱熹是理学的集大成者，他的思想体系具有综合周、程、邵、张的特点，也就是说，周敦颐、二程、邵雍、张载的学说都对朱熹有过影响。在人性论和心性论上，朱熹首先继承了二程的观点，认为所谓性就是"天理"在人身上的表现，"性者，人之所得于天之理也"（《孟子·告子上》）。其次，他也采用了张载以"天地之性"和"气质之性"对人性进行分析的方法，认为人性有两个方面，一是"天命之性"（又叫"天地之性"），二是"气质之性"。"天命之性"来源于"天理"，所以后来的程朱学派也称之为"义理之性"，这方面的性是纯粹至善的，是仁义礼智之理。"气质之性"是从构成身体的气得来的，这方面的性有清浊昏明之别，因此主要体现为人的感情和欲望。朱熹说："人物之生，必禀此理，然后有性；必禀此气，然后有形。"（《晦庵先生朱文公文集》卷五十八）又说："论天地之性，则专指理言；论气质之性，则以理与气杂而言之。"（《晦庵先生朱文公文集》卷五十六）

除了从"天命之性"和"气质之性"来对人性进行分析外，朱熹还从心的体用角度对人性进行说明。他认为，性是心之体，情是心之用，性和情统一于心，这就是他"心统性情"的命题。他说："心有体用，未发之前，是心之体，已发之际，乃心之用。"（《朱子语类》卷五）由于心是经常变动而非静止的，所以他以水来作比喻，他说"性犹水之静，情则水之流"（《朱子语类》卷五）。也就是说，心之体是性，性是心未发动时的本然状态，就像水宁静的状态一样；而心之用是情，情是心活动时的状态，就像水流动起来一样。心之体就是从"天理"所得来的"天命之性"，因此是无不善的；而心之用是理与气的结合，它表现为各种情绪，因此就有善有不善，而它之所以有不善，乃是因为受到了物欲的牵引诱惑。总之，性和情是心的体和用，性是理内在于人的结果，而情则和欲紧密结合。这是理学"存理灭欲"和"尊性黜情"思想传统的体现。

所以朱熹还有一对与性和情相关的范畴叫作"道心"与"人心"。心之本体就是"道心"，而心之发动，也就是感性情欲之类，则属于"人心"。《尚书·大禹谟》上说："人心惟危，道心惟微，惟精惟一，允执厥中。"这十六个字被朱熹等人看作尧舜禹三位圣王口耳秘传的心法，所以也叫作儒家道统中的"十六字心传"。那么"道心"和"人心"是不是两个不同的心呢？朱熹说："只是这一个心，知觉从耳目之欲上去，便是人心；知觉从义理上去，便是道心。"（《朱子语类》卷七十八）"道心"和"人心"是一个心在体用两方面的体现。如果此心仅仅追求和满足于耳目之欲，那就体现为"人心"，由于循着人欲行事非常危险，所以叫"人心惟危"；如果此心能够追求和实践"天理"，那就是"道心"，由于"道心"比较隐微，体察"道心"比较困难，而且"道心"很容易因物欲牵累而转变为"人心"，所以说"道心惟微"。圣人与凡人不同的地方就在于能够精察"道心"，专一于"天理"，也就是"惟精惟一"。圣人的动静言行都无过无不及，全然合乎"天理"之中道，所以叫"允执厥中"。凡人转变为圣人的关键，不是消灭"人心"，而是克制私欲，使"人心"听命于"道心"，这样"道心"就成了"一身之主"，这样"人心"所可能带来的危险就消失了，隐微难觅的"道心"也就彰显了，而日常的动静言行也就合乎中道了。

我们总结一下。在朱熹看来，"道心"就是性，就是"天理"；"人心"就是情，就是"人欲"。性和情都统一于心，这个心既有"道心"的一面，也有"人心"的一面。关键是，我们如何使"人心"服从于"道心"，从而使人成为"天理"的体现者？朱熹的答案是"存天理，去人欲"。他说："人之一心，天理存，则人欲亡；人欲胜，则天理灭。"（《朱子语类》卷十三）"学者须是革尽人欲，复尽天理，方始是学。"（《朱子语类》卷十三）这就是理学传统中的"理欲之辨"。那么具体如何存理去欲呢？

（四）"居敬穷理"

我们谈到了朱熹的"心统性情"和"人心""道心"之说。朱熹以心为人之主宰，所以涵养德性的修身工夫也要从心入手。接下来我们就向大家介绍一下朱熹从心展开的"居敬"和"穷理"的工夫论。

"居敬"和"穷理"虽然是涵养德性的两个方面，但二者又是互相促进的关系。朱熹说，"能穷理，则居敬工夫日益进；能居敬，则穷理工夫日益密"，"持敬是穷理之本；穷得理明，又是养心之助"。（《朱子语类》卷九）那么什么是"敬"，我们又如何做到"敬"呢？我们前面讲程颐的"持敬工夫"时曾和大家介绍过"敬"的内涵，朱熹实际上是继承了程颐的持敬思想。他说："程先生所以有功于后学者，最是'敬'之一字有力。"（《朱子语类》卷十二）"'敬'之一字，真圣门之纲领，存养之要法。"（《朱子语类》卷十二）根据《朱子语类》中的表述，朱熹从程颐那里继承来的"敬"的工夫，大体上有五方面含义：（1）收敛；（2）敬畏；（3）觉察；（4）主一；（5）整肃。[①] 所谓收敛，是指收敛身心或收拾精神，使身心精神不放纵散佚。朱熹说："只收敛身心，整齐纯一，不恁地放纵，便是敬。"（《朱子语类》卷十二）所谓敬畏，是使内心时时处于一种敬畏的状态，"敬有甚物，只如'畏'字相似"（《朱子语类》卷十二）。所谓觉察，是说人内心要时时处于一种敏感的觉知状态，不能昏昧不明。朱熹说："敬只是惺惺法，所谓静中有个觉处，只是常惺惺在这里，静不是睡着了。"（《朱子语类》卷六十二）"惺惺"就是清醒，所以"敬"意味着内心的清醒觉察。所谓"主一"，就是专一不二，这是朱熹对程颐"主一之谓敬"（《二程遗书》卷十五）

[①] 对"敬"之含义的概括参考了陈来、郭齐勇的相关观点。详见陈来《宋明理学》，辽宁教育出版社1995年版，第178—179页；郭齐勇《中国哲学史》，高等教育出版社2013年版，第280页。

的直接继承。朱熹说:"主一只是专一,盖无事则湛然安静而不骛于动,有事则随事应变而不及乎他。"(《答吕子约》)所谓整肃,朱熹的说法是"整齐严肃""身心肃然""表里如一"。(《朱子语类》卷十二)我们把收敛、敬畏、觉察、主一、整肃这五个方面合在一起,就是程朱理学体系中"敬"的主要含义。"敬则德聚,不敬则都散了。"(《朱子语类》卷十二)所以,"敬"是入德之门,从二程到朱熹,都以持敬作为涵养德性的首要方法。

除了在动静语默间都要"居敬",朱熹还格外重视在具体事物上"穷理"。在"理一分殊"的观念中,具体事物上的理都以不同的形式在体现那个具有普遍性和统一性的"天理",所以要体认"天理"本体,就要观察体认具体事物之理,这就是"格物"的工夫。按照朱熹的见解,所谓"天理"即人所本具的仁义之性,所以他所要穷尽的物理其实是指儒家的道德原则和人伦规范。我们可以这样说,"格物"就是"格"与伦理有关的事物,"穷理"就是"穷"与伦理有关的理。许多人对朱熹的"格物穷理"存在误解,认为要通过存心于一草一木等事事物物来穷尽物理,其实朱熹曾明确地说,希望通过存心于一草一木、器用之间来悟出"天理"是不知缓急先后的表现,为学之道应该主要是明人伦、讲圣言、通世故,须对人伦孝悌之所当然、所以然不断求索和体认。通过这样的"格物穷理"工夫的累积,就会最终融会贯通,由渐悟通达顿悟,这就是朱熹所说的"众物之表里精粗无不到,而吾心之全体大用无不明"(《四书章句集注》)的境界,如此便能自觉地、主动地遵从和践履孝悌忠信等人伦规范,达到对儒家文化的真正自觉。

六 陆九渊的思想

在学习了程朱理学以后,我们再来看一下宋明理学的又一重要形态,那就是以陆九渊和王阳明为代表的陆王心学。提到陆王心学,大家想必对明代的王阳明已经耳熟能详了,但王阳明思想体系的主要来源之一,也就是生活在南宋时期的陆九渊及其心学思想,大家也许就比较陌生了。所以我们先来介绍陆九渊和他的"心即理"思想。

（一）"心即理"

陆九渊（1139—1193年），字子静，江西抚州金溪人。因常讲学于江西象山，所以后人称其为象山先生。陆九渊和朱熹是同时代的人，他比朱熹小九岁，两个人曾经在鹅湖寺和白鹿洞书院有过两次系统的交流，所以我们在理解陆九渊思想的时候一定要参照朱熹的理学体系，以便发现二者的异同。

陆九渊从小聪明颖悟，三四岁时就问父亲天地有没有尽头，并为此而废寝忘食。少年时，听到有人读诵程颐的话，他感到很难在认知上和情感上接受。当时世人都宗奉二程，可陆九渊小小年纪就已经看出了程颢和程颐的思想存在不同，他更认可程颢的观点，而对程颐的观点则感到较难接受。后来有一天，他读古书读到"宇宙"二字，看到"四方上下曰宇，往古来今曰宙"（《淮南子·原道训》）的解释时，忽然大悟，于是提笔写道："宇宙便是吾心，吾心即是宇宙。千万世之前有圣人出焉，同此心，同此理也；千万世之后有圣人出焉，同此心，同此理也；东西南北海有圣人出焉，同此心，同此理也。""宇宙内事，是己分内事；己分内事，是宇宙内事。"（《陆九渊集·杂说》）这是陆九渊十几岁时就确立的思想立场，而且终生坚持不变。

那么陆九渊所写的这段话是什么意思呢？为什么他看到"宇宙"两个字就大悟了呢？我们现在有"时空"这个词，但在古代，与"时空"比较接近的表述是"宇宙"。宇是指"四方上下"，也就是连续的、无尽的空间；宙是指"往古来今"，也就是永不停歇的时间性过程。宇宙连用，表明在古人的观念里，时间与空间是整体性的化生境域，天地万物都处在宇宙生生不息的创化过程之中。而我们的心灵呢？是不是也是包罗万象、无边无际，念念迁流、永不止歇呢？我们的心灵与我们心灵所认识的世界，都处在一个不断打开的过程中，而心灵和我们所认识的世界又都是无边无际、生生不息的。所以陆九渊就把心和宇宙联系了起来，他所说的心不是狭义上的个体之心，而是千万世之前和千万世之后的圣人所同有之心，也是东西南北海所出之圣人所同有之心。这样的心，就是在时间上和空间上都不受限制的普遍的、恒久的心，所以也就是宇宙的心。需要注意的是，作为一名儒家学者，陆九渊所谓的心并非生理意义上或心理意义上的心，而是每个人所本有的、具有普遍性和恒常性的道德心，此心恒常而普遍，所以可以与宇宙互相解释。作为人，就要觉悟和存养这个上天赋予的道德本心，超越小我之私，成为宇宙大生命的承担者。这也就是为什么陆九渊说宇宙内的事就是自己分内的事，自己分内的事就是宇宙内的事。

与大多数儒家学者不同，陆九渊没有师承，而是在理学思潮的时代背景下直接对孟子思想进行继承和发挥。陆九渊继承了孟子的"本心说"，认为人有一种"天之所予我者"的道德本心，这个本心就是不虑而知的良知，就是不学而能的良能，就是能够产生恻隐之心、羞恶之心、辞让之心、是非之心的根据所在，也是道德上仁和义的来源。陆九渊在孟子"本心说"的基础上，提出了"心即理"的思想，从而成为宋明理学思潮中心学一系的开创者。他说："四端者，即此心也。天之所予我者，即此心也。人皆有是心，心皆具是理，心即理也。"（《陆九渊集·与李宰》）陆九渊认为，心只有一个，理只有一个，心就是理，二者合一不二。事实上，陆九渊所说的与宇宙等同的心和他借孟子之说所强调的本心，以及结合时代思潮所提出的"心即理"的心，指的是一种先天具有的道德意识、道德意志和道德法则，本心能够发动道德意识或者道德情感，提供道德法则和道德意志，从而促成每个人的道德实践。

陆九渊"心即理"的思想，体现在教育后学上便是主张"先立乎其大者"和"发明本心"。"先立乎其大者"本是孟子的话，意思是说耳目等感官不会思考，所以容易追随外物，因此耳目是"小者"，是次要的器官；心则会思考，一思考就得到了善良之性，所以心是"大者"，是主要的器官，这是天之所予我者，所以先要树立起这个道德本心，如此则能不为物欲所惑。这就是"先立乎其大者"的由来。在陆九渊看来，"先立乎其大者"就是"发明本心"，这是为学的根本宗旨，人之为学就要首先树立起对自己道德本心的觉悟和信念。若能对自身所固有的本心产生自觉与自信，便能自作主宰不必他求，如此才能成为大人君子。若不能对自身所固有的本心产生自觉、自信，那就是陆九渊所说的自贼、自暴、自弃、自侮、自小、自私、自狭、自沉埋、自蒙蔽。也正是因此，陆九渊格外强调"立志"在发明本心中的作用。他说，"人要有大志。常人汩没于声色富贵间，良心善性都蒙蔽了"，"志小不可以语大人之事"，"'吾十有五而志于学'，今千百年无一人有志也。是怪他不得，志个甚底？须是有志识，然后有志愿"。(《陆九渊集·语录》)按照陆九渊的说法，大多数人可谓没有志向，即便有，也是志在声色富贵，这些都是志在小事，却将彰显良心善性这等大事忘却了。所以做人就要做大人，做大人就要立大志，立大志首先要有志识，就是要识别人生的大小轻重，将彰显道德本心所具有的良心善性视为头等大事才算真正有志识。然后将志向定在发明本心上才算立了大志。正所谓"宇宙之间，如此广阔，吾身立于其中，须大做一个人"(《陆九渊集·语录》)。

(二) 朱陆异同

在了解了心学创始人陆九渊的主要思想之后，我们再来比较一下朱熹和陆九渊的思想，以便大家能够对陆九渊的思想特色有一个更清晰的理解。

陆九渊和朱熹是同时代的人，他比朱熹小九岁。朱熹主要继承了二程中程颐的思想，而陆九渊则在继承二程中程颢思想的同时，主要在孟子思想的基础上进行了新的阐发。当时朱熹"性即理"的哲学体系已经建构完成，他拥有众多的从学者，于是在福建建宁府崇安县形成了一个思想重心。而当时陆九渊"心即理"的哲学体系也渐趋成熟，所以也开始吸引越来越多的追随者，在江西抚州金溪形成了另一个思想重心。有一天，有一个叫作吕祖谦的学者，他是朱熹和陆九渊共同的朋友，他在拜访完朱熹的归途中，策划了朱熹和陆九渊的会面。这件事发生在宋孝宗淳熙二年(1175)，地点在江西信州府铅山县鹅湖寺。这就是对后世影响深远的，中国八百年来理学和心学两大潮流交汇的鹅湖之会，此次会谈的主要内容集中在"为学之方"，这不仅牵涉本体论的问题，也涉及修养方法的问题。

其实当时与朱熹会面的是陆氏兄弟，也就是陆九渊和他哥哥陆九龄。但我们主要说陆九渊。在这次聚会上，陆九渊在其兄陆九龄作诗之后也和了一首诗,其中有这么两句:"易简工夫终久大,支离事业竟浮沉。"当时朱熹听了这两句诗以后,颇为不悦,所以讨论三天后,此次会晤也就不欢而散了。朱熹为什么在听到这两句诗以后会为之失色呢?因为陆九渊对于自己的思想太过自信,气势也太盛,他明确说自己的为学方法是"易简工夫终久大",而讥讽朱熹的为学方法是"支离事业竟浮沉"。陆九渊教人主张"先立乎其大者","先发明人之本心",也就是说要先唤醒人们对天赋本心的觉悟和信念,所以他的修养方法非常"易简";而朱熹教人则主张"泛观博览",先多读书,多格众物之理,最后再达成对普遍之理的认识,所以被陆九渊称为"支离"。陆九渊讥讽朱熹思想为"支离",即烦琐;而朱熹则讥讽陆九渊思想为"禅学",即走佛教禅宗顿悟一路。虽然双方在会晤时争论激烈,但会后双方冷静下来以后,也都产生了对自己的思想学说进行调和修正的态度。

又过了几年,朱熹在江西做地方官时修复了白鹿洞书院。淳熙八年(1181),陆九渊来访,朱熹于是邀请他在白鹿洞书院做了一次讲演。陆九渊在讲演中大谈义利之辨和立志的重要性,听讲的人大受触动,有的甚至落泪。朱熹当时也很受感动。据《象山年谱》记载,当时天气已经微冷,而朱子深受感动以至于"汗出挥扇"。于是双方关系略有改善。但此次交流以后,双方又因为观点不和而争论不断,而其门人弟子更是各执一说、互相批判,这种论辩一直延续到明清时期。我们可以看出,朱陆二人虽然有过深入的交流并尝试互相调和折中,但终因二人的为学方法具有类似禅宗顿悟、渐悟的差别而无法调停。总体上说,二人的思想分歧主要有四点。

第一,陆九渊的"心即理"与朱熹的"性即理"。朱熹虽然也认为心是一身之主宰,是修养工夫的下手处,但他讲"心统性情",喜怒哀乐未发之中是他所说的性,性尚未夹杂气质,所以与带有气质的情有所区别。朱熹所言的理,只能是就性这一面来讲,这就是"性即理"。与朱熹喜欢分解不同,陆九渊则不对心、性、情、才、理做区分,认为这些都是合一不二的,他只是要凸显本心的重要性,所以他认为心就是道德本心,本心就是理,这就是"心即理"。

第二，陆九渊的"尊德性"与朱熹的"道问学"。朱熹在《答项平甫书》中说："大抵子思以来，教人之法，尊德性、道问学两事为用力之要。今子静所说尊德性；而某平日所闻，却是道问学上多。"陆九渊注重"尊德性"，也就是要先立大本，将人的道德本心树立起来，然后才谈得上读书问学。这并不是说陆九渊不重视"道问学"，而是说与"道问"学相比，陆九渊认为"尊德性"更为根本。朱熹则比较重视"道问学"，也就是读书讲明义理，并在不断的格物过程中逐渐体认"天理"。这并不是说朱熹不讲究尊德性，而是说他认为为学要有次第，不能一蹴而就。二人的分歧本质上是为学方法的顿渐之别。

第三，陆九渊的"由约至博"与朱熹的"由博返约"。《象山年谱》中说："鹅湖之会，论及教人，元晦之意，欲令人泛观博览而后归之约；二陆之意，欲先发明人之本心，而后使之博览。"元晦是朱熹的字，意思是说，朱熹在教学方法上主张先泛观博览，然后再将所获得的广泛认识进行综合贯通，这就是"由博返约"。二陆是说陆九龄、陆九渊兄弟二人，他们的为学进路是先立大本、先发明本心，然后再"由约至博"。陆九渊说："学问固无穷已。然端绪得失，则当早辨，是非向背，可以立决。"（《陆九渊集·与邵叔谊书》）学问本来就是无穷无尽的，所以最关键的还是先挺立自身所具有的道德本心，其他的一切都是无足轻重的枝叶。事实上，二人的区别也都仅仅是为学次第与所侧重方面的不同，而并非完全对立的或者互斥的。

第四，陆九渊的"太简"与朱熹的"支离"。陆九渊曾写诗曰"易简工夫终久大，支离事业竟浮沉"。陆九渊认为如果教人从泛观博览入手，那么这与道德本心的道德实践并没有直接的联系，所以属于偏离主干的枝叶和歧出。朱熹则以为陆九渊的"本心说"太简，他不在文义上进行分析疏解，使学者难以掌握为学进路。

事实上，朱熹和陆九渊的学说确实有工夫入路上的差异，但二人的学问也并非水火不容、难以汇通。正像明代黄宗羲所言："二先生同植纲常，同扶名教，同宗孔孟，即使意见终不合，亦不过仁者见仁，智者见智，所谓学焉而得其性之所近，原无有背于圣人。"（《宋元学案·象山学案》）

七　王阳明的思想

在宋明理学家群体中，有一位直到今天仍然备受推崇的人物，他就是王阳明。其实不光现代人喜欢这位充满传奇色彩的思想家，历史上的曾国藩、梁启超、孙中山、蒋介石、陶行知等都是他的追随者，中国台湾有一个地方叫阳明山，就是蒋介石命名的；而陶行知原名文濬，因推崇王阳明而改名行知。王阳明思想还曾经传播到日本、朝鲜等地，尤其是在日本获得了极大发展，对日本的明治维新影响深远。日本著名企业家稻盛和夫，也是阳明思想的信奉者和践行者。但是，阳明思想在当今社会被炒热以后，误解、误读也屡见不鲜。我们今天学习王阳明思想，就要结合他的独特经历，依据可靠的文本，并把他的思想放在宋明理学的整体脉络中来进行理解。

（一）"心外无理"

王阳明（1472—1529年），原来叫王云，后来改名为王守仁，字伯安，浙江余姚人。由于他常讲学于会稽山阳明洞，自号阳明子，所以世称阳明先生。王阳明在少年读书时即有大志，认为读书做圣贤才是人生头等大事，与他的同学们所认为的读书登科地为头等大事迥然不同。阳明为人豪迈不羁，十五岁时独自到塞外出游近一个月，纵观塞外风光，有经略四方之志。他二十八岁进士及第后开始步入仕途，三十五岁时因得罪宦官刘瑾，被打四十廷杖，并被贬到贵州龙场驿站当驿丞。不成想当他离开京城后，刘瑾还派人暗中追杀，王阳明在钱塘江边抛下衣物，做出投水自尽的假象才得以脱险。到达龙场后，条件恶劣、语言不通、水土不服，但他并未停止对最高真理的思考。直到有一天半夜，他突然彻悟人生大道，认为"心外无物，心外无理"，"心即理也"，这就是"龙场悟道"。此后，他一边讲学，一边帮助朝廷平定各地寇乱，最为人称道的是仅用了四十三天就平定了宁王朱宸濠叛乱，可谓少见的集立德、立功、立言"三不朽"于一身的人物。临终时，门人弟子问他有何遗言，他说："此心光明，亦复何言？"（《阳明先生年谱》）

王阳明生活在以朱熹学说为意识形态的明代，所以他的思想是在对朱子学说的思考与践行中不断发展完善的。十五六岁时，他和朋友一起按照朱熹的"格物"之说去格亭前竹子的理，结果不仅没有格出竹子有何道理，反而双双病倒，于是二人只好叹气道："圣贤是做不得的，无他大力量去格物了。"（《传习录》下）二十七岁时，他又按照朱熹的读书法去做，结果还是觉得理是理，心是心，始终隔着一层。直到他被贬贵州龙场，经历九死一生，才最终超越生死之念，悟出心物不二的道理，认为"圣人之道，吾性自足，向之求理于事物者误也"（《阳明先生年谱》）。

那么王阳明"心即理"的思想究竟该如何理解呢？我们来看《传习录》中阳明和他的弟子徐爱的一段对话：

> 爱问："至善只求诸心，恐于天下事理有不能尽。"先生曰："心即理也。天下又有心外之事，心外之理乎？"爱曰："如事父之孝，事君之忠，交友之信，治民之仁，其间有许多道理在，恐亦不可不察。"先生叹曰："此说之蔽久矣，岂一语所能悟！今姑就所问者言之，且如事父，不成去父上求个孝的理？事君不成去君上求个忠的理？交友治民不成去友上民上求个信与仁的理？都只在此心，心即理也。此心无私欲之蔽，即是天理，不须外面添一分。以此纯乎天理之心，发之事父便是孝，发之事君便是忠，发之交友治民便是信与仁。只在此心去人欲、存天理上用功便是。"（《传习录》上）

从这段话我们可以看出，王阳明所说的理和其他理学家一样，主要是指儒家的仁义道德之理，而非纯粹的客观事实之理。那么这个理不在事物对象上，比如孝的理不在父亲身上，忠的理也不在君的身上，而是都在我自己的心中。他认为，理就是"心之条理"。仁孝忠信之理都是心所开显出的道德准则和道德秩序，是在心的发用流行中体现出来的，而不在外在的事物上。

我们前面和大家讲过理学家们对"格物致知"的不同理解，王阳明对物的理解是事，也就是和心相关的意义世界，而非客观的外物。王阳明说："身之主宰便是心，心之所发便是意，意之本体便是知，意之所在便是物。"(《传习录》上)物是心之所发的"意"所投射的东西。阳明心学曾经一度被误解为唯心主义,尤其是下面这段故事,我们一起来看一下。

《传习录》中记载:王阳明有次和他的弟子们到南镇这个地方游山,一个弟子指着山中的花树问道:"天下无心外之物,如此花树在深山中自开自落,于我心亦何相关?"阳明的回答是:"你未看此花时,此花与汝心同归于寂。你来看此花时,则此花颜色一时明白起来,便知此花不在你的心外。"

阳明在这里并非否定事物的客观存在,他其实给我们指明了心灵和事物的两种存在方式:一种是"寂"的方式;一种是"明白"的方式。没有心灵关注的事物是以"寂"的方式自在地存在,没有展开认知活动的心灵也是以"寂"的方式、以具有无限认知可能的方式存在的,这就是所谓"此花与汝心同归于寂"。一旦我们的心关注到了某个事物,那么这个事物就以某种特定的方式呈现在"我"的心灵之中,它对"我"来说才是有价值、有意义的,他才构成"我"的意义世界。没有心灵关注的事物不是不存在,而是没有参与到"我"的意义世界的构建之中,所以说"心外无物,心外无理"。

(二)"致良知"

王阳明在平定宁王朱宸濠叛乱以后,也就是正德十五年(1520)前后,提出了"致良知"的学说。"致良知"在阳明思想体系中占据了重要位置,他在去世前曾说:"吾平生讲学,只是'致良知'三字。"(《寄正宪男手墨二卷》)

那么什么是"致良知"呢?我们先来说良知。良知这个概念最早来源于孟子。《孟子·尽心上》中说:"人之所不学而能者,其良能也。所不虑而知者,其良知也。孩提之童,无不知爱其亲者;及其长也,无不知敬其兄也。"孟子所谓良知,是指不依赖于外在环境或后天教育而先天具有的道德意识和道德情感。显然,王阳明继承了孟子的这一思想,他说:"知是心之本体,心自然会知:见父自然知孝,见兄自然知弟,见孺子入井自然知恻隐,此便是良知不假外求。"(《传习录》上)王阳明所说的良知,是心先天本具的一种随时"知是知非""知善知恶"的能力,是人的至善本性直接从每一当下的知觉中朗现出来的道德判断能力。用他自己的话说,"良知只是个是非之心"(《传习录》下),"是非之心,不虑而知,不学而能,所谓良知也"(《传习录》中)。比如说,你做了一件坏事或者亏心事,你自然就觉得心中不安,这就是良知的功能。按照王阳明的说法,只要意念一起,我们心中的良知就开始发挥作用了,我们无论想什么、做什么,无论想的和做的是好事还是坏事,你的良知都是知道的。即便小人做了坏事,他见到君子时,也是尽可能掩盖不好的一面,而显示给对方好的一面。由此可见,良知的存在是一个不争的事实。

那么王阳明又是如何解释"致良知"的"致"字呢?这个"致"字和"格物致知"有关。我们知道,王阳明曾经按照朱子的思路,想要通过格竹子格出"天理"来。可是他失败了,于是他逐渐放弃了通过研究外物来获得知识的做法,并最终在"龙场悟道"以后,确立了心外无物、心外无理的基本主张。所以阳明认识到,致知不是像后儒所谓的扩充关于客观对象的知识,而是"致吾心之良知",也就是扩充吾心本具的良知,使其不被蒙蔽,从而全体呈露并充塞流行。他认为良知本来就没有任何亏缺障蔽,只是因为私欲覆盖蒙蔽,所以未曾全体显露。"致良知"就是要让良知达到极点、终极,所以"致"就是"至于"的"至",这里的"至"既有"极点之义",又有"向极点努力"的动词意味。那么"致良知"就有两层含义:第一,良知之至,良知之全体呈现;第二,通过修养逐渐至于良知之"至",最终使吾心本具的良知能够全体呈现。

王阳明的"致良知",是让人先确信,自己的心本来就具有一种昭然灵明的知觉,这一知觉先天地知善知恶、知是知非,我们只需要通过修养实践使其显露出来并使其臻至极致就行了。《礼记·礼运》上说:"人者,天地之心也。"人为什么是天地的心呢?在王阳明看来,人正是因为有良知,所以才是天地的心。"盖天地万物与人原是一体,其发窍之最精处,是人心一点灵明。"(《传习录》下)阳明在这里的意思很清楚，天、人本来是一气相通的一个整体，而整个天地万物最精微的功能体现就是人心的灵明。人心的灵明产生了对天地万物的认识，没有这个灵明，天地万物又如何能够呈现自身呢？王阳明说，"若草木瓦石无人的良知，不可以为草木瓦石矣。岂惟草木瓦石为然，天地无人的良知，亦不可为天地矣"，"天没有我的灵明，谁去仰他高？地没有我的灵明，谁去俯他深？"（《传习录》下）这些话很容易让人产生误解，认为王阳明除了肯定人心灵明外，对客观世界的存在一概否定了。其实不然。王阳明在此不是在存在论的意义来说天地万物离开了人的灵明便都不存在了；而是说没有人的灵明，天地万物虽然存在，但却不能彰显自身。很显然，这是从价值论的意义上立说的。人所经验到的世界，是借由人的心灵能力这一条件所认识到的世界，而非世界原本的样子，而世界原本的样子，类似于德国哲学家康德所说的"物自身"，是一个存有但不可认知的领域，因为人的认识能力只能认识到"物自身"借由人的心灵所显现的现象世界，这个可感可知的世界也就是人的意义世界。王阳明思想的可贵之处，就在于肯定了人心本具的这一灵明功能，这也就是他所说的良知。

在王阳明晚年，他将自己的思想总结为四句话，这就是阳明"四句教"："无善无恶是心之体，有善有恶是意之动，知善知恶是良知，为善去恶是格物。"（《传习录》下）心之本体超乎善恶二元，然而意念一旦发动，就有了善恶之别。无论善和恶是大是小，无论为善或者为恶的是君子还是小人，凡是人就具有知善知恶的良知明觉。既已知善知恶，那么就要为善去恶，这就是真正的"格物"，物是与意识相关的"事"，"格"是"正"的意思，所以"格物"就是正其不正之心，使其归于正也。由此可见，阳明思想的关键就在于"致良知"，离开了对善恶的知觉与判断，也就没有了做修养工夫的任何可能；而做修养工夫的最终归宿，就是使这一良知明觉能够自由无碍地发挥作用，也就是臻至良知全体显露的境界。

（三）"知行合一"

我们谈到了"致良知"，如果说良知属于知，那么"致"的工夫就是行,"致良知"实际上暗含着王阳明的又一重要思想,那就是"知行合一"。

谈到"知行合一",现在流行的解释就是理论与实践相结合,知识要落实到行动上。这样讲对不对呢?只能说,这句话单独来看是一句非常正确的话,但它却离王阳明"知行合一"的原本内涵较远。事实上,王阳明提出的"知行合一"有三个方面需要大家注意。第一,"知行合一"乃是就"知行本体"而言的,这个本体也就是"心即理"的心性本体。第二,"知行合一"也是针对朱熹的"知先行后"而言的。第三,"知行合一"主要不是针对一般的认知活动而言的,而是针对道德实践而言的。接下来我们分别给大家进行解释。

王阳明提出的"知行合一"是在本体层面上立说的。古人说的本体不是西方哲学本体论意义上的本体,而是指"原本的、本然的状态",那么这个"知行本体"是什么呢?这个本体就是"良知良能",就是"心即理"之心。王阳明说:"知行如何分得开?此便是知行的本体。"(《传习录》上)"外心以求理,此知行所以二也;求理于吾心,此圣门知行合一之教。"(《传习录》中)这是说,知与行是相即不离、互相包含的一个整体,而这个知行整体就是每个人内心所具有的良知良能。良知意味着内心对每一个心念活动的是非善恶具有随起随觉的能力,良能则意味着这种先天的觉知必能发动与其相应的行为,而且行与知没有时间上的先后之分,二者是同时产生的。这个良知良能就是人的本心,就是"天理"流行,就是知行的本体。王阳明的弟子徐爱曾经问他,如今人们都知道对待父兄要孝悌,但是却不能做到孝悌,这是不是说知与行是两个过程?王阳明的回答是:"此已被私欲割断,不是知行的本体了。未有知而不能行者。知而不行,只是未知……故《大学》指个真知行与人看,说'如好好色''如恶恶臭'。见好色属知,好好色属行。只见那好色时已自好了,不是见了后又立个心去好。闻恶臭属知,恶恶臭属行。只闻那恶臭时已自恶了,不是闻了后别立个心去恶。"(《传习录》上)王阳明说得很清楚,只是知道孝悌的道理却做不到孝悌,这是私欲蒙蔽了知行本体或者良知良能本体的缘故。就良知良能本体而言,没有说知道却不去做的，否则便是还不知道。他还举了《大学》中"如好好色，如恶恶臭"的表述进行说明。见到美色属于知，而在见到美色的同时已经有喜爱之心产生了，这就是"好好色"的"好"。闻到难闻的气味属于知，而在闻到难闻气味的同时已经有厌恶的心产生了，这就是"恶恶臭"的"恶"。王阳明说这里的"好"和"恶"就已经属于行了，因为人的意念活动不仅具有觉知能力，还有发动行为的能力。所以王阳明说："我今说个知行合一，正要人晓得一念发动处，便即是行了，发动处有不善，就将这不善的念克倒了，须要彻根彻底，不使那一念不善潜伏在胸中。"（《传习录》下）既然一念发动处就已经是行了，所以人要对自己的念头倍加小心。有了善念却没有善行，那是因为此善念还有私欲蒙蔽，并非是纯善本心真正的知，而真正的知即良知必能"真行"。也不要以为心中有了恶念，还没有落实为可见的行动，那就无伤无妨了。真正意识到了心中起了恶念，那就是良知对私欲的觉知，既然已经觉知，那就要彻底根除这个不善的念头，使其不复再起，这才是"真行"，所以，我们不仅要破山中之贼，更要破心中之贼。

当然，王阳明的"知行合一"也是针对朱熹的"知先行后"所引发的流弊而提出的。在王阳明生活的时代，受朱熹影响的儒家学者大多空谈心性"天理"，其结果就是常常能知而不能行。针对这一流弊，王阳明说："今人却就将知行分作两件去做，以为必先知了然后能行，我如今且去讲习讨论，做知的工夫，待知的真了，方去做行的工夫，故遂终身不行，亦遂终身不知。"（《传习录》上）知与行被分为两件事，并认为要先知道才能实行，其结果就是终身都不能去实行，按照王阳明关于知的标准，这种终身不能行的人，自然也是终身不能知的。王阳明举例子说，学孝必须要侍奉父母，学射必须要拉弓放箭，学写字必须要拿笔在纸上写，离开了这些具体的实践活动，那就不能叫作学孝、学射、学写字。"知是行的主意，行是知的功夫；知是行之始，行是知之成。若会得时，只说一个知，已自有行在；只说一个行，已自有知在。"（《传习录》上）可见，知行本来就是一体的，没有行的知不能算是真知。

最后，我们需要认识到，王阳明的知行合一主要是就道德实践领域而言的。知行本体就是那个能体现天理的本心,而天理主要是儒家的仁义道德。所以,一个人的知与行,主要是指他的道德意识、道德判断和道德实践。比如,王阳明曾说:"就如称某人知孝、某人知弟,必是其人已曾行孝行弟,方可称他知孝知弟。不成只是晓得说些孝弟的话,便可称为知孝弟。"(《传习录》上)这里的知与行显然是就道德上的知与行而言的。所以我们学习阳明思想,一定要分辨清楚他的原本思想形态,不要一提起"知行合一",就想当然地认为,是讲一般意义上的认识与实践的关系。

第六节　儒学与中医

接下来我们从仁心仁术、调和致中、知医为孝、格致医理、人身太极、养德养生六个方面和大家谈谈儒学与中医的关系。

一　仁心仁术

我们知道,仁、义、礼、乐,是儒学的主体内容,而仁在这四者中又起着统领的作用。孟子是孔子仁学的集大成者,而接续孟子仁学道统的宋明理学家更是将仁提升到了本体论的高度。仁是人之所以为人的本质特征;仁是"己所不欲,勿施于人"(《论语·颜渊》);仁是"己欲立而立人,己欲达而达人"(《论语·雍也》);仁是生生不已之气;仁是泛爱万物、与天地为一体的境界。总之,儒家的仁学奠定了中华文化人本主义的思想传统。以人为本,重视人的生命,呵护和葆有天地万物,尤其是人生生不已的生命气机,是儒者的责任和使命,正所谓"仁以为己任"(《论语·泰伯》)。而中医正是践行仁道的重要方式,故此中医学被称为"仁术"。宋代以后,大量儒家知识分子进入中医领域,强调"医乃仁术",使仁心仁术成为医德的核心内容。接来下我们分三方面为大家进行说明。

首先,儒家的仁学传统重视人的身体、生命和现世存在,这种精神逐渐注入到了医者的心中。《论语·颜渊》中记载,樊迟向孔子问仁,孔子的回答是"爱人"。当弟子向夫子请教鬼神与生死问题时，孔子的回答是"未能事人，焉能事鬼"，"未知生，焉知死"（《论语·先进》）。当孔子听说马厩被焚时，他首先关心的是"伤人乎"（《论语·乡党》），而不是询问马的情况。儒家的人本理念和人文关怀深深影响了后世医家，例如，孙思邈就曾说："人命至重，有贵千金。"（《备急千金要方》自序）袁枚在给薛寿鱼的信中指出："圣学莫如仁，先生能以术仁其民，使无夭札，是即孔子老安少怀之学也。"（《小仓山房文集》）清代著名医家吴鞠通曾说："生民何辜，不死于病而死于医，是有医不如无医也。学医不精，不若不学医也。"（《温病条辨·序》）儒家仁道与医道的相通，使许多儒者发奋学医，并将行医济世作为自己践行仁道的终身志业。

其次，仁有生生之义，而中医则是生生之术，这也是仁心与仁术相通的深层原因。今日我们所说"杏仁""桃仁"，仁字代表着核心，也代表着种子所具有的生生不已的特性。仁爱之心，是所有道德的源头，也是生命的最高价值体现。清代哲学家戴震说："观于生生，可以知仁。"（《原善·卷上》）清代的李塨说："《易》曰：'天地之大德曰生。'生生即仁也，即爱也，即不忍也，即性即情也。"（《论语传注问·学而一》）据说，北宋理学家程颢窗前的草长得很高了也不除，因为他要"常见造化生意"；他还在盆中养了几条小鱼，有人问他是何缘故，他说是为了"观万物自得意"。曾国藩曾把程颢的这两句话概括为一副对联："不除庭草留生意，爱养盆鱼识化机。"儒家对生生之仁的推崇与医家生生之术颇有相通之处。国医大师陆广莘先生曾将中医药学的学术思想概括为"循生生之道，助生生之气，用生生之具，谋生生之效"。中医学将人的生命视为天地阴阳化生不已的动态过程，认为生命的实质是生生不已的一气周流，治病多采用最具生生之气的草木类药物，或者是能够护养人体生机的医疗器具，最终谋求的是生命的保存和人体生机的延续。这种天人一体、动态生成的生命观，以及非对抗的、调整自身阴阳平衡的治疗策略，无不体现出医者对生生的敬畏，以及护持生生的仁者之心。

最后，儒家的仁学思想深刻地影响着医家的道德，仁爱、仁慈是医德的首要要求。晋代杨泉说："夫医者，非仁爱之士，不可托也；非聪明理达，不可任也；非廉洁纯良，不可信也。"(《物理论》)为医的首要条件就是仁爱。药王孙思邈在《大医精诚》有言："凡大医治病，必当安神定志，无欲无求，先发大慈恻隐之心，誓愿普救含灵之苦。若有疾厄来求救者，不得问其贵贱贫富，长幼妍媸，怨亲善友，华夷愚智，普同一等，皆如至亲之想，亦不得瞻前顾后，自虑吉凶，护惜身命。见彼苦恼，若己有之，深心凄怆，勿避险巇、昼夜寒暑、饥渴疲劳，一心赴救，无作功夫形迹之心。如此可为苍生大医，反此则是含灵巨贼。"这里的"大慈恻隐之心"和"见彼苦恼，若己有之，深心凄怆"不正是儒家仁爱之心的体现吗？明代王绍隆说："医以活人为心，故曰：医乃仁术。"(《医灯续焰》)国医大师邓铁涛先生曾说："我能留给儿孙最大的遗产为仁心仁术，全心全意为人民服务。"邓老以104岁高龄向我们证明了儒家所谓的"仁者寿"，也说明了何以邓老总是向那些请教他养生之道的人反复强调"养生先要养德"。养仁心，就是养自己的生命之机；施仁术，就是护持病患的生命之机。以仁心施行仁术，就是儒医融通后呈现出的中医文化的最大特色。

二 调和致中

中和、中庸是儒家的核心理念，以中为用、达致中和，既是儒者为人处世的方法论，也是儒家所谓的理想人格和最高道德境界。关于中庸，程颐解释说："不偏之谓中，不易之谓庸。中者，天下之正道；庸者，天下之定理。"(《二程遗书·卷七》)朱熹也说："中者，不偏不倚、无过无不及之名。庸，平常也。"(《四书章句集注·中庸章句》)可见，不偏不倚的中道既是平常的，也是持久的，而且正是因为平常才能够持久。反之，偏离中道便是异常，便不能长久。中道就是常道。中和的理念也出自《礼记·中庸》："喜怒哀乐之未发谓之中，发而皆中节谓之和。中也者，天下之大本也；和也者，天下之达道也。致中和，天地位焉，万物育焉。"中和与人的情绪修养有关，情绪未发之前即是"中"，情绪表达出来没有乖戾之气，能够恰到好处，即是"和"。个人修养达致中和，则天地各安其位，万物各遂其生。总之，中庸和中和，强调的是自然、社会，以及人的内心所应处于的一种和谐、平衡、适度、统一的理想状态。

对中庸和中和的强调与追求不仅影响着儒家知识分子，也作为方法论和思维方式对中医学的医理、药理则产生着重要影响，总体上我们可以将这种方法论或思维方式概括为调和致中。

中医学认为，真正的健康就是人体阴阳达到动态的平衡，最健康的人被称为"平人"。《素问·调经论》中说："阴阳匀平，以充其形，九候若一，命曰平人。"《灵枢·终始》中说："平人者不病，不病者，脉口、人迎应四时也。"平人的身体特征是阴阳匀平、气血充沛、形神相守，他们三部九候的脉象和谐统一，生命气机与四时的阴阳变化节奏协调相应，所以平人者不病。《景岳全书·传忠录·阴阳》中说："天地阴阳之道，本贵和平，则气令调而万物生。此造化生成之理也。"健康无病的平人就是中正平和之人，而生命的中和状态包括自我身心之间的中和、脏腑经络系统的中和、自我与天地四时的中和，以及自我与社会的中和等。

由于中医学采用的是阴阳五行这一象数思维模型，所以自我机体内部的中和及机体与自然和社会间的中和，都可以从阴阳五行的中和这个角度进行思考。生命体内的阴阳二气消息往复，五脏系统之间生克制化，于是形成了一个心神、气血、脏腑、经络、九窍、百骸共同演奏的生命协奏曲。所谓健康，就是这一协奏曲以和谐的演奏方式形成的动态平衡；所谓疾病，也就是某个或某些演奏者"失中违和"，从而导致协奏的失败。《素问·生气通天论》中说："生之本，本于阴阳"，"阴阳乖戾，疾病乃起"。一切疾病的发病机理都可以概括为阴阳失调、五行失和，这包括时气失常、情志过激、饮食失节、劳逸失度等。气候的变化波动超出了人体的适应调节能力，情绪上有过度的喜、怒、忧、思、悲、恐、惊等，饮食上暴饮暴食、过度偏嗜某一口味，或者过度的形劳、神劳、房劳等，都是失中违和的表现，都是导致疾病产生的根本原因。

明白了疾病的产生源于"失中违和"，那么治疗疾病的思路就是调和致中。中医理论认为，"治病必求于本"（《素问·阴阳应象大论》），

"生之本，本于阴阳"（《素问·生气通天论》），所以治病的根本原则可以归结为"谨察阴阳所在而调之，以平为期"（《素问·至真要大论》），治病的根本方法就是"补其不足，泻其有余"（《灵枢·邪客》），"调阴与阳，精气乃光"（《灵枢·根结》）。医圣张仲景说："凡病若发汗，若吐，若下，若亡血，亡津液，阴阳自和者必自愈。"（《伤寒论》）调整病人阴阳之间的不和谐关系，使其从失中违和状态重新恢复到阴阳中和的状态，也就使病人恢复了健康，这就是张仲景所说的"阴阳自和者必自愈"。

掌握了调和致中的根本思路，就可以用针灸、汤药、导引、按摩等各种治病养生方法使病人恢复健康。以针刺为例，《素问·阴阳应象大论》中说，"故善用针者，从阴引阳，从阳引阴，以右治左，以左治右"，就是通过各种针刺方法调整身体的阴阳关系使其恢复阴阳中和。《灵枢·九针十二原》中说："凡用针者，虚者实之，满则泄之。"补虚泻实，是针刺疗法的根本原则，这一原则实际上就是调和致中思路的体现。以本草药物治病为例，中医认为中药治病的基本原理是以药性之偏纠人体之偏，从而使人体恢复到中正平和的健康状态。正如清代名医徐大椿所说："盖人者得天地之和气以生，其气血之性，肖乎天地，故以物之偏性投之，而亦无不应也。"（《神农本草经百种录·菖蒲》）人得天地之全气以生，而本草万物则是得天地之偏性以生。当人体外感六淫、内伤七情、脏腑阴阳失中违和之时，就可以运用药物之偏性调和人体暂时所出现的偏离中和的状态，从而使人体恢复本具的中和全性，这就是中药治病的基本原理。至于具体的方剂和治法，则有扶阳气、养阴精、保津液、护胃气、调和营卫、通里攻下等各种方剂，有汗、吐、下、和、温、清、消、补等各种治法。这些都是"调和阴阳，以平为期"的具体体现。

三　知医为孝

孝道，是儒家文化影响下中华民族的核心价值理念之一，也是中华文化最具辨识度的显著特征之一。孔子继承了西周的孝悌思想，并奠定了儒家重视孝道的基础。后经曾子、孟子、荀子及宋明理学家的继承与推进，孝道逐渐融入了中华民族的血脉之中。《尔雅·释训》中说："善父母为孝。"《说文解字》上也说："孝，善事父母者。"孝悌是为人的根本，"君子务本，本立而道生。孝悌也者，其为人之本欤！"（《论语·学而》）孝敬父母，是人的自然情感。而儒家所主张的仁爱及忠君思想，则都是从孝悌这种自然的家庭情感与伦理要求中一层层推展出去的，正如孟子所说的"老吾老，以及人之老；幼吾幼，以及人之幼"（《孟子·梁惠王上》）。荀子将孝悌纳入礼的范畴，"礼也者，贵者敬焉，老者孝焉，长者弟焉，幼者慈焉，贱者惠焉"（《荀子·大略》）。到了宋明理学家那里，孝则是"天理"的体现与规定，孝道是子女的"天分"，"天分即天理也。父安其父之分，子安其子之分"（《朱子语类》）。而作为"十三经"之一的《孝经》更是说，"夫孝，德之本也，教之所由生也"，"身体发肤，受之父母，不敢毁伤，孝之始也。立身行道，扬名于后世，以显父母，孝之终也。夫孝，始于事亲，中于事君，终于立身"（《孝经·开宗明义》）。孝被视为道德的根本、教化的源泉。爱惜生命，求道扬名，是孝道的始终。侍奉双亲、忠于君主、立身行道，则都是孝道的具体体现。

儒家的孝道观深深地影响了古代医家，在古人看来，明了医道才能更好地护养双亲和自我的生命，践行医道更是救济天下、为祖上积德尽孝的行为方式。正如医圣张仲景所说的那样，研究医药方术"上以疗君亲之疾，下以救贫贱之厄，中以保身长全，以养其生"（《伤寒论·序》）。学医行医的这三方面益处，其实都是尽孝的体现。晋代医家皇甫谧在《甲乙经·序》中说："夫受先人之体，有八尺之躯，而不知医事，此所谓游魂耳！若不精通于医道，虽有忠孝之心，仁慈之性，君父危困，赤子涂地，无以济之。此固圣贤所以精思极论尽其理也。"孙思邈在《备急千金要方·本序》中说："君亲有疾不能疗之者，非忠孝也。""金元四大家"之一的张子和，将自己的医学著作命名为"儒门事亲"，意在将医学的首要功能定位为侍奉天下双亲。正如《近思录》中所说："病卧于床，委之庸医，比之不慈不孝。事亲者亦不可不知医。"清代名医薛雪在《内经知要·序》中说:"为人子者,可以父母、伯叔、兄弟、妻子及诸眷属付之于庸医之手乎?故不可不自知之。"

历史上许多成名医家起初都因父母亲人病死于庸医之手而发奋钻研医道。比如,"金元四大家"之一的李东垣,本来是一位出生在书香门第的儒生,在他二十岁时,母亲王氏患病卧床,经过众多医生诊治,最后还是不幸亡故。李东垣痛断肝肠,悔恨自己不懂医术而让母亲死于庸医之手,于是开始立志学医。闻听燕赵一带的张元素是远近闻名的名医,他就离家四百余里,捐出千金家财,愿学张元素的全部医术,后来经过刻苦学习,终成一代医家大宗。再如元代名医朱丹溪,他本就学于朱熹四传弟子许谦门下,是正宗的理学传人。然而,在他三十多岁时,母亲患病,所请医家皆束手无策,这促使他发奋阅读医书,三年而有所得。又过了两年,竟然自己遣方用药,治好了母亲的病。他的老师许谦也重病卧床,许谦曾对他说,自己的病只有精于医道的人才可能彻底治好,你既然这么聪明异于常人,是否肯将志向放在医道上呢?这句鼓励的话正好与朱丹溪的心意相投相应,于是他开始一心致力于研究医道。再如,清代名医王孟英,也是在父亲重病死后,开始发奋钻研医学,又因当时战乱,疫病流行,亲人死于霍乱,于是他便专心研究温热病,终成温病学大家。这样的故事可以说不胜枚举。

从爱惜护养父母所给予的自我身命,到更好地医治双亲病痛,再到以仁心仁术济世活人,普救天下含灵之苦,这就是儒家孝道从家庭到社会的推广与扩大。

四 格致医理

"格物致知"最早出自《礼记·大学》"致知在格物,物格而后知至"。由于"格物"一词在先秦文献中仅在《大学》中出现,而且没有对其进行解释,这就造成了历代儒家学者围绕"格物致知"展开了各种诠释。东汉时的经学大家郑玄将"格"解释为"来","物"解释为"事",他说"其知于善深则来善物,其知于恶深则来恶物,言事缘人之所好来也"(《礼记正义》)。意思是说,你能感召来什么样的事物,源于你持有什么样的心，总是持有善心就能感召来好的事物，总是持有恶心也就会感召来坏的事物，事物总是缘着人的好恶而来。北宋理学家程颐说："格犹穷也，物犹理也，犹曰穷其理而已也。穷其理，然后足以致之，不穷不能致也。"（《二程遗书》卷二十五）程颐首次将"格物"解释为穷究事物之理。南宋的朱熹继承了程颐"格物穷理"的思想，他对于"致知在格物"的解释是："致，推极也。知，犹识也。推极吾之知识，欲其所知无不尽也。格，至也。物，犹事也。穷至事物之理，欲其极处无不到也。"（《四书章句集注·大学章句》）所以，"格物"在朱熹这里就是"穷至事物之理"。到了明代，王阳明把"格"解释为"正"，把"物"解释为"事"，于是"格物"就成了"正事"，也就是为善去恶。他说："格者，正也。正其不正，以归于正也。"（《传习录》）王阳明所说的"格物致知"就是将自身本有的良知推广到事事物物上，正其不正，以归于正。以上是关于"格物致知"的主流解释，我们可以看到，无论是东汉的郑玄，还是宋明时期的程朱与阳明，主要从儒家德性修养的角度来解释"格物致知"，所以"格物致知"在儒家的主流传统中首先是和道德伦理有关。

但是，我们也不能否认，"格物致知"这个命题本身，也为探究外在事物的道理或知识留下了解释的空间。清初倡导实学的颜元曾公开批评程朱理学，他说："朱门一派，口里道是即物穷理，心里见得，日间做得，却只是读、讲、论……其实莫道不曾穷理，并物亦不能即，半日静坐，半日读书，那曾去格物。"（《习斋记余·阅张氏王学质疑评》）他的批判是不无道理的，当朱子后学只知道读书讲论道理时，根本不可能广泛地接触现实事物。倡导实学的颜元主张要实地去考察、亲自动手去做，不能离开事物而空洞地穷理。颜元于是把"格物"的"格"解释为"手格猛兽""手格杀之"的"格"，认为"格""乃犯手捶打搓弄之义"（《习斋记余》卷六），讲求对具体的事物要亲手去做、去实践。明末清初的思想家王夫之也反对悬空说理，他说："密翁（方以智）与其公子为质测之学，诚学思兼致之实功。盖格物者，即物以穷理，唯质测为得之。若邵康节、蔡西山，则立一理以穷物，非格物也。"（《搔首问》）王夫之所赞赏的是方以智所创立的质测之学，其中心内容是以实证方法研究自然现象。在王夫之看来，只有质测之学才算真正的"格物致知"，这就赋予了这一古老命题以崭新的含义，也标志着"格物致知"开始具有类似自然科学的方法论意义。在西学东渐的清末，翻译家便用"格致"来代指西方的自然科学。当代著名物理学家丁肇中先生曾于1991年在人民大会堂发表题为"应有格物致知精神"的演讲，丁先生认为，"格物致知"就是从探察物体而得到知识，就是现代学术所谓的实地考察或者实验。丁先生对"格物致知"的理解，已经与儒家传统的主张仁义道德之理的理解迥然不同，是完全从科学方法的角度展开的。

总体而言，"格物致知"这一命题融合了德性与知识、人文与科学，既是德性修养的方法，也是获得知识的方法。这两方面内涵对中医学这门融合自然科学和人文社会科学的传统医学都有深刻的影响。身为理学传人的朱丹溪把自己的代表作命名为"格致余论"，并在序言中说："古人以医为吾儒格物致知之一事。"他在《格致余论·房中补益论》中说："儒者立教曰：正心、收心、养心，皆所以防此火之动于妄也；医者立教：恬淡虚无、精神内守，亦所以遏此火之动于妄也。"心属火，正心、收心、养心，就能使心火温养自我生命而获得健康；反之，精神外越、情欲太过，就会使心火妄动，造成自身阳气的亏损，进而影响生命的健康。这正是医理与儒家义理的统一，医家养生与儒家养性的统一。"格物致知"首先是格致"天理"，而这个"天理"在中医而言就是医理。因此朱丹溪的《格致余论》就是格致医理之作。

此外，"格物致知"所蕴含的通过考察事物来获得知识的一面在中医学中也有所体现，最具代表性的就是明代著名医药学家李时珍撰写的《本草纲目》。李时珍说："（本草）虽曰医家药品，其考释性理，实吾儒格物之学。"（《本草纲目·凡例》）他关于中药之"物理"的知识是通过实地考察和动手验证获得的。为了鉴定白花蛇的品种，他亲自上山观看捕蛇人捉蛇及将蛇做成药材的全过程。为了了解铅的采掘情况，他亲自下到矿井下观察，并在中国医学史上首次记载了铅中毒的情况。为了验证吞服曼陀罗花能够"令人笑""令人舞"的说法及其麻醉作用，李时珍亲自做实验并证实了这一功效。为了分清苹、莼、荇三种不同的水生植物，他亲自采来观察，并根据三者根、茎、花、叶的不同形态进行鉴别，指出前人因为没有亲自观察而以讹传讹的错误。通过这种求真务实的考察探索，李时珍纠正了历代本草的多处谬误，终于写成了不朽之作——《本草纲目》。需要指出的是，李时珍对药物的"格物致知"与现代的科学方法并不完全相同。我们可以这样说：他实地考察、亲自动手的精神，与现代科学的实验实证方法有相似之处；但他对药物性理的探究，则是在阴阳五行、性味归经这些传统的意象思维模型指导下所展开的观察与体悟。这种意象思维下的格物致知，也就和儒家通过"格物致知"来明了天道性理相通无碍了。比如，李时珍曾说："木乃植物，五行之一。性有土宜，山谷原隰。肇由气化，爰受形质。乔条苞灌，根叶花实。坚脆美恶，各具太极。"（《本草纲目·木之一》）这就将医学和宋明理学的"太极"学说融合在一起了，所以李时珍说："医者贵在格物也。"（《本草纲目·草之三》）

五 "人身太极"

这一讲我们来介绍一下儒家"太极"理念对中医理论的最大贡献，这就是"人身太极"——命门。命门究竟在人身的那个部位？宋元以前，关于命门的解释至少有三种，那就是睛明穴、右肾和命门穴。

"命门"一词首见于《黄帝内经》，原本的意思是眼睛或者睛明穴。《素问·阴阳离合论》中说："太阳根起于至阴，结于命门。"《灵枢·根结》中说："太阳根于至阴，结于命门，命门者，目也。"《灵枢·卫气》中说："足太阳之本，在跟以上五寸中，标在两络命门，命门者，目也。"这三句话的意思是说，足太阳膀胱经起于足小趾外侧的至阴穴，终于目内眦的睛明穴。因为眼睛汇聚了五脏六腑的精气，所以被认为是生命之门。清代医学家徐大椿就说："经文所指命门皆以目言，目为五脏六腑精气所注，故曰命门。"（《医学源流论·医贯砭》）

然而，对命门的解释却并不是唯一的。在另一部中医经典《难经》中，两次提到命门并说命门就是右肾。《难经·三十六难》中说："脏各有一耳，肾独有两者，何也？然肾两者，非皆肾也，其左者为肾，右者为命门。"《难经·三十九难》中说："谓肾有两脏也，其左为肾，右为命门……其气与肾通。"《难经》关于命门是右肾、并与左肾以气相通的观点，与《黄帝内经》命门为二目的观点大为不同，这就为后世关于命门究竟何指的争论埋下了伏笔。

第三种解释就是大家都很熟悉的命门穴。晋代医家皇甫谧在《针灸甲乙经》中把督脉上的一个穴位命名为命门，他说"命门，一名属累，在第十四椎节下间，督脉气所发"（《针灸甲乙经》）。命门穴的位置在哪儿呢？非常好找，它在两肾连线的中点，后腰中线上与肚脐正相对的那个位置。

宋元以后，关于命门究竟何指的争论此起彼伏，这其中包括命门是心包络还是非心包络的争论，命门有形还是无形的争论，命门指右肾还是在肾间的争论，命门属火还是非火的争论，等等。关于命门的争论一直持续到明清，结果是主张命门为无形的肾间动气的观点占了上风。为什么肾间命门学说最后能够占据上风呢？这就与宋明理学的"太极"学说密不可分了。

那么"太极"的观念又是怎么一回事呢？"太极"一词，最早见于《庄子》和《易传》。《庄子·大宗师》上说"道"是"在太极之先而不为高，在六极之下而不为深"。《易传·系辞上》中说："易有太极，是生两仪，两仪生四象，四象生八卦。""太极"在儒道两家似乎都指时空之极限，宇宙之本根。真正使"太极"观念广泛传播的是宋理学之宗祖周敦颐。周敦颐传下来一幅《太极图》和一篇《太极图说》，他认为"无极"就是"太极"，"太极"是宇宙万物的本源，它通过动静产生阴阳五行，从而化生出万事万物。受周敦颐影响，张载、朱熹等理学家都谈到过"太极"。张载认为"太极"就是气，"一物两体者，气也"，"一物两体者，其太极之谓欤"（《横渠易说·说卦》）。朱熹认为"太极"就是理，"太极只是一个理字"，"太极只是天地万物之理"（《朱子语类·理气上》）。朱熹的哲学创新主要也是依据"太极"观念，他说："太极只是个极好至善底道理。人人有一太极，物物有一太极。"（《朱子语类·周子之书》）"太极"借由理学的兴盛影响了传统文化的各个方面，中医学自然也不例外。

元代名医朱丹溪就曾用"太极"来解释药理。他认为一味药就是一个"太极"，兼具阴阳两方面功能。比如，人参入手太阴肺经，能够补肺；而人参芦头却能够泻手太阴肺经之气，功能正好相反。再比如，麻黄能够发汗，但麻黄根却能够止汗。这就印证了朱熹所说的"物物一太极"的理论。那么人身当中的"太极"是如何体现的呢？太极既然是万物之根源，那么人身之"太极"也应该具有性命之本源的功能；"太极"既然含有阴阳两仪，那么人身之"太极"应该和具有两个器官的部位相关联。综合以上两点，人身当中的"太极"肯定与两肾相关了。因为肾为先天之本，肾脏还有两个，分肾阴肾阳。这不就是人身当中的太极图吗？当然，医家对人身"太极"的位置与功能的认定，经历了一个漫长的讨论过程，而最终被普遍接受的人身"太极"就是所谓的命门。

朱丹溪深通理学，他援儒入医，以"太极"之理解说医理。在其《格致余论·相火论》开篇中，他就引用周敦颐的《太极图说》："太极动而生阳，静而生阴。阳动而变，阴静而合，而生水火木金土。各一其性，惟火有二，曰君火，人火也；曰相火，天火也。"关于"君火"与"相火"的确切所指，可谓众说纷纭。但总体上说，"君火"乃生命能量在心这个"位"上的功能性表现，而"相火"则是生命能量在肝、肾、命门等下焦之"位"上的功能性表现。这样来理解的话，"相火"就是人体生命的原动力了。明代医家孙一奎则以周敦颐的《太极图说》为框架，借鉴朱熹的理气论，创立了太极命门说。孙一奎认为，人与天地万物一样，均由阴阳气化而成，人在生命之初，最先生成两肾，这两个肾呢，"如豆子果实，出土时二瓣分开，而中间所生之根蒂，内含一点真气，以为生生不息之机，命曰动气，又曰原气"（《医旨绪余·命门图说》）。这个原气就是人身之"太极"，就是命门，就是人体生命活动的动力和源泉。明代医家张介宾在张载气学、周敦颐《太极图说》的基础上进一步构建出了太极命门学说。他说："命门居两肾之中，即人身之太极也，由太极以生两仪，而水火具焉，消长系焉，故为受生之初，为性命之本","为水火之府,为阴阳之宅,为精气之海,为死生之窦。"(《类经附翼·求正录》)他还说:"天之大宝,只此一丸红日;人之大宝,只此一息真阳。"(《类经图翼·大宝论》)命门处的真阳之气就如同天上的太阳一样,是生命能量之源。经过上述主要医家的理论贡献,命门,也就是人身之"太极",就成为无形体而有实际功能的肾间动气。

六 养德养生

对于养生,一般有四个层次的认识:第一个层次是把获得健康的所有希望都寄托在吃某种食物或者药物上,以为多吃补品、补药就能健康长寿;第二个层次是养成良好的生活习惯,管住嘴、迈开腿、早点睡,这确实很好,也是获得健康的有效方法;第三个层次是采用一些炼气的锻炼方法,比如易筋经、五禽戏、八段锦、站桩等,这对于健康长寿非常有益,但常人不易掌握;第四个层次是注重养德、养神,即不刻意养生,通过涵养自己的德性自然而然地获得健康长寿。我们主要关注的是第四个层次,也就是通过养德来养生。

《论语·雍也》中说:"仁者寿。"明代养生家王文禄在《医先》中说:"养德,养生无二术也。"可以说,养德就是养生。比如,北京大学哲学系被戏称为长寿俱乐部,九十岁以上的哲学家占了约四分之一,八十五岁以上的哲学家有二十多个,占了近一半。他们中许多人既不吃补品,也不怎么爱运动,而他们之所以能够获得长寿,主要和思辨明理、心胸开阔、涵养德性有关。这就是庄子所推崇的"不道(导)引而寿"(《庄子·刻意》),也是孙思邈在《备急千金要方·养性》中所说的"不祈善而有福,不求寿而自延"。

《素问·上古天真论》告诉我们,上古之人"所以能年皆度百岁,而动作不衰者,以其德全不危也",而他们的德具体体现为"恬淡虚无","精神内守","志闲而少欲,心安而不惧","嗜欲不能劳其目,淫邪不能惑其心","无恚嗔之心","无思想之患"。总之,他们大都处于一种安闲少欲、不忧不惧、情绪平和的精神状态。所以通过养德来养生的关键,就是减少欲望,调和情绪。

那么为什么欲望与情绪会影响人的健康呢？《素问·阴阳应象大论》中说："天有四时五行，以生长收藏，以生寒暑燥湿风。人有五藏，化五气，以生喜怒悲忧恐。故喜怒伤气，寒暑伤形。暴怒伤阴，暴喜伤阳。"按照中医学的观点，人的情绪主要表现为喜怒悲忧恐，这是五脏之气所化，所以情绪的过度波动就会影响五脏之气。而人的健康，除了外在的自然之气的影响，最主要的就是内在的五脏之气的影响了，而五脏之气所化生出的五种情绪如果超过了一定的限度，就会反过来使五脏系统受到伤害，这就是"忧恐忿怒伤气，气伤藏，乃病藏"（《灵枢·寿夭刚柔》）。《素问·举痛论》中说："百病生于气也，怒则气上，喜则气缓，悲则气消，恐则气下，寒则气收，炅则气泄，惊则气乱，劳则气耗，思则气结。"百病生于气，而气的波动，主要是由各种情绪造成的。《素问·阴阳应象大论》中认为：怒伤肝，喜伤心，思伤脾，忧伤肺，恐伤肾。而中华民国时期著名教育家王凤仪先生的性理疗病理论也认为，怨伤脾，恨伤心，怒伤肝，恼伤肺，烦伤肾。

作为一个人，总是要表现出某一种或几种情绪倾向，世界上不存在无情绪的人。那么如何表达、调控自己的情绪，才能在涵养德性的同时起到养生的效果呢？《中庸》中云："喜怒哀乐之未发谓之中，发而皆中节谓之和。中也者，天下之大本也；和也者，天下之达道也。致中和，天地位焉，万物育焉。"涵养德性的关键就是体会喜怒哀乐未发之中，并在喜怒哀乐表达出来时能够恰到好处，不失中和之度。中和是天地万物各安其位、化育不息的场域环境；对于人体而言，中和的情绪、中和之藏气，也就是四肢百骸各安其位、化育不息的场域环境。《黄帝内经太素·脉论》中说："修身为德，则阴阳气和。"董仲舒在《春秋繁露·循天之道》中说："故仁人之所以多寿者，外无贪而内清净，心和平而不失中正，取天地之美以养其身。"清代程文囿在《医述·医学溯源》中说："胸襟坦荡，宁静淡泊，正如春气之和融，必能气血畅达，阴阳和调，自可益寿延年。"

通过养德来养生，具体可以怎么做呢？我们可以学习儒家曾子的三省吾身，并在反省的基础上忏悔、改过、迁善，如此便可逐渐培养自己的德行。《医灯续焰·尊生十二鉴》中说："所谓修德者何？即忏悔改过也。要在扫除旧习，顿悟昨非，束步绳趋，兢时惕日，如此不辍，如此终身，是之谓真忏悔，真改过也。"通过小善的不断累积，就能由微至著，化性成德。《周易·系辞下》中说："善不积不足以成名，恶不积不足以灭身。小人以小善为无益而弗为也，以小恶为无伤而弗去也，故恶积而不可掩，罪大而不可解。"不要等到疾病缠身、顽疾难去之时，才想起来是自己积小恶而成大病，要知道，平时的养德积善就是未病先防，小善的累积就可以汇成春气和融的溪流，将体内的病邪之气消融于无形。

第四章　道家文化

　　道家文化是中国传统文化的重要组成部分。鲁迅先生在《致许寿裳》中说："中国根底全在道教……以此读史，有许多问题可以迎刃而解。"英国科学史专家李约瑟（Joseph Terence Montgomery Needham）先生说："中国人性格中有许多最吸引人的因素都来源于道家思想。中国如果没有道家思想，就会像是某些深根已经烂掉了的大树。"[①] 吕思勉在《先秦学术概论》中说："道家之学，实为诸家之纲领。诸家皆专明一节之用，道家则总揽其全，诸家皆其用，而道家则其体。"[②] 中华民国时期的江瑔在其研究诸子学的名著《读子卮言》卷二专设第十章"论道家为百家所从出"。上述几位学者都论述了道家在中国文化中的根源性地位，给道家以很高的评价。

第一节　道家之源

　　司马迁在《史记·老子韩非列传》中说，"老子者……周守藏室之史也"，所以班固在《汉书·艺文志》中说："道家者流，盖出于史官。"老子《道德经》是道家思想完全形成的重要标志。然而道家思想非老子一人之独创，究其根源，有人认为，道家思想起始于上古时期，以盘古为远祖，以伏羲（或黄帝）为始祖，老子集古圣先贤之大成，形成了完

[①] ［英］李约瑟：《中国科学技术史》第二卷，何兆武等译，科学出版社、上海古籍出版社1990年版，第178页。

[②] 吕思勉：《先秦学术概论》，岳麓书社2010年版，第27页。

整系统的道家理论体系。

李约瑟认为，道家思想有两个来源。一个是战国时期的哲学家，一个是一批古代萨满和术士们，他们很早就分别从北方和南方进入中国文化，然后集中于东北沿海地区，特别是齐国和燕国。李约瑟所说的这两个来源，概括地说，就是古代的隐士和方士。隐士和方士的共同之处是他们都隐退山林，远离社会政治，对家国天下、天下兴亡、国计民生，不闻不问。不同的是，隐士追求的是"道"，方士追求的是术。

首先是隐士。他们弃官避世，退居山林，舍人道而从天道，探讨的是自然之道，而非人类社会之道。他们隐退山林之中，在那里观察自然界的无穷现象，思考自然界的秩序和变化，探索自然界的奥秘和规律。由于他们有着深刻的思想，所以李约瑟称之为哲学家。中国历史上有两个最著名的隐士，一个是许由，一个是巢父。他们二人的一段故事成为千古流传的佳话。故事是这样的：尧在考察接班人时，听说巢父、许由都是非常贤能的人，便前去拜访，想让王位给他们。先见巢父，巢父不受；继之访许由，许由也不接受这种禅让，尧执意让位，紧追不舍，再次寻见许由时，恳求许由做九州长。许由觉得连王位都辞而不受，岂有再当九州长之理，于是跑到颖水边洗耳朵，他认为这些让他当官的话简直是脏了他的耳朵。当时刚好碰到巢父牵一小牛犊来河边饮牛，巢父看到许由在洗耳朵，就问许由怎么回事。许由说，尧想召我做九州长，我讨厌听这样脏我耳朵的话，所以来洗洗耳朵。巢父说，你许由不愿接受官职，你一声不吭退居山林不就完了嘛，谁能找到你？还来洗什么耳朵呀！你这不是沽名钓誉，谋求虚名吗？我在这儿饮牛，你来洗耳朵，岂不脏了小牛犊的嘴。算了，我到上游去饮牛吧。于是牵着自己的小牛犊走了。

其次是方士。方士追求的是术，是长生不老之术。即汉代初年陆贾所说的"苦身劳形，入深山，求神仙"（《新语·慎微》）的那些人。方士又分为三个流派。第一个流派是行气派，以彭祖、王子乔为代表。他们"吸阴阳之和，食天地之精，呼而出故，吸而入新，虚轻举，乘云游雾"（《淮南子·泰族训》），这或许就是气功的源头。第二个流派是房中派,以容成公为代表,流行于秦中地区,他们提出:"治气有经,务在积精。"(《马王堆汉墓医书·十问》)通常人们一提到房中派,可能都认为是低俗的,实际上其中包含着节欲养生的思想。第三个流派是服食派,以安期生为代表,流行于燕齐地区,他们隐退山林,在那里寻找、采集、调制、服食具有长生功能的药物。这实际上就是后来炼丹活动的由来。

隐士和方士对社会政治冷眼旁观,这种态度在道家思想中随处可见,因此可以说隐士和方士是道家的前身,或者说是道家的先河。老子作为史官,完成了中国学术史上的一件大事,对古代隐士、方士的思想与自己政治人生的历史经验做了一次突破性的综合,把原来养生的仙术拓展到治世的方法中,形成了他自然无为的道家思想。

第二节　老子的思想

一　"道"的构建

我们首先来说说道家之"道"的构建。道家之所以称为道家,是因为他们以"道"为核心概念,以"道"为最高理论。"道"的概念是老子首先提出来的,所以《魏书·释老志》中说:"道家之原,出于老子。"那么老子是如何提出"道"这样一个概念的呢?大家是否想过这样的问题:大千世界的万物为什么是这样的?人为什么是这样的形象?猴子为什么长那样?为什么刚好就有个嘴巴让我们吃饭和说话?为什么刚好就有一双眼睛让我们欣赏好景美色?为什么刚好就有一双耳朵让我们听黄鹂好音?为什么人们会有这样那样的想法?笔者有几位朋友是解剖学的教授,他们长期研究人体各部位的组织形态,他们经常给我说,人体的各个器官太美了,从形态到功能,再到各器官相互联系所形成的系统,简直太美了。他们在用审美的眼光来审视人体器官。那么人体组织器官为什么这么美?对于诸如此类的问题,老子找到了答案。万物之所以如此的根源是"道"。"道"是天地之始,是万物之母,是宇宙万物的基始。《韩非子·解老》中说:"道者,万物之所然也。""道者,万物之所以成也。""道"是推动宇宙的最根本的动力,是化生万物的最根本的规律。

笔者在读《老子》的过程中，渐渐地有了一种感受，就是隐隐约约感受到老子构建、创立和提出这个"道"的不易、艰辛和无奈。现代汉语有一个词叫"知道"，在古代这两个字连用在一起，是动宾结构的词组，意思是懂得了"道"，把握了"道"。"道"无形、"道"无象、"道"无声、"道"无状，所以对"道"的理解和把握是很困难的事情。

大家可以看到，《老子》开门见山第一句说："道可道，非常道。"老子不说"道"是什么，而是说"道可道，非常道"，意思是说，可以说清楚的"道"，就不是"常道"。反过来讲，"常道"是永远都说不清楚的。而老子提出的这个"道"恰恰就是"常道"。什么是"常"？《韩非子·解老》中说："唯夫与天地之剖判也俱生，至天地之消散也不死不衰者谓常。"这就是说，老子构建的这个"常道"，是从开天辟地之际它就产生，到天地消失它依旧存在，天长地久有时尽，此道绵绵无绝期，它是一种超时空的永恒存在。老子为什么把他发现的这个东西叫作"道"？"道"，《说文解字》中说："所行道也。""道"就是路，是人之所行。所以，《韩非子·解老》中解释说："圣人观其玄虚，用其周行，强字之曰道，然而可论。"老子观察到了它玄虚而难以把握的特点，于是根据它周而复始的运行特点，与人之所行相比附，勉强地给这个不可言说的东西取了个名字叫"道"，这样才可以论述它。就是说，"道"虽不可言，但非言无以传。所以，《老子》中总是从不同角度、不同层面对他构建的这个"道"进行解释和论述。我们还注意到另外一个问题，《老子》第二十五章中说："吾不知其名，强字之曰道，强为之名曰大。"老子给不知其名的这个东西取了一个字叫"道"，还起了一个名叫"大"。大家知道，古人有名有字，而且名和字之间在词义上有着密切的联系，从老子给不知其名的东西所起的名和字来看，老子所构建的"道"是天下之"大道"。

大家想一想，当你有了一种新的思想、新的理论、新的学说，但又不能说明白、说清楚的时候，你是什么样的感受？你是什么样的心情？然后大家来看《老子》的第四十一章中说："上士闻道，勤而行之；中士闻道，若存若亡；下士闻道，大笑之。不笑不足以为道。"老子把读书人分为三等,上等的读书人听了"道",人家按照"道"的法则勤奋地实践,在实践中验证"道"的存在;中等的读书人听了"道",对他们来说,这个"道"好像存在,又好像不存在,他们置若罔闻、无动于衷;这也就罢了,最可气的是,下等的读书人听了"道"以后,他们嗤之以鼻,哈哈大笑,他们不但不理解,而且还讥笑、嘲笑讲"道"的人。

大家想一想,当你提出一种新思想、新理论、新学说,自己还不能完全说清楚的时候,又遭到别人的嘲笑,你是什么感受?大家知道"曲高者和寡""道高者谤多",所以尽管被很多人讥笑,老子还是坚信"不笑不足以为道"。

二 道隐无名

我们讲老子构建了"道",创立了"道",这个"道"到底是什么?《老子》第四十一章中说:"大象无形,道隐无名。"道是看不见摸不着的,原本没有这个概念,没有这种说法。第十四章说:"视之不见,名曰夷;听之不闻,名曰希;搏之不得,名曰微","是谓无状之状,无象之象,是谓惚恍。迎之不见其首,随之不见其后"。"道"这个东西,看不见、听不到、摸不着,无形无象、无声无息,恍恍惚惚、隐隐约约,不见首尾、不可名状,只是勉强为之命名叫"道",勉强为之命名也只是为了使人们了解它的存在。

我们要注意,"道"无名而实在,"道"虽然因为既无形又无声而不可闻不可见,但它却是实实在在的存在。"眼见为实"这种说法需要重新审视,有时候眼见未必为实,眼不见未必不为实。《老子》第二十一章中说:"道之为物,惟恍惟惚。惚兮恍兮,其中有象;恍兮惚兮,其中有物;窈兮冥兮,其中有精;其精甚真,其中有信。自今及古,其名不去,以阅众甫。吾何以知众甫之状哉?以此。"这一句话就是讲,"道"是真真切切存在着的,并且老子强调"其中有物""其中有精""其精甚真""其中有信"。"道"这个东西,没有清清楚楚的固定实体。它是那样的恍恍惚惚,但其中却有形象。它是那样的恍恍惚惚,但其中却有实物。它是那样的深远幽暗，但其中却有精质；而且这种精质的存在是真真切切的，"道"的存在是真实可信的。从现在上溯到古代，它的名字永远不能废除，依据它，才能观察万物的初始。我们怎么才能知道万事万物一开始的情形呢？是从"道"认识的。"道"这个东西的存在实在难以说清楚，《韩非子·解老》中就说："以为近乎，游于四极；以为远乎，常在吾侧；以为暗乎，其光昭昭；以为明乎，其物冥冥。"说它很近吧，却在四方很远的地方；说它很远吧，又常常在我们身边；说它昏暗吧，却又明明白白；说它明亮吧，却又昏暗不可见。实在是虚无缥缈，难以捉摸。

虽然它实实在在地存在着，但是人们没有发现，老子是"道"的发现者，"道"是老子给它取的名字。接下来的问题是，"道"既然是看不见摸不着的，那老子是怎么发现的呢？《韩非子·解老》是解释《老子》的第一篇文献，其中说："人希见生象也，而得死象之骨，案其图以想其生也，故诸人之所以意想者皆谓之象也。今道虽不可得闻见，圣人执其见功以处见其形，故曰：'无状之状，无物之象。'"韩非子是战国时期的韩国人，韩国的版图在现在的河南新郑，河南简称豫，"豫"字的右边是象，就是说，河南这片大地上原本是有大象的，但是到了韩非子生活的时代，人们已经很少能见到活的大象了，然而却发现了死了的大象的骨骼，人们根据大象的骨骼推想其活着的样子，所以凡是人们凭借主观意念推想出来的东西都叫"象"。汉语中"想象"这个词为什么叫"想象"？为什么不是想猪？原因就在这里。现在"道"这个东西虽然不能听到也不能看到，但老子根据它所表现出来的功能来推测并揭示它的形象，所以老子说它是一种没有显露形状的形状，是没有实物可见的形象。这就从反面告诉我们，对于"道"，我们别指望能看到、能听到、能触摸到。《庄子·知北游》中说："道不可闻，闻而非也；道不可见，见而非也；道不可言，言而非也。""道"是冥冥之中潜藏在万物之后的看不见、听不到、摸不着、说不清的东西，只能靠我们去想象、去体会、去感悟。否则，我们是不可能理解这个"道"的。

三 道生万物

天地的发端和物种的起源是一个神秘的问题,也是哲学家一直关注和探讨的问题。老子提出"道"是万物生成的本源、基始,这是老子哲学中"道"最重要、最基本的含义。《老子》第二十五章中说:"有物混成,先天地生。寂兮寥兮,独立而不改,周行而不殆,可以为天地母。"老子认为,混成之"道"不仅先天地存在,而且还是天地万物的创造者。如第一章中说:"'无',名天地之始;'有',名万物之母。"第四十章说:"天下万物生于'有','有'生于'无'。"物质世界的终极本源是"无",这里所说的"无"就是"道"。老子之所以把"无"或者"道"作为物质世界的终极本源,提出"无中生有"这样的哲学命题,是因为具体的、有名的东西只能生出具体有形的东西,其创造力是有限的,而"无"和"道"则是永不枯竭的生命之源。第二十五章中说:"人法地,地法天,天法道,道法自然。"这就是说,人以地为根,地以天为据,天以道为宗,"道"以其自身的本然状态(自然)为自己立命。"道"作为无从感知、无可名状的实存本体,具有无限的能量和无限的创造力,充满了无限的生机和活力,它是自然界最初的发动者,是"万物之宗",是万物的终极本源。万物的产生源于"道"的创造力,万物的生生不息、欣欣向荣都来源于"道"的潜能。第三十九章中说:"昔之得一者,天得一以清,地得一以宁,神得一以灵,谷得一以盈,万物得一以生,侯王得一以为天下正。"就是说,天地万物之所以存在,天地万物之特征表现,其本源和依据都在于这个"一"。这里所说的"一"也就是"道",《韩非子·扬权》中说:"道无双,故曰一。"《韩非子·解老》中说,"道者,万物之所然也",万物之所以如此的根源是"道","道者,万物之所以成也",万物之所以形成的根源是"道","万物得之以死,得之以生;万事得之以败,得之以成",万物死生成败的根源也都在于"道"。《淮南子·原道训》解释说"夫道者","山以之高,渊以之深,兽以之走,鸟以之飞,日月以之明,星历以之行,麟以之游,凤以之翔"。山川鸟兽、日月星辰之所以存在并各具特性,其本源和依据都在于"道"。《老子》第四十二章中说:"道生一,一生二,二生三,三生万物。"万物生于三,三生于二,二生于一,一生于"道",道是万物的终极本源。"道生一"就是无极生太极;"二"就是阴、阳两仪,"一生二"就是太极生两仪。两仪就是天地,就是阴阳,孤阴则不生,独阳则不长,阴阳俱备,这是化生万物的物质基础。关键的问题是"三",历来许多注家解释"二生三"为"阴阳二气生天地人","三生万物"为"天地人创造世间万物"。这是值得商榷的。我们认为,"三"就是阴阳化合而成的"和气",是在"二"(阴阳)的基础上生成新的"一",就是"阴阳和","二生三"就是阴阳两仪化生的"和气"。"三生万物"就是从阴阳和气中繁衍出天下万物。《淮南子·天文训》中曰:"道始于一,一而不生,故分而为阴阳,阴阳合和而万物生。故曰:'一生二,二生三,三生万物。'"万物的产生都根源于"阴阳和",根源于这个"三"。

"道"这个东西,虽然看上去好像什么都没有,但我们所知与未知的一切,无论宏观、微观,无论动物、植物,无论身外、身内,无论生命体还是非生命体,所有的一切都来自"道"的化育。"道"是宇宙之起源,天地之本始,万物之根蒂,造化之枢机。在这里,老子给我们阐述了由混沌状态的气逐渐产生出万物这样一个由少到多、由简到繁的循序渐进的发展过程,阐释了宇宙万物生成和变化的总规律。于此,中国哲学的宇宙发生论模式便基本奠定了。

老子提出"道"这一哲学范畴具有重要的思想史意义,因为这就否定了上帝掌管人间一切这一原始宗教观念,同时超越了低级的元素构成论,为万事万物的存在根据和运行规律建立了一个具有普遍性和恒常性的基础。

四 道法自然

"道法自然"是老子哲学中非常重要的思想内容,前面我们已经提到《老子》第二十五章中说:"人法地,地法天,天法道,道法自然。""道"以其自身的本然状态(自然)为自己立命。第四十二章中说:"道生一，一生二，二生三，三生万物。""道"生万物而不自生，"道"生万物而法自然。天地也是这样，《老子》第七章中说："天地所以能长且久者，以其不自生，故能长生。"天地是造物主，创造了万物，却没有创造出自己。李隆基在注疏老子的"道法自然"时说："言道之为法自然，非复仿法自然也。"（《御注道德真经》）"道法自然"，并不是说道效法自然。杜光庭也说："疑惑之人不达经理，乃谓大道仿法自然。若有自然居于道之上，则是域中兼自然有五大也；又以道为自然之子，无为之孙，皆为妄见。"（《道德真经广圣义疏》）《老子》第二十五章中明确指出："道大，天大，地大，人亦大。域中有四大，而人居其一焉。"如果说在"道"之上还有一个自然的话，那就与"域中有四大"的说法相矛盾了。"道法自然"是说"道"以自身的状态为依据，它自身的内在因素决定它的存在和运动，而不依赖其他外在的因素。这里所说的"自然"不是天地自然、自然界或者叫大自然的自然，自然就是自己如此。杜光庭解释这个自然说："莫能使之然，莫能使之不然；不知其所以然，不知其所以不然。故曰自然而然。"（《道德真经广圣义疏》）总之，老子提出"无为""自然"的观念，其用意不仅在于说明"道"以其自身的本然状态为自己立命，是自然而然的，而且还在于消除外力的作用，排除外在的干扰，主张任何事物都应该顺应其本身所具有的因素、特点和可能性。"道法自然"这一思想不是孤立的，它关系到老子形上之学的根本问题，即"道"与万物的关系，也关系到老子政治哲学的核心问题，即圣人与百姓的关系。"道"不控制、不干预万物，而是让万物自由活动，自行其是。《老子》第五章中说："天地不仁，以万物为刍狗；圣人不仁，以百姓为刍狗。"林希逸注曰："天地无容心于生物，圣人无容心于养民。"（《老子口义》）钱锺书说："刍狗万物乃天地无心而不相关，非天地忍心而不悯惜。"[①] 无心故无所偏，无心故不相关，万物之生并非天地之仁心所致，万民之养并非圣人之仁心所致。万物之生乃自生，万民之养乃是自养。李道纯说："天地无为，万物发生；圣人无

[①] 钱锺书：《管锥编》（第二版），生活·读书·新知三联书店2007年版，第2册，第650页。

为，万民安泰。"(《道德会元》)任万物之自然，才是其根本宗旨。儒家为天地自然赋予了道德的意义，认为"天地之大德曰生"，甚至把他们自己所建构的仁义礼智这种伦理道德也附会于春夏秋冬。道家则纯粹从自然属性来理解天地，天地虽化育万物，却没有情感意志，这就取消了人类对于天地自然的情感投射。大道无形，生育天地；大道无情，运行日月；大道无名，长养万物。"道法自然"的意思就是大道以自身为基础、以自身为原则，自在而不依赖外物，自由而不限于约束。道就是自然而然，不加造作。"道法自然"的意思是说"道"取法于自身的规律，而且万事万物的运行都要遵循自身的法则、自身的规律。《老子》第二十五章中论"道"时说，"寂兮寥兮，独立而不改"，就是说，"道"既无声又无形，它的运作全然出乎其内在的本性，而不会像现象界的万物那样容易受外界影响而发生改变。"道"是"独"，即"独一无二"的整体存有，它外面什么也没有，甚至对"道"而言，我们连"内外"都不能讲，因为"道"是超越一切二元对待的。所以在逻辑上讲，"道"只能法其自身之性了。

五 天道均平

在中国古代没有自然界这个概念。现在人们所说的自然界，在古代一般称之为天或天地，与天相对应的是人，即人事。探讨天与人的关系，实际上就是探讨自然与人事的关系。老子所说的天指的就是客观存在的大自然，他认为天是没有意志的，它并不是万物的主宰。他在探讨天人关系时，往往是通过天道来探讨人事，他讲天道必联系人事，讲人事必取法于天道。这就是天人合一理念指导下的"推天道以明人事"。《老子》论述天道的地方很多，有人统计共有十九章论及天道，在这些章节中，老子对天和天道的阐述，首先表明天道的法则是自然运行的法则，而不是人为的法则。进而，老子对天道的特质做了说明，其中一个重要的特质就是天道均平。《老子》第三十二章中指出："天地相合，以降甘露，人莫之令而自均。"王雱注释说："甘露者，阴阳交和所生，自然均被，无使之者，盖道之所感，无所不周故也。"(《道德真经集注》卷五)

"自然均被""无所不周"是天道均平的具体表现。天道均平与天道无私是相联系的，因为天道无私，所以它才能均平，万物都能够接受它的滋养。老子还认为万物自然而生、自然而长、自然而成。自然的秩序是和谐的，自然的状态是美好的，自然的德性是美善的。自然的和谐是最大的和谐，自然的和谐是根本的和谐。自然有着自我平衡的机制和功能，自然的阳长阴消和阴长阳消，就是实现平衡和谐的过程。

《老子》第七十七章中说："天之道，其犹张弓欤？高者抑之，下者举之；有余者损之，不足者补之。天之道，损有余而补不足。人之道，则不然，损不足以奉有余。"老子出于对自然界和人类社会的观察，把他从自然界得来的这种直观的认识运用到人类社会，面对当时社会贫富对立和阶级压迫的不合理现实，他认为"人之道"也应该像"天之道"那样，"高者抑之，下者举之，有余者损之，不足者补之"。这是他的愿望和主张。可是，现实怎么样呢？现实是"人之道则不然，损不足以奉有余"。在老子看来，损有余而补不足，这是自然界最初的自然法则，即"天之道"。损有余而补不足就是调节平衡。所以，"天之道"总是趋向平衡，"天之道"就是平衡之"道"。但人们早已忘却"天之道"，而是建立了人们自己的法则即"人之道"，这有利于富人而有损于贫者，"人之道"实际上就是势利眼，锦上添花者有之，雪中送炭者无之。贫富差距越来越大，而且为富不仁的现象时有发生。

庄子也主张均平思想，如《庄子·胠箧》中说："分均，仁也。"分配公平，这就是仁爱。《庄子·天道》中说："夫明白于天地之德者，此之谓大本大宗，与天和者也；所以均调天下，与人和者也。与人和者，谓之人乐；与天和者，谓之天乐。"明白了天地的规律，这就把握了根本宗旨，就能与自然和谐；这是用来均平万物、协调人情，实现社会和谐的依据和基础。与人和谐，称作人乐；与天和谐，称作天乐。可见和谐的根本是天道均平，天道均平是实现和谐的内在机制。

六 上善若水

"上善若水"是老子思想的重要论题，出自《老子》第八章："上善若水。水善利万物而不争，处众人之所恶，故几于道。居善地，心善渊，与善仁，言善信，政善治，事善能，动善时。夫唯不争，故无尤。"意思是说，最高境界的善德就像水一样。水善于滋养万物，助万物之生长而不与其相争。它总是处在一般人厌恶的地方，所以接近于"道"。上善之人，择善地以居处，心底保持沉静，交往注重仁德，说话讲究诚信，为政讲究条理，办事善于任能，行为与时俱化。正因为能够像水那样任自然而无争，所以才没有烦恼。

"上善若水"，是说最高境界的人的善德，就像水的品性一样，泽被万物而不争。避高趋下，保持谦逊；奔流到海，勇往直前；刚柔相济，能屈能伸；海纳百川，宽容大度；滴水穿石，意志坚强；荡涤污垢，无私奉献；乐善好施，不图回报；淡泊明志，清澈如水。水的善德，不胜枚举。所以说"上善若水"，"故几于道"。

前边我们曾提到天道的特质，除了已经讲过的天道自然无为、天道均平之外，还有天道无私、天道好生等，而这些特质无不在水中得到体现。

首先，我们来说天道无私。天道无私是老子对天道特质的重要诠释。他说："天长地久，天地所以能长且久者，以其不自生，故能长生。"河上公注释说："天地所以独长且久者，以其安静，施不求报。"[1]（《老子章句》）成玄英疏曰："天地但施生于万物，不营己之生也。"[2]（《老子义疏》）他们都认为，老子所讲的天道是大公无私的，它的一切作为都不是为自己，所以才能够长久。老子以此说明自然界的法则是没有私心，天地自然具有一种奉献的精神。"水善利万物而不争"正是一种无私的奉献。

其次，我们再来看天道均平。天道均平，是我们前边讲过的问题，而水恰恰具备了均平的特质，汉语词汇中有"水平""水准"，所谓"水平"，就是因为静止时的水面最匀平；所谓"水准"，就是以水面之平作

---

[1] 王卡点校：《老子道德经河上公章句》，中华书局1993年版，第25页。
[2] 蒙文通辑校，成玄英撰：《道德经义疏》，载蒙文通辑校《道书辑校十种》，巴蜀书社2001年版，第389页。

为高低的标准。水面之匀平是衡量高低的最高标准，所以有一种工具就叫水平仪。

最后，我们再说天道好生。天道好生是老子关于天道内涵的又一重要阐释。老子说："天之道，利而不害。"河上公注释说："天生万物，爱育之令长大，无所伤害也。"（《老子章句》）吕知常解释说："天道阳也，故好生而恶杀，谓之有利而无害。春夏故生之育之，秋冬故成之熟之，以其至公无私，每成人之善而不成人之恶，与人之利而不与人害，故曰天之道利而不害。"（《道德经讲义》）天之道，不仅化生万物，而且善利万物。《老子》第五十一章中说："故道生之，德畜之，长之育之，亭之毒之。"所谓"长之育之，亭之毒之"，又叫"长之育之，成之熟之"，就是对整个生命过程的呵护。

《孔子家语·三恕》中记载这样一个故事："孔子观于东流之水，子贡问曰：'君子所见大水必观焉，何也？'孔子对曰：'其不息且遍与诸生而不为也，夫水似乎德；其流也则卑下，倨邑必循其理，此似义；浩浩乎无屈尽之期，此似道；流行赴百仞之嵌而不惧，此似勇；至量必平之，此似法；盛而不求概，此似正；绰约微达，此似察；发源必东，此似志；以出以入，万物就以化洁，此似善化也。水之德有若此，是故君子见必观焉。'"意思是说，孔子观赏向东流去的江水，子贡见了向夫子问道："君子见到大水便要前去观赏，这是为什么呢？"孔子回答说："因为它川流不息，且自然而然地普惠万物，使之生生不息，水像是有'德'；水总是往低处流，即便是弯弯曲曲也一定要遵循这一原理，由此来看，水像是有'义'；它浩浩荡荡，永无穷尽之时，又像是'道'；它奔流直下，即使流向百仞深谷也无所畏惧，又像是有'勇'；它能作为衡量高低的标准，均平而无偏，又像是'法'；水满自止，无须刮平，有度不贪，这像是'正'；它虽柔弱却无微不达，又像是能'察'；不论发源何处，它都一定向东流去，不改其志，又像是有'志'；它流出流入，一切东西因此变得洁净，又像是能'化'。水有如此之善德，所以君子见到水一定要前去观赏啊！"水有如此多的善德，难怪老子说'上善若水'。"

七　反者道之动

通过对日月运行、四季规律、农业生产和社会现象的观察和总结，老子揭示出诸如有无、难易、长短、高下、美丑、前后、祸福、刚柔、损益、强弱、大小、生死、智愚、胜败、巧拙、轻重、进退、攻守、荣辱等一系列对立范畴，说明对立统一是普遍存在的，任何一方都不能孤立存在，而是相互依存、互为前提，没有这一方也就没有那一方。没有美也就没有丑，有了美则可以知道什么是丑；没有善也不可能有恶，有了善才可以知道什么是恶。美与丑、善与恶，都是同时并存的。矛盾的双方虽然在性质上是对立的，但它们的存在必须以对方的存在为条件，它们互为对方存在的依据。《老子》第二章中说："有无相生，难易相成，长短相形，高下相倾，音声相和，前后相随。恒也。"在指出这些对立统一的关系之后，强调说"恒也"，指出这是恒常的、普遍的规律。

在事物的对立统一中，老子还深刻地认识到矛盾双方是可以相互转化的，《老子》第三十章中说："物壮则老。"事物的发展总是呈现出物极必反的规律。第四十二章中指出："物或损之而益，或益之而损。"第五十章中提出："出生入死。"这里所说的"出生入死"是哲学的概念，意思是说，一个人从出生的那一刻起就开始一步步走向死亡。第五十八章中指出："祸兮福之所倚，福兮祸之所伏。"所有这些都体现了对立转化的规律。

从事物向相反方向转化的规律，悟出了作为万物之本源的"道"具有一个重要的特质，即"反者道之动"（《老子·第四十章》）。这是老子哲学中辩证法思想的主要命题。事物的矛盾和对立转化是永恒不变的规律，这一思想对于中华民族产生了深远的影响。由于这一理念的影响，人们会在顺境中保持冷静和谨慎，在逆境中充满希望和力量，最终使人立于不败之地。困境不是固定的，不是永恒的，在一定条件下会相互转化，所以即便是在最困难的时候，我们也不要轻言放弃，要学会坚持。

首先，事物具有运动性。一切事物都处在不停地运动变化之中，有一句话说得很好，世界上唯一不变的是一切都在变。《老子》第二十三章中说:"故飘风不终朝,骤雨不终日,孰为此者?天地。天地尚不能久,而况于人乎?"狂风暴雨不可能一直不停,狂风从刮到停,暴雨从下到停,这就是变化。天地不可能持久不变,说明人也要与时俱进,也要变,这就是推天道以明人事。

其次,运动具有规律性。"道"的运动是有规律的,这个规律就是"反",《老子》第二十五章中说:"大曰逝,逝曰远,远曰反",第四十章中说:"反者道之动。""反"包含两个层面的意思:一是相反、反面;二是"返",即"返回""返本复初"。"道"的运行规律就是朝某一状态的反面进行变化,从而返本复初,形成周期性的循环。所以《老子》第二十一章里形容"道"的运行规律为"周行而不殆"。

老子把"反者道之动"作为自然世界和人类社会发展的总规律,认为在任何时候都必须掌握和运用这个法则。在现实生活中,很多人都习惯于只看事物"有"的一面,而忽视了事物"无"的一面。老子却认为,我们应当从事物"无"的那一面来把握事物"有"的一面,由此提出了与"无"相应的"无为"主张。《老子》第三十七章中指出:"道常无为而无不为。"一般人都主张有为,老子却主张"无为"。但老子的"无为"决不是目的,而是一种手段和方法,只有"无为"才可以"无不为"。所以老子提出"无为而治""不言之教""无为之益""无之以为用"等一系列主张。老子的"无为"不是无所作为,而是不刻意妄为,或者说,是"无心而为""无我之为""无私之为""无欲之为"。这是一种观照到事物的整体全局,尊重事态自身的运作规律,从而以超越一己之私的精神去行动的特殊的"为"。这样的"无为",看似消极,却往往能比积极有为更好地实现事物自身的发展,这就是老子反向思维的智慧。

八 弱者道之用

《老子》第八章中讲:"上善若水。水善利万物而不争。"前边我们讲"上善若水",主要讲了"水善利万物",现在我们来讲接近于"道"的水所具有的另一方面特征,即柔弱不争,这就和老子的柔弱哲学有关了。《老子》第四十章中说："弱者，道之用"，说明"道"凭借着柔弱的特性生成万物，同时也成就着自己的永恒。所谓"弱"，实际上是对"无为"状态的另一种描述，"道"生养万物的过程是自然而然的，"道"使万物自生自长，而不是以"道"的力量进行强制。"弱者，道之用"，即言"道"对万物所发挥的作用总是以"柔弱""无为"的方式表现出来。

《老子》第三十六章中说："将欲歙之，必故张之；将欲弱之，必故强之；将欲废之，必故兴之；将欲取之，必故与之。是谓微明。柔弱胜刚强。鱼不可脱于渊，国之利器不可以示人。"世人都喜欢追求"张""强""兴""与"，老子却清醒地看到，在这些世人追求得到的东西后面，恰恰是"歙""弱""废""取"。我们讲过，天道的运行法则就是"反"，事物都会向相反的方向变化，那我们是想要好的变化还是不好的变化？想要好的变化，想要避免不好的变化，就要认识、守持众人所厌恶的"歙""弱""废""取"，如此才能"张""强""兴""与"；反之，如果恣意追求"张""强""兴""与"，或者实现这些追求以后沉溺其中，那么就会走向"歙""弱""废""取"。天道法则真实不虚，只不过它很幽隐，智慧不够的人自然是看不出来的，所以老子说"道"的这种作用是"微明"，微弱的、微小的光明。站在不好的状态里，等待好的状态出现，这需要柔顺的品性，所以老子接着就说"柔弱胜刚强"。这句话是放在一个动态的趋势中才能被理解的，离开了刚柔的相互转化，"柔弱胜刚强"也就不成立了。老子之所以强调"柔弱"，就是针对当时诸侯相争、无不表现出"刚强"之态而言的。守住"柔弱"才能蓄积国力，自然可以由弱转强；迷恋"刚强"必然耗散国力，日久自会由强转弱。所以，真正的"国之利器"不是军事实力，而是柔弱不争、少私寡欲，只不过这种真正的"国之利器"不能展示给穷兵黩武的国家看，只能悄悄地与民生息。当然，我们也可以把"不可以示人"理解为"无法示人"，因为"强者"永远理解不了"用弱"的智慧。

"柔弱胜刚强"是老子从自然现象中感悟到的智慧。《老子》第七十六章中说："人之生也柔弱，其死也坚强。草木之生也柔脆，其死也枯槁。故坚强者，死之徒；柔弱者，生之徒。"人活着的时候，其身体是柔软的、可以自由屈伸的；等到死了，就变僵硬了。同样，草木活着的时候是柔软的，死了就干枯变硬了。所以老子总结出了一个规律："坚强"的东西已经丧失了生机，只有"柔弱"的东西才是充满生机的。所以还是"柔弱"的好，这也是为什么老子把水的柔弱不争归纳为水的上善之德。我们千万不要因为水的"柔弱"，就认为它无能，《老子》第二十二章中说："夫唯不争，故天下莫能与之争。"第四十三章中说："天下之至柔，驰骋天下之至坚。"第七十八章中说："天下莫柔弱于水，而攻坚强者莫之能胜。其无以易之。弱之胜强，柔之胜刚，天下莫不知，莫能行。"水虽然是天下最"柔弱"的，但它的力量是非常强大的，没有水走不通的路，水在流淌的过程中遇到高山阻隔，它可以冲；冲不倒，可以泡；泡不塌，可以绕。所以有句诗说"青山遮不住，毕竟东流去"。对于"柔弱胜刚强"这个道理，没有人不知道，但没有人能做到。老子之所以提出这种主张，主要是针对人们"逞强"与"张扬"的现象有感而发的。逞强者必然刚愎自用，自以为是，也就是老子所说的自矜、自伐、自是、自见、自彰。老子所谓的"柔弱"绝不是柔弱无力，也绝不是懦弱无能，而是包含着一种无比坚韧的性格、一种负重前行的精神、一种以迂为直的策略、一种保命全身的智慧。

九　致虚守静

致虚守静出自《老子》第十六章"致虚极，守静笃"。这是道家修炼的原则和方法。后世的内丹派实际上就是以"致虚极，守静笃"这六字箴言为法要来练气养生的。"虚"是说心中尽可能简单、单纯，不要藏太多的观念；"静"是说心尽可能地收回来，不要总是妄念纷扰。"致虚极，守静笃"就是要把虚静、空静的状态做到极致，老子为什么提出这一命题呢？老子认为作为万物之总根源的"道"本身就处于一种"虚"和"静"的状态，所谓"寂兮寥兮""听之不闻"。李道纯在《中和集》中说："道本至虚，至虚无体，穷于无穷，始于无始。"《淮南子·精神训》中说："虚无者，道之居。"有形有象的天地万物都是从原本虚空的"道"演化而来的，所谓"虚可生实""无中生有"。所以老子主张人也应该效法天道，顺应天道，能够做到致虚守静。

"静"是"道"的运行规律。用《韩非子·解老》中的话说，就是"凡道之情，不制不形，柔弱随时，与理相应"。不造作、不表现，顺其自然，与时消息，与万物之理相适应，这就是"静"的态度。

怎样才能做到"静"？《老子》第十六章中说："万物并作，吾以观复。夫物芸芸，各复归其根。归根曰静，静曰复命。"当万物并作，呈现一片繁荣景象的时候，我们不要把眼前当作永恒，而应当观想到它们最终会归向哪里。人心之所以浮躁而不得清静，就是因为被眼前现实世界的名利地位等物质欲望和纷争所扰动，如果能够返本复初，就能使心灵保持虚极静笃的状态而不受影响。私人收藏家马未都创建了一个博物馆，命名为"观复博物馆"，这是很有文化内涵的。"夫物芸芸，各复归其根"，众多的事物最终都"归其根"，返本复初，回归到它的本源处。"归根曰静，静曰复命"，"归根"就是"静"，"静"就是回归到生命的本然状态。老子认为，世界的初始形式原本是清静的，万物都处于自然和谐的状态之中，一切事物都毫不掩饰地表现出其本质层面的真实，经过纷繁复杂的变化和成长过程，他们的最终归宿依然是"静"。一切事物都在运动变化中趋向其源始和本初状态，所以说"静"是"动"的主宰。"动"起于"静"，而又复归于"静"。只有认识到了"道"的本质是"静"，万物的归宿也是"静"，才可能少私寡欲、淡泊名利、宠辱不惊。

《老子》第二十六章中说，"重为轻根，静为躁君"，"轻则失本，躁则失君"。老子提出了"轻"与"重"、"躁"与"静"两对对立统一的范畴，而且进一步指出，对立双方有一方是根本的、重要的。在"轻"与"重"的关系中，"重"是"轻"的根本；在"躁"与"静"的关系中，"静"是"躁"的主宰。必须以沉稳抑制轻浮，以清静管控浮躁。"静为躁君"，"静"能克服人身上的浮躁、烦躁、焦躁之气。

"静"还是智慧的源泉，所谓"宁静以致远"，如果内心不静，我们就很难真正深入地思考问题，做人做事也都会陷入浮躁。清静之人会在仔细观察和冷静思考中感悟人生的真谛，通过审时度势，获得解决问题的智慧。《道德经》第九章中说："持而盈之，不如其已。揣而锐之，不可长保。金玉满堂，莫之能守。富贵而骄，自遗其咎。功成身退，天之道。"老子在这里明确指出了进退、荣辱等互相转化的关系。就一般人而言，建功立业是相当不容易的，而更不容易的是在功成名就之后如何对待和把握。贪慕权位利禄的人，往往得寸进尺；恃才傲物的人，总是锋芒毕露。在老子看来，无论做什么事都不可失度，而应该适可而止。如果贪心不知足、锋芒毕露、居功自傲、忘乎所以、张扬骄横，都难免招致灾祸，甚至身败名裂。唯有收心归静，凝神于虚，才能超越名利，保身长全。

十　小国寡民

"小国寡民"是在《老子》第八十章中提出来的。原文是这样的：

> 小国寡民。使有什伯之器而不用；使民重死而不远徙。虽有舟舆，无所乘之；虽有甲兵，无所陈之。使人复结绳而用之。甘其食，美其服，安其居，乐其俗，邻国相望，鸡犬之声相闻，民至老死不相往来。

对于老子所描绘的小国寡民这一段文字，现在的解释很多，分歧也很大。有人说它是复古主义。虽然荀子曾经说过，古代的思想家大都是"生乎今之世，而志乎古之道"（《荀子·君道》），但我们也不能简单地说老子提倡"小国寡民"就是复古倒退。老子作为圣人，有着非凡的智慧，他不可能不知道时光不会倒流，历史不会逆转，所以，说老子想拉历史倒车，使人类回归到结绳而治的远古时代的说法是不能成立的。有人说这是老子针对"小国寡民"这样的弱小国家提出的治国理念，有人说这是老子心目中的理想社会，等等。

我们认为，老子生活在礼坏乐崩、社会动荡的时代，"小国寡民"是老子面对当时社会的纷争、物欲的膨胀、心灵的浮躁而提出的一种放眼未来的生活方式,他倡导一种民风淳朴、少私寡欲、恬淡静谧、闲适自由的生活理念,既有利于解决眼前人们躁动不安的心理问题,又有利于解决人类未来的生存问题。

首先,"小国寡民",就是指国家小而人民少,这应该是针对诸侯兼并战争而言的。《文子·九守·道德》中说,当时有些诸侯"恃其国家之大,矜其人民之众","强者凌弱,大者侵小,民人以攻击为业,灾害生,祸乱作",天下混乱,社会动荡,人民不得安其居,不能乐其业。《左传·僖公二十二年》上有句话叫"国无小,不可易也",国家再小,都不能轻视。用今天的话说,国家再小,也是一个主权独立的国家,不能以强凌弱,不能以大侵小。不要因为大国霸权的争夺使得天下民不聊生。正是基于对天下纷争的忧虑,老子在根本上提出了"小国寡民"的生活理念。人类社会在经济发展、文明进步的同时,利益的驱使、贪欲的膨胀、分配的不均必然导致纷争乃至战争。老子描述的小国寡民,是百姓淳朴祥和、生活安定、干戈既息的和平社会。老子希望人们即便是在物质财富充足的条件下也要有俭朴生活的理念,"有什伯之器而不用","虽有舟舆,无所乘之",换成今天的话说,就是低碳生活、绿色出行。

其次,老子"小国寡民"思想的另一个重要意旨是让人们都各安其所,"甘其食,美其服,乐其俗,安其居"。对于这一句,各家注解也有分歧,我们认为其中的"甘""美""乐""安"四个形容词都是意动用法,而不是使动用法,结合"使民重死而不远徙"及老子的一贯思想,我们会发现老子这句话的宗旨是,让人民乐其所有、甘其所食、美其所衣、安其所居、乐其所处,"高下不相慕",悠然自得。总而言之,这里的根本和关键在于安宁其心。只有拥有了一颗安静的心,才能安于既有的生活,才会达到无欲无求的境界。没有过多的贪欲,也就不会有人与人之间的争斗和国与国之间的战争。

作为哲学家、思想家的老子,他思考的不只是一国之民,而是整个人类,是人类命运共同体;他关注的不只是一个国家的秩序,而是整个世界的秩序,是整个宇宙的秩序。"小国寡民"思想是治疗现代文明病的良方。在老子看来，人们只应当追求维护生活的最低限度的物质财富，如果把对物质财富的无限度追求作为最高目标，必然会导致能源的枯竭、环境的破坏，乃至伦理的失守，最终必然会导致灾难的产生。在环境问题、能源问题、生态问题日益凸现的当今世界，在倡导生态文明意识和生态文明建设的今天，老子的"小国寡民"思想显得尤为可贵，我们也不得不叹服老子这位圣哲的眼光之长远、胸襟之宽广、思想之深邃、境界之崇高。

十一　绝圣弃智

《老子》第十九章中指出："绝圣弃智，民利百倍；绝仁弃义，民复孝慈；绝巧弃利，盗贼无有。此三者以为文，不足。故令有所属：见素抱朴，少私寡欲，绝学无忧。"意思是说，只有抛却聪明和智巧，人民才可以得到百倍的好处；只有抛却仁和义，人民才可以回归孝慈的天性；只有抛却机巧和利益，盗贼才不会出现。圣智、仁义、巧利这三者全是虚伪的粉饰，不足以治理天下。所以一定要使人们的心灵有所依归和安住，保持纯洁朴实的原初本性，减少私心和贪欲，只有抛弃仁义圣智之学才能免于祸患。

老子不仅主张绝圣弃智，而且还要绝仁弃义、绝巧弃利，最终实现返朴归真。老子之所以提出这样的主张，是因为他深知"圣智""仁义""利巧"不但不能拯救社会，而且是使社会变得昏暗和丑恶的罪魁祸首。《老子》第十八章中说："大道废，有仁义；智慧出，有大伪；六亲不和，有孝慈；国家昏乱，有忠臣。"老子认为他所说的"道"才是治世之良方，大道被废止以后，才倡导仁义，如果有大道，就不会有仁义之说；智巧出现以后，才有伪诈的产生，如果没有所谓的智慧，就不会有这些伪诈之行；因为六亲不和，所以才提倡父慈子孝，如果家庭和睦，就不会有父慈子孝之说；正是因为国家政治昏暗，才有所谓的忠臣，如果国家政治清明，君王是圣主明君，哪有所谓的忠臣。所以《老子》第三十八章中说："故失道而后德，失德而后仁，失仁而后义，失义而后礼。夫礼者，忠信之薄，而乱之首。"所有的道德、仁义、礼法这些东西都不是治理天下的根本,所以《老子》第六十五章中说:"民之难治,以其智多。故以智治国,国之贼;不以智治国,国之福。"天下百姓难以治理的根源在于统治者智巧伪诈的东西太多,这一切虚伪的仁义智巧不但不足以治理天下,而且还腐蚀了百姓本来淳朴的心灵。这一切实际上是从另一方面表现了老子无为而治的思想。有为的社会政治引发的竞争是双刃剑,一方面,竞争是社会创造性的驱动力,同时也是产生社会混乱和道德失守现象的根源。比如孔子强调仁义,在老子看来正是因为社会现实缺失仁义。然而越是强调仁义、鼓励仁义,人们在追求仁义的过程中就会因为利益的驱使而不择手段,不仁不义就会变本加厉。如果抛却有为政治,就可以消解一切竞争,回归自然无为的、均平的天道,百姓就会安其居、乐其业,和谐相处而天下太平。《老子》第五十七章中说:"我无为,而民自化;我好静,而民自正;我无事,而民自富;我无欲,而民自朴。""无为""好静""无事""无欲"是老子提出的治国方案。他认为天道秩序最为美好,如果能够尊天道,任自然,就能做到无为而无不为。正如第三十七章所说"道常无为,而无不为。侯王若能守之,万物将自化","不欲以静,天下将自定"。中国历史上出现了文景之治、贞观之治、开元盛世,这些太平盛世无不得益于道家的无为而治。

第三节　庄子的思想

在先秦学术史上,儒家以孔孟并称,道家以老庄并称。明代高僧憨山大师释德清说:"《庄子》一书乃《老子》之注疏。"(《庄子内篇注》)所以我们在学习过老子思想之后,还有必要了解集道家思想之大成的庄子思想。我们首先从庄周弘道说起。

一　庄周弘道

《史记·老子韩非列传》中说庄子"其学无所不窥,然其要本归于老子之言。"庄子的学问非常渊博,但其根本宗旨还是源于老子的思想。

庄子以深邃机智的思辨、汪洋恣肆的语言和意味深长的寓言故事,发展了老子的思想,使老子学说得以广泛传播,并对后来的道家产生了重要影响,可谓先秦道家学派的集大成者。所谓庄周弘道,是说庄子对老子提出的"道"做了更具体而深入的阐释。孔子曾说:"人能弘道,非道弘人。"(《论语·卫灵公》)庄子就是老子之"道"的弘扬者。

如《老子》第一章中说"道可道,非常道",第十四章说"道"是"视之不见""听之不闻""搏之不得"的。《庄子·知北游》论述说:"道不可闻,闻而非也;道不可见,见而非也;道不可言,言而非也。"通过正反两方面的论述,庄子强调了"道"的无声、无形与不可言说,而且在《庄子·秋水》篇中说:"可以言论者,物之粗也;可以意致者,物之精也。"能够用语言论述清楚的,都是事物粗浅的一面;事物精深的一面,是只可意会不可言传的。

《老子》第二十五章中形容"道"时说"有物混成,先天地生","可以为天下母",提出"道"是宇宙万物的总根源。庄子继承了这一观点,在《庄子·大宗师》篇中解释说:"有情有信,无为无形;可传不可受,可得而不可见;自本自根,未有天地,自古以固存,神鬼神帝,生天生地。在太极之先而不为高,在六极之下而不为深,先天地生而不为久,长于上古而不为老。"

《老子》第二章论"道"时说"有无相生,难易相成,长短相较,高下相倾",其中的"有"与"无"、"难"与"易"、"长"与"短"、"高"与"下"都是对立统一的关系,《庄子·秋水》中解释说:"知东西之相反而不可以相无。"用"东"与"西"两个相反的方向诠释了对立统一的辩证关系,尤其是"相反而不可以相无",既说明其相反对立,又论述了相互依存,显得更为明晰和透彻。

《老子》第六十二章中说,"道者万物之奥",第三十四章中说,"万物恃之以生"。《庄子·渔父》中则论述说:"道者,万物之所由也,庶物失之者死,得之者生,为事逆之则败,顺之则成。"不仅解释了"道"是万物生成的根源,而且把一切事物的生死成败都归结于"道"。尤其是"为事逆之则败,顺之则成",更凸显了"道"的规律性特点。"道"

不仅是万物生命活动的动力之源,并且还是为人处世应当遵循的法则。

《老子》第四十一章中说"大方无隅,大器晚成,大音希声,大象无形",第四十五章中说"大成若缺""大盈若冲""大直若屈,大巧若拙,大辩若讷",第八十一章中说"信言不美,美言不信,善者不辩,辩者不善,知者不博,博者不知"。《庄子·齐物论》则论述说:"夫大道不称,大辩不言,大仁不仁,大廉不嗛,大勇不忮。"用同样的句式、同样的逻辑,诠释着同样的辩证思想。

例子不再赘举。庄子就是这样解释着"道",论述着"道",发挥着"道",弘扬着道,从而把老子开创的道家思想推进到一个新的高度。

二 汪洋恣肆

《庄子》这本书是很难读懂的,之所以难读,除了其思想深邃之外,还有一个重要的原因就是其独特的语言表达方式。我们可以把庄子的语言风格概括为"汪洋恣肆"。

司马迁在《史记·老子韩非列传》中评价庄子说:"其言洸洋自恣以适己。"洸洋,就是汪洋,都是指水浩渺无边。意思是说,庄子的语言如汪洋浩漫,大气磅礴,神游八极,天马行空,一展自由和奔放,尽显洒脱和飘逸,创造出气势宏伟、胸怀阔大、景象奇幻的意境。像《逍遥游》中"北冥有鱼,其名为鲲。鲲之大,不知其几千里也。化而为鸟,其名为鹏。鹏之背,不知其几千里也。怒而飞,其翼若垂天之云","鹏之徙于南冥也,水击三千里,抟扶摇而上者九万里",可谓气势恢宏,雄浑壮阔。同时,《庄子》里也不乏细腻与生动的描绘,如《养生主》里"庖丁解牛"的故事、《徐无鬼》里"运斤成风"的故事,庄子把庖丁和匠石的绝技、智慧和洒脱都表现得淋漓尽致,表现出他特有的超凡艺术才能。

庄子在《天下》篇中说,"谬悠之说,荒唐之言,无端崖之辞",就是说,庄子说话没正经,完全是不着边际的"胡说八道"。之所以如此,庄子说是因为"以天下为沉浊,不可与庄语",在天下昏暗的时代,说话就不能一本正经地说。众所周知,庄子不屑于做官,而且对做官的人总是冷嘲热讽。《庄子·列御寇》中记载，有一个叫曹商的宋国人，是庄子的老乡，他估计是个官迷，后来在宋国做了官，并且为宋王出使秦国，受到秦王一百乘车的重赏。曹商回来以后就在庄子面前炫耀，而庄子却波澜不惊地给曹商说，我听说秦王患了痔疮，贴出告示召请医生，说能把痔疮治好的赏一乘车，治痔疮的时候能把痔疮上的脓血舔干净的赏五乘车，治痔疮越下贱，得赏车就越多。你是不是给秦王舔痔疮去了，他怎么赏给你这么多车啊。庄子骂人也骂得如此痛快淋漓。

像《齐物论》第一段讲述南郭子綦和颜成子游的一番对话，让人听来如坠云雾，不知所云；接下来第二段以浪漫主义的手法，把自然界的风说成大地呼吸出气，"大块噫气，其名为风"，把自然界的风描写得栩栩如生，把风吹万窍而发出的各种声响描写得惟妙惟肖；最后又写到庄周梦蝶。这些生动的描写，使人陶醉在艺术的享受之中，如果不深入挖掘其内在的逻辑联系，确实很难理解他要表现的主题思想。这种文风似乎有点儿"喧宾夺主"。清人方东树说："大约太白诗与庄子文同妙，意接词不接，发想无端，如天上白云卷舒灭现，无有定形。"（《昭昧詹言》卷十二）"意接词不接"贴切地道出了"无端崖之辞"的意蕴。刘熙载评价庄子的文风是"意出尘外，怪生笔端"（《艺概·文概》）。

《史记·老子韩非列传》中说："其著书十余万言，大抵率寓言也。"为什么庄子要写那么多寓言故事呢？《庄子》有一篇专论《寓言》，其中说道："寓言十九，藉外论之。亲父不为其子媒。亲父誉之，不若非其父者也。"就是说，《庄子》一书十之八九都是寓言故事，他要借寓言故事来说理。正像亲生父亲不能给自己的儿子做媒人一样，因为亲生父亲赞美自己的儿子，不如借别人之口来赞誉的可信度高。所以《庄子》作为散文却大量使用了寓言故事。有人统计说《庄子》全书共有一百多个寓言，这是庄子对中国文学的巨大贡献。通过寓言故事来阐述思想和哲理确实是一种耐人寻味、发人深省的艺术表达方式。

因此，在解读庄子的寓言故事时，一定要去"寻味"，要注意把握其思想的深邃意涵，不要只迷恋故事的精彩。《逍遥游》的主要宗旨在于阐述什么是逍遥，如何获得逍遥，其中潜藏着深刻的人生哲理。但是，庄子并不是通过理论化的、逻辑化的论述来阐明，而是通过一些具体的、形象的寓言故事，如大鹏南飞的故事，蜩与学鸠的故事，宋荣子的故事，等等，他通过这些故事来展现自己的思想。

三　目击道存

《庄子·田子方》中记载："仲尼曰：'若夫人者，目击而道存矣，亦不可以容声矣。'"意思是说，楚国有一个酷爱道家思想的人叫温伯雪子，他认为受儒家思想影响的中原之国的人们，深知礼仪却拙于了解人心。孔子说温伯雪子这个人，猛然一看，用不着说话，便知"道"之所在。郭象注曰："目裁往，意已达。"（《庄子注》）"目击道存"后来成了一个成语，形容悟性极高。真是到了温伯雪子的境界，就会发现"道"须臾不离万物，"道"无所不在。

《老子》中说："昔之得一者，天得一以清，地得一以宁，神得一以灵，谷得一以盈，万物得一以生。"这里的"一"就是"道"，意思是说，天之清、地之宁、神之灵、谷之盈、万物之生，都是因为"道"。《庄子·知北游》中说："天不得不高，地不得不广，日月不得不行，万物不得不昌，此其道与！"意思是说，天之高、地之广、日月之行、万物之繁盛，也都是因为得到了"道"，否则便是不可能的。庄子在老子的基础上，推而广之，论述了"道"与万物的关系，说明"道"是万物的总根源。《庄子·知北游》中有一段东郭子问道庄子的故事：

"所谓道，恶乎在？"庄子曰："无所不在。"东郭子曰："期而后可。"庄子曰："在蝼蚁。"曰："何其下邪？"曰："在稊稗。"曰："何其愈下邪？"曰："在瓦甓。"曰："何其愈甚邪？"曰："在屎溺。"东郭子不应。

可能是有感于庄子天天张口闭口都爱讲"道"，所以有一个叫东郭子的人就问庄子说："你口口声声说的那个道，到底在哪里？"庄子说："无处不在。"东郭子说："你别搞那么玄乎，道究竟在哪里？"庄子说："在蝼蛄和蚂蚁身上。"东郭子说："道怎么会在这些卑微的蝼蛄和蚂蚁身上呢？"庄子说："在杂草和稗子里面。"东郭子说："道怎么会在这些卑微的杂草和稗子里面呢？"庄子说："在瓦片和砖头里面。"东郭子说："道怎么会在这些普通的瓦片和砖头里面呢？"庄子说："道存在于屎尿当中。"听了这些没正经的话，东郭子不搭理庄子了。

通过这个故事，我们可以理解庄子关于道"无所不在"的宗旨意蕴。"道"就存在于身边可见的事物当中，目之所及，道之所存。在凡是能看到的事物当中，都有"道"的存在。《庄子·田子方》把这个问题讲得很清楚："至阴肃肃，至阳赫赫。肃肃出乎天，赫赫发乎地。两者交通成和而物生焉，或为之纪而莫见其形。"阴阳融和而生万物，但这个滋生万物的过程总要有一个"为之纪"的东西，就是说必须有一个力量的驱使与安排，就是"使之然""使之所以然"的东西。这个东西确实存在，但人们"莫见其形"。这个驱使和促成阴阳二气相和从而产生万物的无形主宰就是大道。成玄英在《庄子疏》中解释"孰为之宗"时说："若非是虚通生化之道，谁为万物之宗本乎！夫物芸芸，必资于道也。""道"是万物形成的动力和原因，"道"的运作方式是气化，即一气之聚散，气之聚散便形成了万物的生生死死。在万物产生、存在、死亡的整个过程中，"道"都是不可或缺的。这就是"道"与物之间的密切关系。

基于"道"与物的关系，中国传统文化还有一对重要的哲学范畴，就是"道"与器，"道"就是世界存在的根本，万物衍生的源泉。由"道"生物而成器。器，是物之所化；物，是"道"之所生。"道"与器之间的关系最早由《周易》给出了诠释："形而上者谓之道，形而下者谓之器。""道"是看不见的，"道"若有作用和意义，总得有个着落，这个着落就是器。"道"与物、"道"与器之间是不可分离的。"道"渗透于器物，器物则承载着"道"。普天之下莫非器物，而器物之内、器物之间，则是无形之"道"的流行与作用。

四　通天一气

通天一气，完整的说法叫"通天下一气"，语出自《庄子·知北游》：

>　　生也死之徒，死也生之始，孰知其纪！人之生，气之聚也。聚则为生，散则为死。若死生为徒，吾又何患！故万物一也。是其所美者为神奇，其所恶者为臭腐。臭腐复化为神奇，神奇复化为臭腐。故曰通天下一气耳。

庄子认为"道"是万物的本源，"道"是唯一不变的真实存在。庄子理解"道"和"物"的思维方式是"气化"，他认为万物是气之所聚而生，气之所散而亡。"通天下一气"就是说，全天下的一切事物都是一气所化。气变化不止，生生不息，于是产生了世间万物。

气是一切生命的物质基础，人之形体、生命都是气聚的结果，人的死亡则是气消散的结果，人死则气最终又复归于大自然。死也好，生也罢，都是"一气"聚散而已。所以庄子主张对生死采取一种达观的态度，人是物质世界的一部分，死亡即回归于大自然。庄子强调生命的基础在于气，也就打破了人们关于生死的神秘主义观念，使人们对生命的本质有了深刻而清晰的认识。

庄子确实是看懂、看透宇宙人生的真相了，在他看来，气虽是一种无形的存在，但气不是绝对的"无"，气在功能和作用上乃是"有"。我们不妨这样说：气是"无形"之"有"，它是能化生一切有形之物的基础和源泉。尽管"道"的概念在逻辑上居于气之上，是高于气的存在，但庄子的"通天下一气"把一切事物的直接根源落实到气，就显得更直观和具体了，使人们对于他的"道"概念多了一份可触可感的体验。

"通天下一气"不仅揭示了物质世界的本质，而且也阐明了万物之间的联系。世界万物和一切生命赖以存在的基础是气，气是世界万物共享的物质资源，而且，气还是世界万物赖以互通的中介。正是因为这个气，万物才可能实现普遍的联系并形成一个统一体。

中国古代有一个词叫"六合之内"，这个词也出自《庄子》。《齐物论》中说："六合之外，圣人存而不论；六合之内，圣人论而不议。"所谓"六合"，就是天地四方这样一个空间，我们可以把它缩小来打个比方，就像我们现在所在的教室就是一个由天花板、地板和四面墙壁组成的"六合"。在这个空间里，我们能够活着，是因为有气，我们活的怎么样，要看这个气的质量，如果没有这个气，我们就活不下去了。而且在这个空间里，我和大家是一个生命共同体，你中有我，我中有你。你们呼出来的气，我都吸进来了。当然，我也不吃亏，我呼出去的气，你们也都吸进去了。道理就这么简单。

我们再还原到天地四方这个"六合"之内，大家想一想，气是人和万物共享的赖以存在的基础，也是人和万物互通的中介，人和万物共享和互通的就是这一团气。这一团气是一切生命之源，反过来又有赖于所有生命体之气的正常与和顺来维系。要想自己好，就要大家都得好；只有大家好，自己才可能好。人和万物之中的任何一个个体有病而出现戾气，都会对"通天下"的这一团气造成污染，带来危害。天地之间有鸡、鸭、鹅、牛、羊、猪，还有我们人，如果鸡、鸭、鹅三天两头得个什么禽流感，如果牛、羊、猪隔三岔五地得个什么口蹄疫，那么天地之间的这一团气就会被搞得乌烟瘴气，那么置身其中的人就难免生病。反过来，如果天地之间的人有了病，也会反过来影响到天地之气，也会给其他万物带来伤害。更有甚者，会使得天地这个造物主因此而停息了造化生成万物的机能。中国古代的生态思想，就是从"气化"这一视角认识万物互联、万物一体的。

五 保持自然本性，任其自由发展

前边我们介绍了庄子对老子思想的继承和发展。而庄子思想中还存在着有别于老子思想的独特之处，这就是庄子把目光更多地投向了个体生命如何生存的问题，也就是作为一个人，如何能够活得幸福、活得自在、活得洒脱的问题。这一讲我们要谈的话题是"保持自然本性，任其自由发展"。

人各有所好，人各有所能，只有充分而自由地保持自然本性，任其自性发展才是非常快意的事情。如果违背自己的初心本意，或者去做自己力所不能及的工作，这才是最让人痛苦的事情。所以有人说，人生应该保持"两个一致"，一个是事业与爱好一致，一个是婚姻与爱情一致。

当人生选择顺乎自己的天性时，人的潜力才能得到最大限度的发挥，人才能获得幸福的人生体验。所以庄子主张保持天然本性，反对刻意人为。他认为顺乎天性是一切幸福的根源，顺乎人为是一切痛苦的根源。那么什么是天性，什么是人为？庄子在《秋水》篇中说："牛马四足，是谓天；落马首，穿牛鼻，是谓人。"牛马有四条腿，这是天性；带上笼头、带上牛鼻圈，这是人为。我们何曾见过哪个马生来就带着笼头的？哪个牛生来就带着牛鼻圈的呢？这都是后来的人为。那么大家想想，牛马在什么状态下是幸福的？当然是在没有人为约束和牵制从而可以随意奔跑的情况下才是幸福的。

万物的自然本性不同，其自然能力也各不相同，因此万物只能做自身力所能及的事情。《庄子·逍遥游》里讲了大鸟和小鸟的故事：两种鸟的能力悬殊，鲲鹏大鸟可以扶摇直上九万里，而斥鴳小鸟却只能在灌木丛里蹦来跳去，然而斥鴳小鸟也非常满足，并不羡慕鲲鹏之高翔。因为它们做着自己所能做的和喜欢做的。

《逍遥游》还讲道："小知不如大知，小年不如大年。"小智比不上大智，短命比不上长寿。其智能不同，寿命不同，这是自然的。人的悲哀就在于不着眼于实际的盲目攀比，俗话说，人比人，气死人。原来有一个传说讲青蛙和麻雀的对话，小麻雀从井台上飞过，看到井底之蛙，就自以为很了不起而看不起井底之蛙，说："井底之蛙，何以知天之高哉？"没想到的是，井底之蛙说："吾固不知天之高矣，尔又何以知井之深乎？"井底之蛙确实不能知道天有多高，而小麻雀又怎能知道井水有多深呢。有一首歌叫《白天不懂夜的黑》，这个歌名很好，白天绝对不可能懂得夜的黑。

我们这里说任其自由发展，有人往往会产生一种错误的认识，认为这是消极的不思进取。也许庄子早已意识到人们会产生这种误会，所以《逍遥游》还给我们讲了一个寓言故事，惠子告诉庄子说："魏王送给我一个大葫芦的种子，我种下去以后长成了一个能盛装五石粮食的大葫芦。但是用它盛水，葫芦外壳的坚硬程度不足以承载水的压力；我把它一分为二，做成葫芦瓢，可是水缸又容不下这么大的葫芦瓢。不能说这个葫芦不大,也不能说这个葫芦不能装东西,但我觉得它实在是没用而把它打碎了。"庄子听了以后,说:"您对大的东西的使用实在是太笨了。"接着,庄子给惠子讲故事说,宋国有个人因为世世代代以漂洗为业而发明了一种不龟手之药,所谓不龟手之药,相当于今天防止冻伤的护手霜。有人听说以后,就请求用一百两银子购买不龟手之药的秘方。于是秘方持有者就召集家人商议说:"我们世世代代这样干着艰辛的漂洗营生,只能拿到很少的钱,今天只要把不龟手之药的生产技术卖掉,马上就可以得到百金。"于是就把生产不龟手之药的生产技术专利给卖掉了。买到专利的人,就拿着这个不龟手之药的技术专利,到吴王那里去游说。刚好遇到越国要攻打吴国,吴王就任用他为军事将领。冬天时,他率军与越人在水上作战,因为越人手都冻裂了,没办法使用武器,而吴军用了这个不龟手之药以后,使用兵器完全不受影响,所以吴军大败越军。而率军者也因此得到了封地和爵位。同样的不龟手之药,有人因此而受到封赏,有人免不了还是做着艰辛的漂洗工作,这就是使用方法不同带来的两种结果。现在你有这么大的葫芦,为什么不把它系在腰上浮游于江湖之上,却总是操心着水瓢太大而无所可用。看来你的心还是茅塞不通啊!

这个故事告诉我们,保持自然本性、任其自由发展并不是消极颓废的,而是说,每一个人都应当学会发现自我、发掘自我、发展自我。我们要先知道自己能做什么、喜欢做什么,只有充分认识了自己,给自己的能力和爱好以准确的定位,我们的能力才能得到充分的发挥,我们在生活中才能感到自足和快乐。

六 理性对待人生,做到圣人无情

这一讲我们继续探讨怎么样获取自由逍遥的人生。概括地讲,就是理性对待人生,做到圣人无情。

这里要讲的问题,简单地说,就是情与理的矛盾问题。情与理,就像鱼和熊掌,二者不可兼得。我们通常说,人是有感情的动物,而人的许多痛苦正是源于人拥有感情。因此,庄子主张理性对待人生,做到圣人无情。这里所谓的圣人,是指具有道家式智慧的人;所谓的无情,并非冷血,而是不为情所困,不为情所累,能够以理化情。而要以理化情,首先必须明理。

在诸多困扰人们情感的事物当中,居于首要地位的是对死亡的忧虑和惧怕。但是,如果我们能够对生命的本质和规律有真正理性的认识,明白"出生入死"的道理,我们对死亡的忧虑和恐惧就会减轻很多,内心也会变得轻松和坦然一些。

《庄子·养生主》讲了这样一个故事:老聃死了,他的朋友秦失去吊唁,他没有表现出丝毫的痛苦,只是干号三声,一滴泪都没掉就出来了。他的弟子问他:"老聃不是你的好朋友吗?"秦失说:"是啊。"弟子说:"既然是你的好朋友,那么你这样吊唁合适吗?"秦失说:"合适啊。原来他是活着的人,现在他死了呀。刚才我进去吊唁的时候,看到有老人哭,就像哭自己的儿子;有少者哭,就像哭自己的父亲。那些人聚到这里,肯定有不想吊唁而来吊唁的,有不想哭而哭的。即便是真的哭得很痛心的人,他们都违背了自然的情理,忘记了生命之所禀受,古人称这种不明事理的痛心是在接受违背自然规律的惩罚。正当该来的时候,老聃自然而然地来了;正当该去的时候,老聃自然而然地去了。安其所生之时而顺其所去之日,哀乐这些情感就不会入于心。古人称之为解除牵累。"这就是说,随其所该来,顺其所当去;来也自然,去也自然。理性地认识了这个问题,就会对生死丝毫不放在心上,对死无所谓哀,对生也无所谓乐,超越了哀与乐,做到安时处顺,这就解除了一切的束缚和牵累,完全地顺乎自然了。

《庄子·秋水》中说:"道无终始,物有死生。""道"是无始无终的,但物是有生有死的。郭象注曰:"死生者,无穷之变耳。"(《庄子注》)如果懂得这个道理,就可以做到"齐生死"了。懂得了宇宙的真相,理解了人生的真味,知道了事情发生的必然性,就会理性地对待人生中的一切,不为情所困,不为情所累,也就不会有痛苦和烦恼。这就是以理化情。

《庄子》中有一篇叫作《至乐》,"至乐"就是最大的快乐。怎样才能获取最大的快乐呢？庄子在这里列举了几个寓言故事，说明生老病死都是自然的变化，只要想得通、看得破，理性地认识问题的实质，就不会为死亡而忧伤了。文中指出，人们对"富贵寿善""厚味美服""好色音声"的牵念与追求，导致"人之生也，与忧俱生"。人生一辈子，总是处在不断的忧愁之中。之所以如此，都是因为没有理性地认识到事物和人生的本质。

困扰人们情感的还有男女恋情，有人失恋了，就接受不了，痛苦万分，甚至寻死觅活。这些都是不明理、不理性的表现。要想化解失恋的痛苦，首先必须弄明白爱情的最基本道理，爱情是需要两个人来共同完成的，人家不爱你，单靠自己死乞白赖地去爱人家，这不叫爱情，也不会有结果。了解了这个道理，就可以减轻失恋的痛苦，获得心灵的安慰。

《庄子·德充符》中说："有人之形，无人之情。有人之形，故群于人；无人之情，故是非不得于身。"只有摆脱了人之情，才不会有世俗之人的是是非非。惠子曾对庄子说："人原本就没有情感的吗？"庄子说："是啊。"惠子说："人如果没有情感，怎能还叫人呢？"庄子说："道给人以形貌，天给人以身体，怎么不叫人呢？"庄子并非不懂情、不讲情，关键是他能以理化情。庄子有句名言，想必大家都很熟悉，"相濡以沫，不如相忘于江湖"（《庄子·大宗师》）。这是以理化情的最好诠释。

七　淡化彼此是非，万物等量齐观

《庄子》一书最核心的思想体现在《逍遥游》和《齐物论》两篇之中。在《齐物论》中，庄子主张消除和否定万物的差异性，认为一切事物归根到底都是一样的，没有彼此、是非、美丑、善恶、贵贱之分，甚至齐生死、等荣辱。庄子以超凡的智慧和深刻的思想，对这个复杂的世界做了全面而理性的分析论述。从差异性来说，他提出"物无非彼，物无非是"，世界万物无非是"彼"，无非是"此"；从联系性来说，他提出"彼出于是，是亦因彼"，彼此是相互联系的，相互依存的；从整体性来说，他提出"天地一指也，万物一马也"，天地就是一"指"，万物就是一"马","指"也好,"马"也好,都是一个名号,都只是人为加上去用以标识事物的标签,本质上都是一样的。

《庄子》因其文章语言风格的"汪洋恣肆"和"无端崖之辞",看似不着边际,实则同条共贯。只要我们深入研究其内在逻辑联系,就会梳理出他的思想脉络。庄子之所以主张淡化彼此是非,其可以凭依的理论基础有三个方面。

其一,是非是人为的规定。《庄子·齐物论》中说:"可乎可,不可乎不可。道行之而成,物谓之而然。"意思是说,是非观念的产生完全是人们的主观决定,说行就行,不行也行;说不行就不行,行也不行。到底行还是不行,原本没有这种概念。就像路是人们走出来的,原本没有路;物名是人们叫出来的,原本也没这个称谓。就像电灯,为什么这个东西是电灯?那是因为人们把它叫作"电灯",它才是电灯。既然是人为的标签,我们也可以把标签揭掉然后来看。而且在庄子看来,这种人为的规定好像还没什么道理可讲,《庄子·齐物论》中说:"恶乎然?然于然。恶乎不然?不然于不然。"为什么这样?这样就这样。为什么不这样,不这样就不这样。

其二,是非是永远说不清楚的。《庄子·齐物论》中说:"即使我与若辩矣,若胜我,我不若胜,若果是也?我果非也邪?我胜若,若不吾胜,我果是也?而果非也邪?其或是也?其或非也邪?其俱是也?其俱非也邪?我与若不能相知也。"意思是说,假使我和你来辩论,你胜了我,我输给了你,这是不是意味着你的观点就真的对,我的观点就真的错?不一定吧。反过来说,辩论中我胜了你,你输给了我,这是不是意味着我的观点就真的对,你的观点就真的错?也不一定吧。是我俩一个对了,一个错了呢?还是我俩都对了呢?还是我俩都错了呢?我和你两个人是说不清楚的。怎么办?请来第三方裁判吧。如果请来的第三方支持你的观点,是不是说你的观点就真的对?仍然是不一定。如果请来的第三方支持我的观点,是不是说我的观点就对?同样是不一定。有人说少数服从多数,还有人说真理往往掌握在少数人手里。所以说,是非永远都是说不清楚的。

其三，认知的有限性。《庄子·秋水》中说："夫物，量无穷，时无止，分无常，终始无故。"这是说，世间事物，在数量上无穷无尽，在时间上永无休止，在属性上变化无常，自始至终都不是固定不变的。而我们人的认知却是非常有限的，正如《庄子·秋水》中所说："计人之所知，不若其所不知；其生之时，不若未生之时。"首先就人的知识而言，未知永远大于已知。然后就人的生命而言，人生百年，算是长寿的了，但百年之前和百年之后，都还存在着悠悠岁月，所以，我们不存在的时间远远超过了我们存在的时间。那么，以有限生命的有限知识，去判断无限时间里的始终不定的无穷事物的是非对错，是不可能的。

认死理是产生痛苦的重要原因。所以要想获得逍遥的人生，就要淡化彼此是非，万物等量齐观，这便是庄子的卓识。

八　做到无己无待，精神逍遥自在

《逍遥游》居于《庄子》篇首，它开宗明义，表现了追求绝对自由的人生理想。庄子认为，只有物我两忘，无所依凭而游于无穷，才是真正的"逍遥游"。这是超越了世俗观念从而达到最高境界后的精神自由。

庄子认为，人们之所以感到不自由，是因为人们过于"有己"和"有待"。所谓"有己"，就是不能忘我，过于强调自我。所谓"有待"，就是有所依赖，有所依靠。

要想享受精神上的逍遥自在，就必须超越自我，做到"无己"。"无己"就是超越自我，别太把自己当回事。《老子》第十三章中已经说得很清楚："吾所以有大患者，为吾有身，及吾无身，吾有何患？"一切的忧患都源于"有己"，如果能够把自己放下，就不会有任何忧虑，就会自由、洒脱、自在、逍遥。

要想享受精神上的逍遥自在，还必须超越世俗的束缚，做到"无待"。"无待"就是超越外物，没有任何依赖，通俗地说，就是别把身外之物当回事。《逍遥游》讲到列子御风而行，飘逸洒脱，但是，他的逍遥是有待于风，如果没有了风，他就飞不了，他就掉下来了，这还不是绝对的逍遥。由此看来，世俗之人的逍遥和快乐都是有"所待"。有所待则必得其"所待"然后才逍遥、才快乐,所以,他们的逍遥被其"所待"限制着,因此这不是绝对的逍遥。《庄子·逍遥游》就是讲人要从功名利禄和富贵权势的束缚中解脱出来,达到无挂碍的自由境界。

在《逍遥游》里,庄子还提出了他对理想人格的追求:"至人无己,神人无功,圣人无名。"至人、神人、圣人是庄子所认为的理想人格,或者说是庄子追求的人格境界。"至人无己,神人无功,圣人无名",可以把它看作三种不同的境界,"无名""无功"和"无己";也可以把它看作同一种境界,就是说最神圣的人就是"弃功名而忘我",也就是"无己无待"。

《庄子·知北游》中说:"天地有大美而不言,四时有明法而不议,万物有成理而不说。圣人者,原天地之美,而达万物之理。是故,至人无为,大圣不作,观于天地之谓也。"就是说,天地、四时、万物各有其"大美""明法""成理",但都不言不说,从不张扬。圣明之人通过对天地万物之美德的推原研究,明白了其中的道理,提出了效法天地而不妄自造作的圣贤之道,告诫众人不要总是自以为是、自高自大、自我张扬。如果能达到"心斋""坐忘""忘我""丧我""无我""无己""以死生为一条",其逍遥才是无所待、无所限制的绝对逍遥。

《庄子·齐物论》中指出:"天地与我并生,而万物与我为一。"天地万物和我们是一个并生共荣的共同体,是不可分割的整体。我们应该把自己有限的、渺小的生命放在无限的时间、空间中去体验。唯有体认自然的"常道",才能超越一切束缚,才能获得真正的逍遥。

庄子在《大宗师》中还提到一种真人:"古之真人,其寝不梦,其觉无忧,其食不甘,其息深深。真人之息以踵,众人之息以喉。"什么是"真人"?"真人"睡觉时不做梦,醒来时不忧愁,吃东西时不求甘美,呼吸时气息深沉。"真人"用脚后跟呼吸,而一般人则是用喉咙。"真人"和一般人真的不一样,他们不仅在生活上与众不同,而且更重要的是,他们对待生活的态度与众不同,"古之真人,不知说生,不知恶死,其出不欣,其入不距。翛然而往,翛然而来而已矣"。"真人"不会因为自己还活着而喜悦,也不知道厌恶死亡;出生不欣喜,入死不推辞；无拘无束地就走了，自由自在地又来了。与时俱进，随遇而安，忘却死生，任其自然。关于死生的问题，《大宗师》上说："死生，命也，其有夜旦之常，天也。"生命的死和生，就好像一天的黑夜和白昼。如此的超然，不仅超越了外物，超越了自我的价值，而且超越了自我的生命。

九 力求明哲保身，立足道法自然

《庄子》内篇的第三篇是《养生主》，这一篇既讲养生之道，也讲庄子的处世哲学，表现了庄子的人生理念。文章一开始指出："吾生也有涯，而知也无涯。以有涯随无涯，殆已！已而为知者，殆而已矣。为善无近名，为恶无近刑，缘督以为经，可以保身，可以全生，可以养亲，可以尽年。"

这一段话有两层意思，第一层是说，探求知识要任其自然，尊重自身的特点和能力，不要知其不可为而强为之。生命是有限的，知识是无限的，用有限的生命去探求无限的知识，原本就是不可能的。《庄子》有《骈拇》和《马蹄》，前者讲尽己之性，后者讲尽物之性。其中《骈拇》中说："彼至正者，不失其性命之情。"就是说要顺应和尊重本来固有的特性。《马蹄》篇说："马，蹄可以践霜雪，毛可以御风寒。"郭象在《庄子注》中说，"夫善御者，将以尽其能也。尽能在于自任"，"求其过能之用，故有不堪而多死焉"。善于驾驭马的，是尽马之能，尽马之能的关键在于这个马自身所能胜任的负荷。如果超过了马所能胜任的负荷，马就会承受不了，即便累死也无济于事。所以，庄子说探求知识要从有限的生命实际出发，我们只能探求有限的知识，不可能探求完无限的知识。

第二层，庄子认为富贵名誉和罪恶刑罚同样都有害于生命，因而主张做好事不要追求名利，做坏事不要触犯刑罚，应当"缘督以为经"。对于这种既不为名也不触刑的做法，有人以为是庄子钻空子的哲学，是庄子的混世哲学。实际上我们也可以理解为，做事要以顺应自然理路为纲领。为此庄子给我们讲述了一个发人深省的寓言故事：

庖丁为文惠君解牛，手之所触，肩之所倚，足之所履，膝之所踦，砉然响然，奏刀騞然，莫不中音。合于《桑林》之舞，乃中《经首》之会。文惠君曰："嘻，善哉！技盖至此乎？"庖丁释刀对曰："臣之所好者道也，进乎技矣。始臣之解牛之时，所见无非全牛者；三年之后，未尝见全牛也；方今之时，臣以神遇而不以目视，官知止而神欲行。依乎天理，批大郤，导大窾，因其固然。技经肯綮之未尝，而况大軱乎！良庖岁更刀，割也；族庖月更刀，折也；今臣之刀十九年矣，所解数千牛矣，而刀刃若新发于硎。彼节者有间而刀刃者无厚，以无厚入有间，恢恢乎其于游刃必有余地矣。是以十九年而刀刃若新发于硎。虽然，每至于族，吾见其难为，怵然为戒，视为止，行为迟，动刀甚微，謋然已解，如土委地。提刀而立，为之而四顾，为之踌躇满志，善刀而藏之。"文惠君曰："善哉！吾闻庖丁之言，得养生焉。"（《庄子·养生主》）

这段"庖丁解牛"讲了几类厨师，"良庖岁更刀，割也；族庖月更刀，折也；今臣之刀十九年矣，所解数千牛矣，而刀刃若新发于硎"。庖丁的刀为什么保存得这么好？因为他能"目无全牛"，能够"依乎天理"，顺应牛本来的生理结构，"以无厚入有间，恢恢乎其于游刃必有余地矣"。而且他在解牛之时，能"以神遇而不以目视，官知止而神欲行"。有人说，庖丁把解牛的技术做成了艺术，实际上，庖丁说得很明白："臣之所好者道也，进乎技矣。"他所追求的是"道"，已经远远超过了技术层面。具体说来，庖丁是顺应牛生理结构的自然间隙来下刀解牛，而这段文字中的核心在于"依乎天理"，"因其固然"，即顺应自然规律，顺应事物本来固有的规律。只有明白了牛在生理结构上的固有规律，才能保护好解牛的刀。由此可见，只有明白了做人做事的道理，才能保身长全，这就是明哲保身。所以在故事的最后，文惠君说："善哉！吾闻庖丁之言，得养生焉。"在杀生的场景里，文惠君悟到了养生的道理，可谓抓住了问题的关键。

还有庄子在《山木》篇里讲述了另一个故事：庄子在山里行走，看到一棵大树,就是所谓的南山不老松。这种树为什么能够长寿?因为伐之以为器,中空而无用;采之以为薪,有烟而无火,实在是无用至极。所以伐木者不取,采薪者不伐,"此木以不材得终其天年"。庄子从山里出来,到朋友家做客,老朋友很高兴,忙吩咐孺子杀鹅以招待客人。孺子说:"有两只鹅,一个会叫,一个不会叫,杀哪一个?"主人说:"杀那个不会叫的。"第二天,庄子的弟子问庄子说:"昨日山中之木,以不材得终其天年;今主人之雁,以不材死。先生将何处?"庄子笑笑说:"周将处乎材与不材之间。"但庄子马上又说:"材与不材之间,似之而非也,故未免乎累。"最好还是"与时俱化,而无肯专为"。庄子在阐述其恪守中道(即材与不材之间)的处世哲学以后,最终又回归到了道家思想的本真之处,即"道法自然""与时俱化""无肯专为"。庄子虽然对老子的思想有了很大的发挥,但最终没有脱离老子思想的根本宗旨。所以《史记·老子韩非列传》中说:"其学无所不窥,然其要本归于老子之言。"

第四节　道家与中医

道家与中医之间有着密切而深厚的关系。如果说儒家主要关注的是人与人之间的关系,道家则将关注的视野推进到人与万物的关系。虽然儒家也讲"格物致知",但儒者对"格物致知"的诠释大多是从德性修养角度讲的。道家虽然没有明言"格物致知",但道家的知识和智慧大多是从探究自然万物之理而来的。道家、道教对人体知识的探索、对草本药物乃至矿物的探索,均对中医药学产生了深远影响。而道家的哲学思想,则广泛渗透于中医的生命认知、治病原则和养生理念之中。

一　生命本质与通天一气

中医是生命科学,又是生命哲学。其治病救人的方法和理论,必然建立在认知生命的基础之上。关于生命的本质,科学、哲学、宗教神学都做出了不同的回答。

中医对生命的认知是基于中国传统文化而产生的。根据《老子》的观点，生命的本源应该是"道"，《老子》第四十二章中说："道生一，一生二，二生三，三生万物。"万物源于道，人是万物之一，其本源同样是"道"。庄子也继承了这种说法，《庄子·渔父》中说："道者，万物之所由也。庶物失之者死，得之者生。"万物皆由"道"而生。但作为生命的本质，《庄子·知北游》则进一步解释说，"人之生，气之聚也。聚则为生，散则为死"，"通天下一气耳"。《庄子·达生》中说："天地者，万物之父母也。合则成体，散则成始。"人的生死就是气的聚散，聚则成形，散则为气。《管子·枢言》中说："有气则生，无气则死，生者以其气。"《文子·九守》中说："夫形者气之舍也，气者生之元也，神者生之制也。"这种思想被中医所接受，《灵枢·决气》中记载，黄帝曰："余闻人有精、气、津、液、血、脉，余意以为一气耳，今乃辨为六名，余不知其所以然。"在黄帝看来，生命的本质就是一个"气"字。《素问·六微旨大论》中曰："故器者生化之宇，器散则分之，生化息矣。"意思是说，凡有形之物（器）都是气的生化空间，如果有形之物不存在了，那么其中气的生化也就停息了。王冰对此注释说：（这是）"舍小生化，归于大化。"也就是说，有形之物消失以后，其中的气又回归到大自然的大气之中。我们通常说"人活一口气"，这句话包含着生理和心理两个层面，而原本的意思应当是生理层面的，人死了就叫断气了。按照《灵枢·平人绝谷》中"平人不食饮七日而死"的说法，人如果不吃不喝还能坚持七天，但人却不可以无气。七天之内不吃不喝还死不了，但如果一时无气就肯定活不了了。

《素问·宝命全形论》中指出："人以天地之气生，四时之法成"，"人生于地，悬命于天，天地合气，命之曰人"。"四时之法"实际上也就是气的变化规律，人的生命是天地之气的聚合，天地之气是化生万物的本源。《难经·八难》中说："气者，人之根本也，根绝则茎叶枯矣。"后代中医名家对此也都有论述，如《医门法律》中说："气聚则形成，气散则形亡。"《医方考》中说："气者，万物之所资始也，天非此气不足以养，人非此气不足以生。"明代的张景岳在《类经》中说："生化之道，以气为本，天地万物，莫不由之"，"人之有生，全赖此气"。《黄帝内经》中有一篇叫《生气通天论》，本篇主要讨论的就是人的生命之气与自然界的阴阳之气互相贯通与通应的关系。

生命的本质是气，而且这个气要正。能够使生命存活而且健康长寿的气必须是常气、正气。张仲景在《伤寒论·序》中说："夫天布五行，以运万类；人禀五常，以有五藏。"《灵枢·刺节真邪》中说："正气者，正风也。"我们通常说"风清气正"。"正气"是中医学中最重要、最基本的概念之一，它是人体的机能活动与人体抗病、康复能力的总称。这个气不仅要正，还得充盛，正气充盛，生命力就旺盛，抗病能力就强，致病邪气就难以侵袭，疾病也就无从发生。此外，这个气还要安定和顺。《素问·刺法论》中说："正气存内，邪不可干。"这句话既是中医的术语，也可以当作治国的理念，还可以当作做人的准则。

关于生命之气，后来的道家又进一步提出了"精气"。《管子·水地》中说："人，水也。男女精气合，而水流形。"《管子·内业》中说："非鬼神之力也，精气之极也。"《黄帝内经》吸收了道家的说法，《素问·上古天真论》上说："上古有真人者，提挈天地，把握阴阳，呼吸精气。"东汉时期的王充在《论衡·论死》中说："人之所以生者，精气也。"生命的本质是"精气"，那么这个气是如何化生出生命的呢？

二 生命根源与和实生物

前面我们讲了生命的本质是气。气是世界的本原，而气又有阴阳之分，阴阳是气的固有属性。气的运动是阴阳的对立统一运动。《易传》就提出"一阴一阳之谓道"的经典命题。中医学认为，气是构成人体和维持人体生命活动的物质基础。具有温煦推动作用的气被称为阳气，具有营养滋润作用的气被称为阴气。阴阳之气的对立统一运动是生命活动的根本规律。《管子·形势解》中更具体地讲："春者，阳气始上，故万物生。夏者，阳气毕上，故万物长。秋者，阴气始下，故万物收。冬者，阴气毕下，故万物藏。"生命就是在"四时之气"的阴阳消长中完成其生长收藏的整个过程。

中医理论认为，阴阳之气是生命和万物得以存在的物质要素，《素问·宝命全形论》中曰："人生有形，不离阴阳，天地合气，别为九野，分为四时，月有小大，日有短长，万物并至，不可胜量。""九野"、"四时"、"月份"大小、"日夜"长短等自然现象的形成都离不开阴阳。而最终使阴阳之气形成生命的根源在于"和"。《淮南子·泰族训》中说："天地四时，非生万物也，神明接，阴阳和，而万物生之。"《素问·上古天真论》中说："丈夫八岁，肾气实，发长齿更；二八，肾气盛，天癸至，精气溢泻，阴阳和，故能有子。"一切生命的形成都根源于"阴阳和"。这一思想可以溯源到西周末年的太史官史伯，《国语·郑语》记载了史伯所谓："和实生物，同则不继。"这是"和而不同"思想的渊源。所谓"和"，就是二元甚至多元的对立统一。事物的产生和发展都根源于这个"和"。这里我们就重点讲一讲这个"和"。《黄帝内经》把"和实生物"这一包含普遍意义的哲学命题落实到人的生命之源，即"阴阳和"就是生命的源头。

我们现在用的"和"字原本有两种写法，一个是"龢"，另一个是"和"。"龢"是和谐的意思，"和"是应和、唱和的意思。"龢"字的左边是"龠"，"龠"是一种乐器，是"乐之竹管"。可见"和"（龢）原来是与音乐相关的，《庄子·天下》中说："《诗》以道志，《书》以道事，《礼》以道行，《乐》以道和，《易》以道阴阳，《春秋》以道名分。"庄子实在是太有智慧了，他分别用一个词概括了"六经"的精义，其中"《乐》以道和"，指出音乐的灵魂就是表现"和"的精神。《老子》也讲"音声相和"。而音乐的"和"充分体现了辩证法的对立统一。大家都知道白居易的《琵琶行》，其中琵琶女演奏的琵琶曲精妙绝伦，而这种意境源于"大弦嘈嘈如急雨，小弦切切如私语，嘈嘈切切错杂弹"，"错杂弹"就是"和"。还有《左传·昭公元年》中说："先王之乐，所以节百事也。故有五节，迟速本末以相及，中声以降。"这里所说的"中声"就是中和之音，中和之音的形成是因为"迟速本末以相及"，"迟速本末以相及"就是音符的快与慢、高与低的"和"。中药的"药"，繁体字写作"藥"，其中下半部分就是音乐的"乐"的繁体字。

音乐的"乐"作"药"的声符,从传统文字学理论看来,这个字是形声兼会意。音乐的"樂"不仅标识了"藥"的读音,而且把音乐的灵魂带进了"藥"的意义表达,体现了中医所具有的"和"的理念。

还有我们现在说的"和睦""和谐"。什么是"和睦"?就一个家庭或家族而言,"和睦"肯定是指一个家庭、一个家族内部的不同成员之间的协调相处,如果一个家只有一个人,那是无从谈"和睦"的。什么是"和谐"?《玉篇·言部》中说:"谐,和也。""谐"是一个形声字,其中的声符是"皆",《说文解字·白部》中载:"皆,俱词也。从比从白。"这是一个会意字,"谐"的意思是说人人都有话语权。人人都有话语权就是"和而不同"、多元统一的具体表现。中国古代"和而不同"的思想,为中华文化提供了深厚的思想基础,也对整个人类文明的发展作出了巨大贡献。例如"和平共处""协和万邦"是我国外交的一贯主张。随着社会的发展和人类文明的进步,如何正确处理人类与自然、科学与人文、现实与长远的关系,如何构建人与人、国与国之间的和谐及人与自然的和谐,都可以从"和而不同"的思想中找到其根源。

三 虚实补泻与天道均平

前面我们讲过,"阴阳和"是生命的源头。不仅如此,"阴阳和"还是健康的保障。"阴阳和"伴随着生命生长的整个过程,是生命健康的重要保障。《素问·生气通天论》中曰:"阴平阳秘,精神乃治;阴阳离决,精气乃绝。"所谓"阴平阳秘""阴阳匀平"就是阴阳在对立制约和消长中所达到的动态平衡,是人体生命的最佳状态。如果"阴阳和"的平衡被打破,就会出现疾病。《庄子·在宥》中说:"人大喜邪,毗于阳;大怒邪,毗于阴。阴阳并毗,四时不至,寒暑之和不成,其反伤人之形乎!"喜属阳,怒属阴,所以大喜则伤阳,大怒则伤阴。不管是"毗于阴"还是"毗于阳",都破坏了阴阳之和。《庄子·渔父》中说:"阴阳不和,寒暑不时,以伤庶物。"无论是人体自身的阴阳失和,还是一年四季的阴阳失和,都会伤及人身。《黄帝内经》中《素问·阴阳应象大论》中说:"阴盛则阳病,阳盛则阴病;阳盛则热,阴盛则寒;阴虚则热,阳虚则寒。"《素问·生气通天论》中甚至说:"阴阳离决,精气乃绝。"《素问·调经论》中曰:"气血不和,百病乃变化而生。"在中医看来,一切疾病的发生,从根本来说都是阴阳失调。既然阴阳失调是疾病发生的根本原因,那么,调理阴阳,使失调的阴阳向着协调方向转化,从而恢复和重构"阴阳和"的状态,就是中医治病的基本原则。《灵枢·胀论》中说,"补虚泻实,神归其室","阴阳相随,乃得天和。五脏更始,四时有序,五谷乃化"。

《素问·至真要大论》中说:"治诸胜气,寒者热之,热者寒之;温者清之,清者温之;散者收之,抑者散之;燥者润之,急者缓之;坚者软之,脆者坚之;衰者补之,强者泻之。各安其气,则病气衰去,此治之大体也。"《素问·三部九候论》中也说:"实则泻之,虚则补之。""寒者热之","热者寒之","虚则补之,实则泻之",这是中医治疗疾病的根本大法。

《素问·调经论》中记载,"黄帝问曰:'余闻刺法言,有余泻之,不足补之,何谓有余?何谓不足?'岐伯对曰:'有余有五,不足亦有五,帝欲何问?'帝曰:'愿尽闻之。'岐伯曰:'神有余有不足,气有余有不足,血有余有不足,形有余有不足,志有余有不足,凡此十者,其气不等也。'帝曰:'人有精气津液,四肢九窍,五脏十六部,三百六十五节,乃生百病,百病之生,皆有虚实。今夫子乃言有余有五,不足亦有五,何以生之乎?'岐伯曰:'皆生于五脏也。'"虚实,是就疾病的性质来说的,既然"百病之生,皆有虚实",那么在诊断疾病的八纲辨证(阴阳、表里、虚实、寒热)中,辨虚实是极其重要的环节,只有辨明虚实之证,才能施以补泻之法。补泻,是就治疗的方法来说的,补泻方法的运用由病征的虚实来决定的。因此,虚则补,实则泻,为辨证论治的不易大法;补则实,泻则虚,乃辨证论治确切的必然结果。

"实则泻之,虚则补之","有余泻之,不足补之",中医虚实补泻的这一原则,是辩证法思想的具体应用,究其渊源,则是出自道家老子的辩证法思想。《老子》第七十七章中云:"天之道,其犹张弓欤?高者抑之,下者举之;有余者损之,不足者补之。天之道,损有余而补不足。

人之道，则不然，损不足以奉有余。""有余者损之，不足者补之"，最终目的就是实现"阴阳和""天和"。老子认为，"天之道"是均平的、和谐的，这就是自然法则，也是自然界本身具有的自我平衡机制。这种天道均平的思想，为中医补虚泻实提供了认识论和方法论上的指导。

四 三因制宜与道法自然

"三因制宜"是中医理论中非常重要的诊疗思想，即因时制宜、因地制宜、因人制宜。意思是说，在诊治疾病、处方用药时，要充分考虑不同季节的气候特点、不同地域的环境特点及病人的年龄、性别、身份、体质、性格等不同特点。实际上这也是养生应当注意的重要思想。《素问》中的《四气调神大论》《异法方宜论》分别从"四时""五方"的角度对养生治病做了深入论述。还有《五常政大论》，也从时空的角度论述了因时制宜、因地制宜的思想理念。

《素问·四气调神大论》讲"四气调神"，顾名思义，就是讲一年四季不同时段如何调摄心神。该篇论述了一年四季生长收藏的自然规律，提出了必须顺应"四时"变化以调养精神，才能预防疾病的发生，才能保护身体的健康。吴崑说："顺于四时之气，调摄精神，亦上工治未病也。"（《黄帝内经·素问吴注》）"四时"之气，说到底还是阴阳之气，一年四季体现了阴阳之气的变化规律。这一篇提出了"春夏养阳，秋冬养阴"的重要思想，论述了"从阴阳则生，逆之则死"的道理，可见"因时"的重要性。一年之内的不同季节，一天之内的不同时辰，同一个人的不同年龄阶段，都需要因时制宜。为什么说"早上吃姜赛参汤，晚上吃姜赛砒霜"？六味地黄丸为什么要晚上吃？这些说法虽有些夸张，但确实体现了因时之序以调理阴阳的理路。

《素问·异法方宜论》讲"异法方宜"，就是说，生活在东、西、南、北、中不同地域的人们，拥有不同的自然环境、生活条件、风俗习惯，所以他们在体质、病征、病因上也存在着地域差异，所以治疗方法也应因地制宜。在这一篇中，黄帝问岐伯一个问题："医之治病也，一病而治各不同，皆愈，何也？"同样的病，而治疗方法却各有不同，结果不同的治法都把病治好了，这是为什么呢？岐伯明确地指出，其原因在于"地势使然也"。再比如，元代名医朱丹溪曾评价李东垣的补中益气之法，他说这个方子是李东垣的独创新论，是前人所没有的。同时，朱丹溪也明确提出，这个方子并不是放之四海皆准的，因为"天不足于西北，地不满于东南。天，阳也；地，阴也。西北之人，阳气易于降；东南之人，阴火易于升。苟不知此，而徒守其法，则气之降者固可愈，而于其升者亦从而用之，吾恐反增其病矣"（《丹溪心法》）。在朱丹溪看来，李东垣的补中益气汤可以用于西北之人而不可用于东南之人。这就是地域差异所致。

《素问·五常政大论》既论天之"五运"，又论地之"四方"，它首先论述了"五运"（木、火、土、金、水）的常气、太过和不及与自然万物生、长、化、收、藏的密切关系，然后又从"四方"阴阳的不同论述了寿命长短及疾病治疗方法上的不同。

此外，还有《素问·上古天真论》论述了"女七男八"的生命节律，指出了不同性别、不同年龄的生理特点，还有《灵枢·天年》以十年为一个阶段，揭示了肾气在人体中由盛到衰的全过程，并且在衰老过程中各脏功能以五行相生的次序，肝、心、脾、肺、肾呈现出依次衰退的规律。中医对生命节律的认知，不仅是中医养护生命、治疗疾病的基础，而且对我们的生活方式和人生态度都具有重要的启迪意义。正是基于这样的认识，沈括在《梦溪笔谈》中才说："盛衰强弱，五脏异禀，循其所同，察其所偏，不以此形彼，亦不以一人例众人，此人事也。"由于体质的差异、禀赋的不同，医生在诊治疾病的过程中，在考虑普遍性和相同性的同时，必须注重特殊性和差异性，不能用这个人跟那个人比，不能用一个人类推众多的人。

中医理论的"三因制宜"，实际上就是"实事求是"，"实事求是"也就是尊重自身规律。而尊重自身规律，用道家的话语来说，就是"道法自然"。现在人们都讲究养生，而养生必须由"道法自然"的思想理念来指导和引领。

五　形神合一与致虚守静

形神，指人的形体和精神，形与神本来就是中国哲学的一对范畴，形神合一，指的是形与神两者的相互依存和不可分离。在哲学史上，不同的学派对形神关系的解释稍有不同，但都体现了二者的统一性。如《荀子·天论》中说："形具而神生"，说明人在形体结构形成以后才产生了精神和意识。嵇康在《养生论》中说："形恃神以立，神须形以存。"南朝齐梁之间的范缜在《神灭论》中提出"形神相即"的观点，他说，"神即形也，形即神也。是以形存则神存，形谢则神灭也"，"形者神之质，神者形之用"。"质"，就是实体；"用"，就是功能。范缜认为形与神不能分离，形神关系就是"形质神用"，他说："神之于质，犹利之于刃；形之于用，犹刃之于利。"他还指出："舍利无刃，舍刃无利，未闻刃没而利存，岂容形亡而神在？"

中医把形神合一的观念运用于解释肉体与精神、生理与心理、形体与精气的关系。形神合一构成了人的生命，而神是生命的主宰。《素问·上古天真论》中说："形体不敝，精神不散"，"形与神俱，而尽终其天年"。"形与神俱"就是形神合一。中医所谓的神除了精神意识以外，还经常指"精气"。《素问·八正神明论》中说："血气者，人之神，不可不谨养。"张景岳在《类经》中进一步阐发了形神合一的生命观，他说，"人禀天地阴阳之气以生，借血肉以成其形，一气周流于其中以成其神，形神俱备，乃为全体"，"形者，神之体；神者，形之用。无神，则形不可活；无形，则神无以生"。形体离不开精神，精神也离不开形体。中医有句经典的话，是说"形为神之宅，神为形之主"。中医理论认为，在人的机体功能上，其生理活动与心理活动是密切相关的，所谓"形盛则神旺，形衰则神惫"。精神的盛衰也可以影响到身体的好坏，《素问·移精变气论》上讲"得神者昌，失神者亡"，就是这个道理。

形神合一是中医养生防病、延年益寿、诊断治疗的重要理论根据。生命从形成之始，就是一个形与神的统一体，形神合一是生命存在的基础，也是身体健康的表现，如果不健康，精神就难以集中。明代文学家宋濂在《赠贾思诚序》中记载患者张先生讲述病中的感受时说："神思恍惚，若孑孑然离群而独立，若御惊飙而游行太空，若乘不系之舟以簸荡于三峡四溟之闲，殊不能自禁。"这非常形象地描绘了神情恍惚、神不守舍的心理体验。此外，形神合一还是决定长寿的关键。《吕氏春秋·尽数》中就说："精神安乎形，而年寿得长焉。"

既然形神合一，那么养生就应该形神共养。既要"保形全神"，又要"守神全形"。而实际上，人们大多注重养形，比如怎么吃饱、穿暖、居安。张景岳也说："善养生者，可不先养此形以为神明之宅？善治病者，可不先治此形以为兴复之基乎？"而道家却主张以养神为先，以养神为主。养生首先要调养心神，其次才是保养形体。《淮南子·泰族训》中说，"治身，太上养神，其次养形"，"神清志平，百节皆宁，养性之本也；肥肌肤，充肠腹，供嗜欲，养生之末也"。只有保持"神清志平"，才是养生之根本。肥美肌肤，满足口腹之欲，这不是养生的根本。所以说"养形不如养神，调身不如调心"。河上公在《老子章句·成象》中说："人能养神则不死也。"《庄子·达生》篇中说："生之来不能却，其去不能止。悲夫！世之人以为养形足以存生，而养形果不足以存生。"生与死同样是不可避免的。可悲的是，世人认为养形足以长寿，而养形真的不足以使人长寿。庄子还讲述了一段发人深省的故事，这个故事可以概括为"醉乘不死"。其中说道："夫醉者之坠车，虽疾不死。骨节与人同，而犯害与人异。其神全也，乘亦不知也，坠亦不知也，死生惊惧不入乎其胸中，是故迕物而不慴。彼得全于酒而犹若是，而况得全于天乎！圣人藏于天，故莫之能伤也。"同样的血肉之躯，遭遇同样的车祸，唯有醉者不死，是因为醉者"乘亦不知也，坠亦不知也，死生惊惧不入乎其胸中"，是因为车祸没有惊扰其心神，"其神全也"。

究竟如何养神，如何调心？古代养生家讲了很多，如《庄子·养生主》说，"依乎天理"，"因其固然"，"安时而处顺，哀乐不能入"。《老子河上公章句·体道》中说："治身者当除情去欲，使五脏空虚，神乃归之。"嵇康在《养生论》中指出"修性以保神，安心以全身，爱憎不栖于情，忧喜不留于意，泊然无感，而体气和平"，"清虚静泰，少私寡欲。知名位之伤德，故忽而不营，非欲而强禁也。识厚味之害性，故弃而弗顾，非贪而后抑也。外物以累心不存，神气以醇泊独著，旷然无忧患，寂然无思虑"。《素问·上古天真论》中说，"法于阴阳，和于术数，食饮有节，起居有常，不妄作劳，故能形与神俱，而尽终其天年，度百岁乃去"，"恬淡虚无，真气从之，精神内守，病安从来"，"志闲而少欲，心安而不惧，形劳而不倦，气从以顺，各从其欲，皆得所愿。故美其食，任其服，乐其俗，高下不相慕，其民故曰朴"。而最根本的还是道家之祖老子所说的"致虚极，守静笃"（《老子·第十六章》）。若能致虚守静，达到虚极静笃，也就实现形神合一了。

六　不养之养与自然无为

道家思想是关于生命的思想。道家确实与中医学、与生命科学、与生命的养护存在着密切的联系。例如，老子首先提出了"长生"的思想，《老子》第七章中说："天地所以能长且久者，以其不自生，故能长生。"第五十九章中说："深根固柢，长生久视之道。"庄子则最早提出了"养生"的说法，《庄子》有一篇《养生主》，专论养生之道。

大体上说，养生可以分为养生之道和养生之术。"道"，指的是理论和理念；术，指的是方法和措施。我们所讲的主要是养生之道。

说到养生，我们首先要区分几个概念。一是养生与养病不同，现在有些不正常的现象，就是有些人天天在琢磨着吃什么药，好像自己有病了，这些人真的是"有病"，不过是"心病"。二是养生不等于获得长寿，有些人有长寿基因，不养也长寿；反之，再养也不成。更何况老子说"出生入死"，人从出生那一刻就开始一步步走向死亡，有生必有死。《吕氏春秋·离览·为欲》中说："凡生于天地之间，其必有死，所不免也。"一味地追求长寿和长生不老，这是妄念，是妄想。

什么是养生？现在一般人把它解释为养护生命，我们把它理解为养成良好的生活方式以保持健康的生命状态。什么是健康？通俗地说，就是舒舒服服、快快乐乐、开开心心地活着。

《吕氏春秋·孟冬纪·节丧》中说："知生也者，不以害生，养生之谓也；知死也者，不以害死，安死之谓也。"不伤害生命，就是养生。《吕氏春秋·离览·为欲》中说："欲不正，以治身则夭，以治国则亡。"如果欲念、想法不正确，不但不能养生，反而害生，甚至导致死夭。所以说，养生首先要树立正确的观念。

大家知道，道家讲"道法自然"，自然无为，"无为而无不为"。养生就应任生命之自然，不要刻意追求养生和长寿。反之，一味地追求长寿，本身是不可能的，也是一种不切实际的虚妄之念，是人之私欲、奢欲、贪欲、不正之欲。

养生长寿的要诀在于形神合一，"精神安乎形，而年寿得长焉"。要想"守神全形"，就要少私寡欲、清虚静泰。少私寡欲，不仅是对名利、地位这些身外之物的超越，也包括对生命、长寿这些身内之物的超越，能够做到"不畏死""齐生死""以死生为一条"，甚至像《庄子·至乐篇》中所说，以死为"至乐"（最大的快乐），是"虽南面王乐不能过也"的快乐。如果内心里一直萦绕着要长寿、不能死的念想，不但无益于长寿，反而死得更快。所以《老子》第七章中说："天长地久。天地所以能长且久者，以其不自生，故能长生。是以圣人后其身而身先，外其身而身存。非以其无私邪？故能成其私。""不自生"而"能长生"，"无私"而"成其私"。这是老子特有的智慧。还有《老子》第七十五章中说："无以生为者，是贤于贵生。"不刻意于长生比过分看重生命要好。严君平《老子指归》中说："无以生为，可以长久。"不追求长寿反而能够长寿。他还说："归指于无为，故能达生延命。"在养生的问题上，只有自然无为，才能延年益寿。嵇康的《养生论》中说："忘欢而后乐足，遗生而后身存。"忘掉了欢乐而后欢乐多多，遗忘了生命而后生命长存。道家这种自然无为、"无为而无不为"的思想落实在养生上，就是"不养之养""不养而养"。

《庄子·刻意》是专论"养神之道"的一篇文章。之所以用"刻意"名篇，宗旨在于论述凡事都不要刻意，"无肯专为"，这是"贵精""养神"之道。文章首先描述了五种"刻意"之人：有刻意于高尚者，"离世异俗，高论怨诽"；有刻意于修身者，"语仁义忠信，恭俭推让"；有刻意于治世者，"语大功，立大名"；有刻意于避世者，"就薮泽，处闲旷"；有刻意于长寿者，"吹呴呼吸，吐故纳新，熊经鸟申"。然后他指出："若夫不刻意而高，无仁义而修，无功名而治，无江海而闲，不道引而寿，无不忘也，无不有也。淡然无极而众美从之。此天地之道，圣人之德也。"如果能不砥砺心志离世异俗而高尚，如果能不张口闭口仁义道德而修身，如果能不求立功、不慕虚名而治世，如果能不处江海不处闲旷而悠闲，如果能做到无所不忘，无所不有。恬淡无极而赢得众美，这才是自然之大道，圣人之大德。也就是说，不刻意于高尚、修身、治世、悠闲、长寿之名，而能得高尚、修身、治世、悠闲、长寿之实。不标榜、不造作、不刻意人为，任其自然，才能无为而无不为。

　　庄子又说："夫恬淡寂寞，虚无无为，此天地之平而道德之质也。故曰：圣人休焉则平易矣。平易则恬淡矣。平易恬淡，则忧患不能入，邪气不能袭，故其德全而神不亏。"（《庄子·刻意》）恬淡、虚无、无为，这是自然之法则，是道德之根本。圣人能息其心而平易恬淡，则无忧患邪气侵入，最终德性圆满而神不亏损。刻意的养生行为都会扰神，要想神不亏损，理应不养而养，任其自然。

第五章　佛学文化

佛学虽然发源于古印度，但自其传入中国以后，便与儒道文化不断融合，最终成为与儒学、道学相并列的三大主流思想之一。对于中国本土文化来说，佛学的缘起性空、万法唯识、超脱生死等哲思智慧是一种重要的补充，它凭借着独特的思想价值广泛地渗透于中国传统文化的各个方面。甚至我们可以说，不了解佛学，我们就不能很好地了解汉代以后中国哲学与文化的发展历程和精神特质。

第一节　如何对待佛学

学习佛学文化，我们应该注意以下几个问题。第一，佛学是中国传统文化的重要组成部分。中国传统文化主要由儒道佛三大部分组成。佛学尽管是外来文化，但是经过千百年的发展演变，中华民族的世代相承，佛学已经对中华民族的民族性格、思维方式、行为方式、文学艺术乃至生活习俗都产生了深远的影响，佛学与中国的建筑、雕塑、书画、音乐、音韵、诗词等也密切相关。尤其是宋明理学家，虽"归本于孔孟"，但多"出入于佛老"，实现了儒道佛三家思想的有机融合，佛学已经成为中国传统文化不可或缺、不可分离的重要组成部分。

第二，佛学与佛教虽有联系，但也有所不同。佛学所侧重者在哲学、思想、文化、理论等；佛教所侧重者在宗教、信仰、仪轨、修行等。我们主要为大家介绍的是已经成为中华传统文化有机组成部分的佛学文化，而不是作为一种宗教的佛教。

第三，我们要理性对待佛学。世人对佛教的态度概括起来大致有四种：有信仰的，有半信半疑的，有既不信仰也不反对的，有坚决反对的。其中，反对者的原因林林总总，但主要有两个方面：一是认为佛教是消极的，因为佛教总是说人生恒苦、出世出家什么的；二是认为佛教是迷信的，因为佛教总是讲三世轮回、因果业报什么的。如此认识佛教，只能说人们对佛教的认识还太肤浅，还没有真正进入佛学的层面。如果真要说它有消极和迷信成分的话，也只能说它是以看似消极的形式来激发世人积极的生活态度，以看似迷信的形式来启迪人们科学的生活方式。基于此，我们不得不强调学习佛学要注意的两点：一是化消极为积极，二是破除迷信，洞见真谛。如何化消极为积极？怎样破除迷信，洞见真谛？我们读书有三种境界：第一境界是要读懂这本书在"说什么"，第二境界是要读懂它是"怎么说"的，第三境界是要读懂它"为什么这么说"。读书只有读到第三境界才能算真正读懂了。要真正理解佛学的奥义，就得多问几个问题，佛学为什么讲人生苦难？佛学为什么讲三世轮回？搞明白了为什么，就不会认为它消极了；搞明白为什么，就不会认为它迷信了。

第四，佛学的社会功能。北宋著名士大夫张文定与王安石有过一段对话。传说王安石问张文定："孔子去世百年，生孟子，亚圣之后就再也无人了。这是怎么回事儿呢？"张文定说："怎么没有呢？有，而且有超过孔子之上的。"张文定接着列举了江西的马大师、汾阳的无业禅师、雪峰禅师、岩头禅师、丹霞禅师、云门禅师。王安石听了以后，在思想上很不理解，说："你为什么这样说呢？这些光头和尚怎能和圣人比呢？"张文定说："儒门淡薄，收拾不住，皆归释氏耳。"王安石这才信服。

陈寅恪先生曾经说，"佛教于性理之学，独有深造，足救中国之缺失，而为常人所欢迎"，"佛教实有功于中国甚大。自得佛教之裨助，而中国之学问，立时增长元气，别开生面"，"自宋以后，佛教已入中国人之骨髓，不能脱离"。[①] 佛教不仅影响人的思想、铸就人的灵魂、规范人

---

① 吴宓：《吴宓日记》，生活·读书·新知三联书店1998年版，第58—59页。

的行为、维系社会秩序，而且对于中国古代的哲学、文学、艺术等都有极其重要的作用与影响。

第二节　佛与佛教的产生

佛，是梵语"佛陀"音译的简称，也写作"浮屠""浮图""没驮""勃驮"等，意思是"智者""觉者"，即认识真理的人。佛教认为，凡是能自觉、觉他、觉行圆满者，皆名为佛。佛教徒以佛来尊称佛祖释迦牟尼，后来也泛指佛经中所说的一切佛陀。佛祖释迦牟尼，历史上确有其人。释迦，是种族名，牟尼，是尊称，即"圣人"之义；释迦牟尼，意即"释迦族的圣人"，有时也简称为"释尊"。释迦牟尼本姓乔达摩，名字叫悉达多，他本是古印度迦毗罗卫国的王子，他创立佛教的时间大致在公元前6世纪至公元前5世纪，这也是人类历史上思想空前活跃的时代，被称为人类文化的轴心时代，著名的思想家如中国的老子、孔子、墨子、列子、庄子，希腊的苏格拉底、柏拉图等，都生活在这一伟大的时代。

公元前6世纪，在印度、尼泊尔境内建立了许多由奴隶主统治的小国。在这些小国中，人们被分为四个等级。第一等级是婆罗门（僧侣贵族），他们地位最高，专司祭祀，垄断知识，受人供养，享有精神特权。第二等级是刹帝利（军事贵族），他们有军事行政权力，但受僧侣监管，缴获的战利品应分给僧侣一半。第三等级是吠舍（农民、手工业者、商人），他们是身份自由的人，但僧侣可以任意夺占他们的财产。第四等级是首陀罗（工匠、奴隶、雇用劳动者和被征服的土著居民），他们地位最低下，受剥削、受压迫。到了公元前6世纪至公元前5世纪，为了统治的需要，等级制度变得更加严格起来，婆罗门大肆宣扬这种制度，企图将之神圣化。他们把社会上不同阶级、不同阶层的权利、义务甚至生活细节，都刻板地规定下来，壁垒森严，不能通婚，甚至不能共食。在当时，社会上普遍存在着反对僧侣特权和专横的情绪。在军事贵族和商人中，这种情绪尤其强烈，佛教就是在这种社会背景中创立起来的。当时社会矛盾加剧，人民生活痛苦，思想苦闷，无所寄托，也无法解脱，这为佛教的创立奠定了社会基础。同时，在释迦牟尼生活的时代，也是思想比较活跃的百家争鸣时代。在这样的背景下，释迦牟尼吸收了许多原始宗教的思想创立了佛教，他主张不分男女、不分种姓皆可成佛。这种平等观念显然符合当时社会各阶层的思想需要，所以，佛教一经创立，很快就受到了广泛的欢迎。

印度佛教的发展大致可以分为四个阶段：第一阶段是原始佛教阶段，为释迦牟尼创立佛教及其弟子传教时期；第二阶段是部派佛教阶段，由于对教义、戒律理解的不同，佛教内部分化为上座部和大众部，并进而演化出许多教团；第三阶段是大乘佛教阶段，大乘佛教以普度众生到彼岸世界为标榜，将只着眼于个人解脱的原始佛教和部派佛教贬称为"小乘佛教"；第四阶段是密教阶段，是大乘佛教部分派别与婆罗门教的融合时期。之后，佛教在印度就渐渐地消亡了。

第三节　佛教的传播

现在学术界一般认为佛教传入中国的时间在两汉之间。其可信的证据有两个方面。

第一，裴松之注《三国志》引用《魏略·西戎传》时说："昔汉哀帝元寿元年，博士弟子景卢受大月氏王使伊存口授《浮屠经》。"汉哀帝是西汉王朝的第十三位皇帝刘欣，汉哀帝元寿元年（前2），西域大月氏国的使臣伊存来朝，在帝都长安向中国博士弟子景卢口授《浮屠经》。从此佛教开始正式传入中国，史称这一佛教初传的历史标志为"伊存授经"。

第二，"汉明帝感梦求法说"。有一副楹联说："佛生西域祥光现于周朝，圣教东流金身梦于汉帝。"汉明帝是东汉时期的第二位皇帝，即孝明皇帝刘庄。《四十二章经·序》中说："昔汉孝明皇帝，夜梦见神人，身体有金色，项有日光，飞在殿前。意中欣然，甚悦之。明日问群臣：'此为何神也？'有通人傅毅曰：'臣闻天竺有得道者，号曰佛，轻举能飞，殆将其神也！'于是上悟，即遣使者张骞、羽林中郎将秦景、博士弟子王遵等十二人，至大月氏国写取佛经《四十二章》。"就是说，东汉孝明皇帝因梦见佛神，于是派人求经，跋山涉水，历尽艰难险阻，到大月氏国，拜求佛经。两位印度高僧应邀和东汉使者一道，用白马驮载着佛经、佛像回到都城洛阳。这次取回来的佛经就是《四十二章经》。《四十二章经》是从印度传入中国的第一部佛学经典，也是中国现存的第一部汉译佛典，是佛教传入中国之始；而且为了纪念白马驮经，汉明帝敕令在洛阳兴建僧院，取名"白马寺"。白马寺是中国第一座佛寺，是中国第一古刹，有中国佛教的"祖庭"和"释源"之称。基于以上史料，学界把佛教传入中国的时间界定在两汉之间。

我们再来看佛教传入中国的路径。佛教在中国的传播，主要有三条路线，而且由于传入的时间、途径、地区和民族文化、社会历史背景的不同，中国佛教形成了三大派系。

一是汉传佛教。汉传佛教是以汉文化为传播载体，首先把佛经翻译成汉语，经中亚细亚，传入新疆，再传到长安、洛阳，伴随中国的对外交往，进一步传播到朝鲜、日本、越南等国，汉传佛教以大乘佛教为主。汉传佛教开始在黄河流域，进而扩展到长江流域，影响人口数量最多，对中国传统文化的影响也最深远。

二是藏传佛教。藏传佛教又称藏语系佛教，是传入中国西藏的佛教分支。藏传佛教是把佛经翻译成藏语，经尼泊尔传入中国西藏，又从中国西藏经内蒙古传到俄罗斯远东地区。藏传佛教的传播主要集中在中国藏族聚居地区如西藏、青海、四川、甘肃、云南等地，此外还有蒙古、尼泊尔、不丹、印度、俄罗斯等地。藏传佛教以密宗传承为主要特色，影响范围也比较广泛。

三是云南上座部佛教。云南上座部佛教又称南传佛教，是把佛经翻译成巴利语，由斯里兰卡经泰国、缅甸接壤的地区传入中国云南西双版纳。在中国传播的地域主要集中在云南省西部地区，现在盛行于东南亚的越南、泰国、缅甸、老挝、柬埔寨等。云南上座部佛教是原始佛教之后部派佛教中的一个派系，在中国影响的人口数量最少，影响的地域范围也最小。

第四节　中国佛教的发展

中国佛教的发展过程也是佛教的中国化过程。陈寅恪先生说："释迦之教义，无父无君，与吾国传统之学说，存在之制度，无一不相冲突。输入之后，若久不变易，则绝难保持。是以佛教学说，能于吾国思想史上，发生重大久远之影响者，皆经国人吸收改造之过程。"[1] 释道安在传教时，明确地说出了他们的心里话："如今遭遇凶年，不依国主，则法事难立。"（《高僧传·释道安传》）这既是道安传播佛教的经验总结，也是道安传教的基本策略。就其与中国传统文化的关系来看，其发展大致可分为三个阶段。

第一阶段是译述佛经阶段，也是佛教的初传阶段。从两汉之际初传到魏晋时期，历时四五百年。由于佛教是外来思想，其传播受到了严重的抗拒和排斥，儒家认为，佛教是与"尧舜周孔之道"相对立的"夷狄之术"。佛教为了获得中国文化的认同，巧妙地与中国文化思想相融合，并依附神仙方术、魏晋玄学，积极化解与儒家、道家的矛盾。这一时期重要的佛教代表人物都是外国的译经僧人，他们是佛教经典传译的主持人。他们的任务就是把佛教经典翻译成汉文，并介绍佛教的基本内容。而译述佛经的过程，也是佛教中国化的过程。为了使佛经中的思想内容与中国儒家伦理道德相协调，常常通过选、删、节、增等方法，尤其是删去了父子、夫妇、主仆平等等与儒家伦常不合的原文，从而背离了印度佛经的本意，而平添了几许中国儒家文化的色彩。他们积极寻求与中国本土文化的契合点，特别强调因果报应，跟中国原有的祸福报应思想相融通，译经僧人还借用老庄学说中的概念来比喻佛家经典中的词汇，以使佛教能够在中国立足生根。

第二阶段是编撰佛经阶段，也是中国佛教的发展阶段。从东晋时

---

[1] 陈寅恪：《冯友兰〈中国哲学史〉下册审查报告》，转引自刘梦溪《二千年中外思想接触史之所昭示者——陈寅恪对儒释道三家的"判教"》，《中华读书报》2016年9月14日第13版。

期鸠摩罗什抵达长安到南北朝晚期佛教宗派出现,前后历时约三百年。南北朝时期,社会黑暗、政治腐败、战乱频发、民不聊生。人们思考人生,希望能够找到精神家园,以此躲避战争带来的苦难。佛教智慧和普度众生的精神,迎合了当时人们的精神需求,社会开始广泛接纳与吸收佛教,佛教得到迅速传播。这一时期佛教的传播者几乎都是中国僧人,中国人自己撰写的佛教著作所占比重越来越大。而且,著作的内容也从原来对佛教经典的翻译、转述、介绍发展到对佛教经典的解读、阐释和发挥。中国佛教学者继承了中国古代以述为作、以述代作的传统方式,借注释佛经之名而行构建自己理论体系之实,其中渗透了浓厚的中国本土文化。

第三阶段是创宗立派阶段,也是中国佛教的繁荣阶段。从南北朝晚期佛教宗派出现到唐武宗"会昌废佛",历时二百多年。隋唐时期,中国封建社会空前强盛,南北政治统一,国家经济繁荣,中西文化融合,中国化佛教开始走上了相对独立发展的道路,呈现出鼎盛兴旺的局面。在这个时期,佛教在印度逐渐衰落,中国成为世界上佛教最为发达的地区。禅宗、天台宗、华严宗、三论宗、唯识宗、净土宗、律宗、密宗等宗派纷呈。中国化佛学体系的逐渐出现,标志着佛教中国化过程基本完成,中国佛教进入了成熟和繁荣的新阶段,佛教与中国传统文化进一步契合,而禅宗的出现则是佛教中国化的主要标志。唐代对佛教实行制度化管理,也标志着中国文化对佛教文化的真正认同。

第四阶段是三教合一阶段,或者也叫作"佛教的儒学化"阶段,从"会昌废佛"一直到中华民国初年。这一时期,从韩愈废佛运动到宋明理学的兴起,佛教逐渐衰落,儒学继汉代独尊之后又开始高踞于中国社会意识形态的上层,佛教固有的宗教义理和思维方式被儒学利用。佛教与中国固有的本土文化存在着互补、交融的可能和空间。佛教与中国传统的儒学和道家,从排斥、冲撞到逐渐交流融合,佛教最终渗透到了中国传统文化的深层。尤其是儒学,深受佛教心性之学的影响,它又与道家思想相融合,从而形成了宋明理学。可以说,佛得儒而广,儒得佛而深。在儒释道三家当中,儒学居中,处于主导地位,佛、道两家为辅,共同铸就了中国文化的辉煌。正如"三教合一论"者所主张的那样，"儒可以治国，佛可以治心，道可以治身"。

第五节　缘起学说

缘起又叫"缘生"，是用以解释宇宙、社会、人生及世间各种现象产生、变化和消亡原因的学说。"缘起说"是释迦牟尼所创立的原始佛教的理论基础，可视为佛教的根本思想，是佛教区别于其他宗教哲学派别的重要标志之一。传说佛祖就是在菩提树下，因观察缘起而开悟成佛。

"缘起说"的基本观点是，世间的万事万物，既不是凭空而有，也不是孤立存在，而是基于种种条件，因缘和合而生。如果失去因缘和条件，一切事物也就不可能存在。因此，万事万物都处在一定的因果联系中，并随着因果关系的改变而改变。缘起也并非佛祖的创造，而是佛祖发现了缘起这个自然固有的法则，他只是将这一宇宙和人生的真理向众生进行揭示以使众生开悟。

关于"缘起说"，佛学经典有种种表述，如"诸法从缘起，如来说是因。彼法因缘尽，是大沙门说"，这也被称为"缘起偈"，其中的"大沙门"是指佛陀。就是说，一切事物和现象都依赖一定的条件而产生，依赖一定的条件而存在；随着所依赖条件的消灭而消灭。各种事物和现象的产生所依存的条件，被称为因缘。《中阿含经》中说："此有则彼有，此生则彼生；此无则彼无，此灭则彼灭。"这是对"缘起说"最概括、最精确的表述。就是说，彼此之间存在着因果关系，有此才有彼，无此则无彼。

《中阿含经》中说："若见缘起便见法，若见法便见缘起。"这里的"法"指佛法，就是佛学的义理。"缘起说"是佛学的根本理论，是宇宙和人生本来的、必然的、普遍的存在，明白了缘起，就明白了佛法；明白了佛法也就明白了缘起。从这句话中，我们可以看出"缘起说"在整个佛教中的地位。

"缘起说"是佛学的根本，是佛学一切理论的基础，《楞严经疏》中说："圣教自浅至深，说一切法，不出因缘二字。"一切佛理都离不开

"缘起说"。佛学的各种派别,也都以缘起学说为基础来阐释自己的理论。

缘起学说揭示了世间任何事情的发生,都是因缘而起。在佛教看来,缘起的意义无非指出了事物的因果关系。如果因为没有种下善因善缘,我们遭遇了不好的果报,那就要懂得改善因缘、修复善缘。了解缘起学说,可以使人们懂得杜绝孽缘、培植良缘、广结善缘。要想有幸福快乐的人生,就必须培植善因善缘。明白了"缘起说",就会懂得人的生命和命运,都是自己造因,自己受果;自己造业,自己受报。命运完全掌握在自己的手里。要想拥有幸福的未来,必须把握好自己的现在。如此就可以帮助我们认识人生的意义,把握人生的方向。

具体说来,佛学还讲了"十二因缘",即无明、行、识、名色、六入、触、受、爱、取、有、生、老死十二个环节,其意义在于说明人生之所以有种种苦难,完全都根源于无明。所以要想从苦难中解脱出来,就要从根本上破除无明。

在佛学看来,缘起无有穷尽,这被称为无尽缘起。缘一法而起万法,缘万法而起一法,重重缘起,而缘起永无穷尽,难以溯源,所以叫无尽缘起。

第六节　四大皆空

上节我们介绍了缘起学说,在此基础上我们就可以理解"四大皆空"了。"四大皆空"到底是什么意思?为什么说"四大皆空"?

首先来看什么是"四大"。在中国传统文化里有两个"四大",一个是道家的"四大":道、天、地、人。《老子》中说:"故道大、天大、地大、人亦大。域中有四大,而人居其一焉。"一个是佛家的"四大",即地、水、火、风。佛学认为,地、水、火、风是构成物质世界的四大基本要素,三山五岳属于地大,江河湖海属于水大,阳光炎热属于火大,空间气流属于风大。世间万有似乎概莫能外,所以佛学往往用"四大"代表万物。古印度哲学的"四大"就像中国古代哲学的"五行"。

我们在前边已经讲了缘起学说，大家应该明白，眼前这个世界上的形形色色的事物，都是由因缘而生，正所谓"此有则彼有，此生则彼生；此无则彼无，此灭则彼灭"（《杂阿含经》）。既然一切都是有条件的存在，那么如果没有特定的条件，这一切事物就不复存在。所以一切事物从其自身本质来看都是空幻的。所以佛学对物质世界的总的看法是"四大皆空""万法皆空""色即是空"。"缘起说"是"四大皆空"的佛学世界观得以成立的基础，也是全部佛学理论的基石和核心。缘起学说和"四大皆空"之间存在着因果关系，没有缘起学说就不会有"四大皆空"。

眼前的一切事物是明明白白、实实在在的存在，为什么非得说是空呢？我们要这样来思考这个问题：一切事物都有现象和本质，我们所见的一切事物是真实的，这是事物的现象，这种现象佛学称为"色"；而佛学引领我们从本质来认识一切事物，基于缘起学说，一切事物从本质上来看，都是空，是空幻的。现象和本质在事物身上得到了统一，所以《心经》中说："色不异空，空不异色；色即是空，空即是色。"一切世间万象，都是因缘合和的结果，所以"因缘所生法，我说即是空"（《中论》）。"四大皆空"是说由地、水、火、风构成的世间万有归根到底是自性空、本质空。世人往往执着于事物的现象，佛学则引领人们洞见事物的真相。

因缘合和而生，因缘离散而灭，就是说事物在一定条件下生，又在一定条件下灭。所以说，一切事物都有其"成、住、坏、空"的过程。对于动物和人类来说，都会有"生、老、病、死"的过程。这一生成、保持、衰败、消亡的过程，在佛学里就叫作"诸行无常"。这里所说的"行"，就是指一切现象的生灭变迁。既然一切事物都处在不停地流变之中，那么，一切事物就都不是永恒的。既然不是永恒的，那就是"无常"。所以《金刚经》中说："凡所有相，皆是虚妄。"

总之，一切事物和现象，从其开始的形成来看，源于因缘所起，其本质是空；从其发展的过程来看，一直处于不停地流转变化之中，没有固定不变的实体存在，其本质是空；从其最后的结果来看，最终化为无有，其本质还是空。所以《金刚经》有四句偈语说："一切有为法，如梦幻泡影，如露亦如电，应作如是观。"

第七节 三世轮回

学习佛学的三世轮回，我们一定要深入理解其内在的本质意蕴和最终的价值指向，发掘其对现实人生的积极的指导和启迪意义。

轮回，又叫生死轮回、轮回转世，意思是说，一个人死后，他的生命实际上并没有结束，而是转换成另一种生命形态，继续存在于这个世界。而继续存在的这个生命与原来的生命之间存在着因果联系。原来的生命体的所有的造作都会影响现在的生命体。所有的行为都会留下一种看不见、摸不着的神秘的"业"，这种"业"会带来报应，善有善报，恶有恶报，不差分毫。佛学认为，一切众生都由自身的业力所决定。

佛教和所有的宗教一样，都认为灵魂不灭，主张有神论。佛教传入中国以后，在《庄子·养生主》所谓"指穷于为薪，火传也，不知其尽也"（即"薪尽火传"）中找到了根据，于是极力传扬。火在柴草之间传递，就像灵魂在身体之间流转。身体好比树叶，灵魂好比树根；身体好比庄稼，灵魂好比种子。身体腐朽了，但灵魂不灭。

佛学中的"三世"不是指祖孙三代，而是自己本身的生命火种在轮回流转中的前世、今生和来世。正所谓"三生石上旧精魂"，"此身虽异性常存"。（袁郊《甘泽谣》）强调"三世"能够使人们理解，自己的现世人生之所以如此，不是爷爷造成的，也不是爸爸造成的，更不是其他任何人造成的，而完全是由自己造成的，正如《泥洹经》中所说："父作不善，子不代受；子作不善，父亦不受。善自获福，恶自受殃。"这完全是自作自受。

三世和轮回结合在一起，便产生一种逻辑和理念：一个人的穷通、贵贱、祸福、寿夭，都不是偶然的，而是前世注定的。这里所说的"前世注定"，不是说人生的命运是由什么外在的力量诸如上帝、佛、菩萨、祖宗、神灵、风水造成的，而是说一切都由你自己前世的行为所决定。

这种学说把众生之所以如此的原因都归结于自身,为现世与现实的合理性提供了理论上的依据,同时也突显了佛学所倡导的自我责任意识。也就是说,每个人必须为自己的一切行为负完全责任。

佛学著作中流传下来的成语就很好地诠释了这一思想。有一个成语叫"自作自受",宋代的释普济在《五灯会元》中记载:"僧问金山颖:'一百二十斤铁枷,教阿谁担?'颖曰:'自作自受。'"自作自受的意思就是自己承担由自己造成的后果。相近的成语还有自食其果、自讨苦吃、咎由自取、作茧自缚。

还有一个成语叫"解铃还须系铃人"。宋代慧洪在《林间集》卷下记载了法灯泰钦禅师的故事,后来明代瞿汝稷在《指月录·卷二十三·法灯》中又转述了这一故事:金陵清凉泰钦法灯禅师,性格豪放飘逸,洒脱不羁,整天无所事事,大家都鄙视他,唯独法眼法师特别器重他。有一天法眼法师问大家一个问题:"虎项金铃,谁能解之?"大家你看看我,我看看你,没有一个人回答。这时刚好法灯禅师到场,法眼法师继续问这个问题,法灯禅师随口说道:"唯系者能解之。"法眼法师说:"你们不能看不起他啊!"从此,众弟子对法灯禅师刮目相看。"解铃还须系铃人"后来作为成语,就用以比喻谁惹出的麻烦最终还得由谁去解决。自己要对自己的行为负责。求人不如求己,自己是自己的救星。关于这一点,《国际歌》就写得特别好:"从来就没有什么救世主,也不靠神仙皇帝!要创造人类的幸福,全靠我们自己!"

第八节　因果业报

我们介绍了三世轮回,我们再来看因果业报。三世轮回和因果业报之间存在着因果关系,如果没有三世轮回,也就不会有因果业报。

前世、今生和来世,其间存在着两重因果关系,通常称之为"三世两重因果",前世是今生的因,今生是前世的果;今生是来世的因,来世是今生的果。三世之间仍然存在着缘起、因果关系。由于灵魂不灭,薪尽火传,生命相续,所以,前世所造的"业"在今生或者来世要受到

"报",当然是善有善报,恶有恶报。业报就是因果的具体体现。

"业"分为身业、口业和意业,也就是"身口意三业",即身的造作、口的造作、意的造作,举凡身之所行、口之所言、意之所念,都是"业"。讲身业不是不要作为,而是要求不妄为,不杀、不盗、不淫;讲口业并不是要闭口不言,而是要求不妄言,不说假话、不说大话、不口出狂言、不满口污言秽语;讲意业不是说不存心念,而是要求不要有妄念、不要有邪念。这就是说,佛学要求人们一举一动、一言一行,乃至每一个念想都必须是正确的,都必须是善的。

"报"分为现报、生报和后报,这被称为"三报"。现报,即所谓现世现报,就是今生作业,今生即受报应;生报是今生作业,来世受报应;后报是今生作业,经二世三世、百世千世而受报应。慧远大师为此作《三报论》中说:"经说业有三报:一曰现报,二曰生报,三曰后报。现报者,善恶始于此身,即此身受;生报者,来生便受;后报者,或经二生、三生、百生、千生,然后乃受。"并说:"心以善恶为形声,报以罪福为影响。"善恶之报应,如影随形,如响斯应。因果报应是永远不会逃脱的,正如俗话所说"善有善报,恶有恶报;不是不报,时候未到;时候一到,一切都报"。因果业报,在逻辑上,天衣无缝,滴水不漏。

需要指出的是,善恶报应、祸福报应的观念,在佛教传入以前,中国本土文化也已存在,但是,佛学的善恶报应思想逻辑更为严密,补充了中国本土文化报应观念的不足。中国本土文化的报应主要有两个来源:一方面来自上天,如《尚书》中说:"惟上帝不常,作善降之百祥,作不善降之百殃","皇天无亲,惟德是辅"。《道德经》中说:"天道无亲,常与善人。"《墨子》中说:"天子为善,天能赏之;天子为暴,天能罚之。"俗话说"苍天有眼","人在做,天在看"。报应的另一个来源是祖宗,如《周易·坤·文言》所谓"积善之家,必有余庆;积不善之家,必有余殃"。但中国本土的报应观念并不周严,就上天来说,本来应该是善有善报,恶有恶报,儒家还说"仁者寿",但现实中却存在着"好人不长寿,祸害遗千年"的现象;通常说"苍天有眼",但是也会听到另一种说法叫作"老天爷你瞎了眼了"。这就说明了这种报应思想的不周严。至于说报应来自祖宗，无论人们追溯祖上多少代都不足以验证这种报应的真实性。与中国传统的报应观不同，佛学把这种善恶因果报应归结于自身的前世今生，无论善恶，都与他人毫无关联，根本不存在前人栽树后人乘凉，前人种善因、后人得善果的事情。恶报不能嫁祸于人，善报也不能转让他人。自作善恶，自受其报。近人杨度讲得很明白："古宗教家设教愚民，既欲骗其生前行善去恶，必须诳以死后得福免祸。此大诳语，虽至人类绝种之日，必无死尸说话之时，永无对证证明，亦无反证证倒。故可迷多数人，历数千载，为大宗教。"[1] 佛学用死无对证的妙法来论证这种因果报应，人们既不能证明它不存在，也不能证明它存在。那么，大家信不信呢？这是问题的关键。人们还是宁信其有，不信其无。为什么？因为这种理论在本质上说到底是在揭示一种因果关系，最终实现劝善的目的。三世之中，人们虽然看不到前世、来世，但是我们可以把三世理解为过去、现在和未来，比如，去年没好好学习，今年就没能考上大学；不要紧，只要今年好好学习，明年就能考上大学了嘛。我们还可以把三世转换为昨天、今天和明天，昨天夜里没睡觉，今天就会打瞌睡，这就是报应；不要紧，今天晚上好好睡觉，明天就不会打瞌睡了嘛。佛学正是以看似迷信的形式来启迪人们奉行科学的生活方式。所以梁启超先生说，佛教说的"业"和"报"是"宇宙间唯一真理"。[2]

佛学的业报观念在揭示因果相续的思想理念之外，还重点强调自我责任意识。我们每一个人都必须具有自我责任意识，要有为自己的一切行为负完全责任的意识。

第九节　四谛说

"四谛说"是佛学的基本理论和重要学说。"谛"就是"真理"，

---

[1] 杨度：《新佛教论答梅光羲》，载刘晴波主编《杨度集》，湖南人民出版社1986年版，第718页。

[2] 梁启超：《与染令娴等书》，载丁文江、赵丰田《梁启超年谱长编》，上海人民出版社1983年版，第1046页。

"四谛"就是四大"真理",就是关于人生现象的四种真实存在或者说四种真理。具体说来,就是苦谛、集谛、灭谛、道谛。释迦牟尼认为,这就是痛苦的神圣真理。《方广大庄严经》卷十一中说:"佛告诸比丘有四圣谛。何等为四?所谓苦谛,苦集谛,苦灭谛,证苦灭道谛。"

苦谛揭示痛苦的现象和本质。苦谛是"四谛"的关键和根本,它是佛学人生观的理论基石。佛学认为人的一生全是苦难,人的一生就像苦海行舟。变化无常的大千世界,简直就是痛苦的渊薮。整个人生没有安乐,只有痛苦。"一切皆苦"是人生的真谛。这是释迦牟尼对人生本质的洞察和人生价值的判断。苦谛中包括"人生八苦":生苦、老苦、病苦、死苦、怨憎会苦、爱别离苦、求不得苦、五取蕴苦。由生、老、病、死构成的整个生命过程都是苦难,和冤家的会聚或者看到不喜欢的东西是痛苦,和相爱之人的别离或者不能守着喜欢的东西是痛苦,想要的东西得不到是痛苦,还有五取蕴苦。"五取蕴"指的是色、受、想、行、识。五取蕴苦既是一切痛苦产生的原因,又是一切痛苦的集结。在"人生八苦"当中,前四苦是对人生过程的描述,是生理上的痛苦,是肉体上的痛苦;后四苦是对人的情感、思想、意识的描述,是精神性的痛苦。

佛学讲人生苦难,世人往往因此而认为这是消极的思想。对于佛学所说人生痛苦的真谛,我们应当如何来理解?大家都读过很多鲁迅的作品,鲁迅的思想是不是无情地揭示了现实的不完美,让人们相信有缺陷和弊病才是生活的常态?在现实当中,有人总是充满幻想,总是盲目乐观,往往以为生活中到处都应该充满阳光、诗意和鲜花,实际上,人生旅途上固然有阳光明媚,但也有阴霾,甚至还有风霜雨雪;人生旅途上固然有鲜花盛开,但还有野草,甚至荆棘。这才是生活的本来面目。"苦谛说"以矫枉过正的方式给涉世未深的、肤浅的、盲目的乐观主义者当头一棒,把他们从天真地对美好未来的期待与梦幻中醒悟出来,使之以充分的心理准备来正视充满缺憾的人生,使之以充分的心理准备来直面坎坷的人生。这样一来,"苦谛说"就有了指导人生的积极意义。

由此产生的集谛则分析产生痛苦的原因。无明、我执,以及由此产生的"贪、嗔、痴"三毒,这些都是人生痛苦的根源。灭谛是灭除痛苦以后的结果。也就是达到涅槃，离苦得乐。道谛是指灭除痛苦的途径和方法。要摆脱苦难就要破除无明，灭除欲望，破除执着。道谛是引向灭除痛苦，求得涅槃的正道。为了消除人生的苦难，佛学提出了三学、六度、八正道等。而佛学最关注的问题就是寻找人类苦难的根源及解脱苦难的方法和途径。

总之，"四谛说"实质上是揭示人生的痛苦本质、探求人生痛苦的根源、寻求解脱人生痛苦之途径的学说。我们尤其要从苦谛和道谛的旨意中领悟"四谛说"的积极意义。

第十节　三学、六度、八正道

"四谛说"，第一谛揭示了人生的苦难，最后一谛指出了灭除苦难的正确途径和方法。学佛的最终目标，是通过佛法的学习和修行，达到解脱生死轮回的苦，获得涅槃寂灭的乐，这是人生最圆满的境界。灭除人生苦难的正确途径和方法，归纳起来，就是三学、六度、八正道。

三学，又称三无漏学，是学佛者必须修持的三种基本学业，即戒、定、慧。这种说法出自《楞严经》卷六"摄心为戒，因戒生定，因定发慧，是则名为三无漏学"。所谓戒，是指戒律。能防禁身、口、意所作之恶业，即防止行为、语言、思想三方面的过失。佛教制定了许多戒律，有五戒、八戒、十戒等。其中，最基本的五戒是：不杀生、不偷盗、不邪淫、不妄语、不饮酒。所谓定，是指禅定，即使人摒除杂念，澄心静虑，专心致志，以观悟佛理。所谓慧，是指智慧。认知真理而断妄惑并获得解脱的智慧。三学中以慧最重要，戒和定都是获得慧的手段。戒能生定，定能生慧。只有获得慧，才能达到最终解脱的涅槃境界。

六度，是从苦难的此岸度到清净的彼岸的六种方法。具体内容是布施、持戒、忍辱、精进、禅定、智慧。六度，在戒、定、慧三学中增加了布施、忍辱和精进。布施分三类：财布施、法布施和无畏布施。财布施，指通过财物布施以帮助穷苦之人；法布施，指向世人传播知识、真理，使之转惑见为真知；无畏布施，指伸出援手，救人于危难之中，使之获得平安而免于恐惧。忍辱，指能忍受一切骂辱、打击及外界一切寒热饥渴等。这是一种意志和毅力的磨炼。当遭遇困难、挫折和毁谤的时候，不怨不怒，并能外忍饥寒，内忍情欲。精进，指精勤不倦地积极进取。

八正道，是佛学提出的消除人生痛苦的八种正确途径，也是转凡成圣，通向涅槃解脱的正确修行方法。具体内容是正见（即正确的见解）、正思（又叫正志，即无念、无分别）、正语（即正确的言语）、正业（即正确的行为）、正命（即正确的生活方式）、正精进（即精勤努力、进取不已，反对懈怠）、正念（即正确的念想，不生邪念）、正定（即正确的禅定，澄心静虑，专注守一）。八正道实际上分属于戒、定、慧三学。

第一部分是正见，即正确的见解和正确的思想认识。这属于三学中"慧"的内容，即如实地认识世界。佛学认为人生苦难的根源是无明，无明就是糊涂，没有智慧的光明。所以，佛学首先提出了灭除人生苦难的重要方法是"正见"，要有正确的见解，要有智慧，要有对人生的真知灼见。这是如实了知一切因果的智慧，是对诸如缘起学说、"四大皆空"、众生平等等佛学理论的深刻理解和把握。有了正见的智慧，才能对是非、善恶、真伪做出正确的判断，才能保证身、口、意三业的正确性。

第二部分是正思、正语、正业、正命、正精进、正念，这属于戒的内容，即正确的语言、正确的行为、正确的职业操守、正确的念想，其根本目的是要求和帮助人们建立健康的、正确的生活方式。健康的生活方式，是建立良好心态、营造和谐环境的重要基础。

第三部分为正定，属于定的内容。即正确的禅定方法。

所有的解脱人生苦难的方法，其宗旨在于培养坚定的信仰、精勤的态度和积极的行为，这对人们的思想、言论和行为，既有消极的防范，又有积极的引导，从而引领人们使其一言一行、一举一动乃至每一个念想都务必保持正确。

第十一节　三法印

为什么叫法印？印，是印章、印玺。古代大多作封发物件，把印章盖于封口之上，作信验。秦始皇以后，皇帝的大印称为"玺"。还有一个词叫"符节"。符节、印玺，所以示其信也。犹如世间的公文，凭借印鉴可以确认公文的真假。所以，三法印，就是验证一切佛法真伪的三大标准或者三大原则，是佛法的根本所在、标识所在，也是佛教的核心价值。凡符合这三大原则的，便是真正的佛法。

"三法印"出自《大智度论》"佛法印有三种：一者，一切有为法，念念生灭皆无常；二者，一切法无我；三者，寂灭涅槃"。汉译《杂阿含经》的表述是："一切行无常，一切法无我，涅槃寂静。"现在通常的表述是"诸行无常，诸法无我，涅槃寂静"。

首先是诸行无常。"行"，本是运动、流转、变化的意思，这里代指运动、流转、变化着的事物。佛学认为，世间一切事物现象都没有常住不变的本质，而是处在无常的生灭变化之中。世间万有无时不处在成住坏空的流转变化之中，过去有的，现在起了变异；现在有的，将来终归幻灭。世间一切事物，皆在刹那之间迁流变异，无一物常住而不变。世界万有是变化无常的，正好像"好花不常开，好景不常在"。无常，乃世间之自然法则，这才是真正的"常"。这个世界上唯一不变的是一切都在变。人的一生自始至终也处在不停地流转变化之中，《红楼梦》里写甄士隐听到一跛足道人唱《好了歌》，随之顿悟，既而作《好了歌注》，进一步引申解说了《好了歌》的思想意蕴。其中写道："陋室空堂，当年笏满床；衰草枯杨，曾为歌舞场。""金满箱，银满箱，展眼乞丐人皆谤。"有人追求长生不老、青春永驻，这都是妄念、妄想，那是绝对不可能的。彻悟了变化无常乃生命的特征，就会在一切境遇中，随遇而安。

其次是诸法无我。诸法是包括现象与本质、此岸世界和彼岸世界的总称。诸法无我，就是说一切事物都是无自性的。前面讲过缘起学说，说明了一切事物和现象都是因缘和合而成的，没有独立的、实体的、永恒存在的事物，万物都没有独立的自性。换句话说，世界上没有单一独立的自我存在、自我决定的永恒事物，一切事物都只是因缘凑合而成的，因此是相对的和暂时的。诸法无我，实际上可以看作是"四大皆空"的另一种表述。从佛学人生观来看，诸法无我的核心，是为了破除"我执"，破除对一切实体自性的执着。

最后是涅槃寂静。"涅槃"是梵文音译，意译作"圆寂""灭度"，佛教各派依据不同理解或不同语境还有"无为""解脱""寂灭"等很多种译法。涅槃就是寂静，寂静就是涅槃。涅槃寂静是超脱生死的寂静境界，涅槃是佛教理想世界、彼岸世界的极乐境界。涅槃是人们免受欲望折磨的最终归宿，是对绝对自由的实际体验，也是在肉体消解之后所回归的原始的本来的清净。部派佛教通常视涅槃为灭除了烦恼与痛苦的状态和境界。如《杂阿含经》卷十八中说："涅槃者，贪欲永尽，瞋恚永尽，愚痴永尽，一切诸烦恼永尽，是名涅槃。"涅槃是真正地、彻底地实现了离苦得乐。

三法印中，诸行无常和诸法无我是对现实的认识，而涅槃寂静是人生最后的理想归宿。无常、无我、涅槃是佛教对人生、宇宙的现实与理想的基本认识。并且，这三者之间，也存在着因果关系，只有彻悟了诸行无常和诸法无我，才能实现涅槃寂静。

第十二节　大千世界

大千世界，是"三千大千世界"的简称。"三千大千世界"并不是三千个大千世界。

佛学认为，大千世界包括小千、中千和大千三个层次。以须弥山为中心，由同一个日月所照的四方天下是一个小世界，一千个这样的小世界构成一个小千世界，一千个这样的小千世界构成一个中千世界，一千个这样的中千世界构成一个大千世界。也就是说，一千个世界为小千世界，一百万个世界为中千世界，十亿个世界为大千世界。由于大千世界

第五章　佛学文化

包含有小千世界、中千世界、大千世界，所以合称为"三千大千世界"。《大智度论》中说："百亿须弥山，百亿日月，名为三千大千世界。如是十方恒河沙三千大千世界，是名为一佛世界，是中更无余佛，实一释迦牟尼佛。"这是佛学的宇宙观。

说到宇宙观，大家知道，"宇宙"本来是空间和时间的总称，包含着时间和空间双重含义。《淮南子·齐俗训》中曰："往古来今谓之宙，四方上下谓之宇。""宇"是空间概念，指天地四方；"宙"是时间概念，指古往今来。而现在所谓的"宇宙"，大多指空间，而没有了时间的内涵，说宇宙是包括一切天体的无限空间。"世界"这个词也是这样，原本也是包含着时间和空间双重意义的，"世"是时间概念，"界"是空间概念。《楞严经》中说："世为迁流，界为方位。汝今当知：东、西、南、北、东南、西南、东北、西北、上、下为界；过去、未来、现在为世。"而在现在的具体使用中，"世界"一词偏重于"界"，偏重空间方面的意义。

在佛学看来，大千世界和宇宙同样是在空间上无边无际，在时间上无始无终的概念。但又比"宇宙"似乎更具体，更深刻。"宇宙"的概念并没有量化，而大千世间的概念是可以计算的。《金刚经》第十八品中说："如一恒河中所有沙，有如是等恒河，是诸恒河所有沙数，佛世界如是，宁为多不？"大家可以算算，一条恒河有多少沙粒，就有多少条恒河，然后算算所有恒河里的所有的沙粒数，那就是佛世界的数量。你说多不多？你说大不大？

我们现在人所说的世界基本上就是指地球，而佛祖用"一个日月所照"的空间做比喻，非常形象地表现了一个小世界，实际上就是现在所说的太阳系。那么，再大的空间就是小千世界，也就是太阳系以外的恒星系，应该差不多就是现在所说的银河系。再进一步到更大的空间——中千世界，就相当于现代物理学所说的更高一级的星系团，每一个星系都是星系团的成员星系。而一个个的星系团合起来的总星系，才是大千世界。佛教宣扬无量无边的佛土，似乎是一种宗教的想象和虚构，但是它确确实实凸显了宇宙的无限性，又像是一种空前的宏观假设，具有一定的合理性。

"三千大千世界"不仅表现了宇宙空间的无限性，而且说所有的大千世界都在成、住、坏、空的过程当中迁流变幻、循环往复，以致无穷。有一个词叫"劫"，"劫"有多个意思，其原本的意思是极为久远的时期，后来作为世界发展的一种周而复始的周期。每一个从创造到毁灭的过程，称为"一劫"，具体有小劫、中劫、大劫等，以此来表现宇宙时间的久远和无限。有人进行过粗略的计算，大约一千六百万年为一小劫，三十二亿年为一中劫，一百二十八亿年为一大劫。

由此可见，两千多年前的佛学似乎已经把视野拓展到了现代科学所研究的银河系以外的星系。许多科学家，尤其是物理学家和天文学家，在钻研现代科学的过程中，常常会对古老佛学中的智慧感到惊叹，因为佛学不仅仅与宗教、哲学有关，它的许多知识和观点与现代科学的最新发现也有许多可以相互发明、相互印证的地方。

第十三节　万法唯识

我们介绍了大千世界，大家了解了大千世界是在时间上无始无终，在空间上无边无际的概念。佛学也论述了宇宙的现象，各种现象在佛学看来都是空，所谓"四大皆空"。对大千世界的一切事物和现象，就其本质来看，除了四大皆空说以外，还有一种说法，这就是万法唯识。

在中国佛教宗派中有一个宗派叫唯识宗，其创始人是唐代的玄奘法师及其弟子窥基大师。由于窥基大师常住长安慈恩寺，世称"慈恩大师"，所以唯识宗也称为"慈恩宗"。唯识宗的核心宗旨就是认为一切事物和现象都是思想和意识作用下的产物，所以又被称为唯识学派。

一切事物和现象都是由心念、意识所致，这是唯识学派的根本学说。唯识学思想体系的基本命题是万法唯识"一切唯识所现""唯识所变""唯识无境"。这些意义相近的命题认为，心识是认识的前提，一切事物，即所谓"万法"，都是心识的变现，都离不开心识的作用。也就是说，宇宙世界的一切，都只是由心识映现出来的表象而已。世间一切法都是唯心所造,"心生种种法生,心灭种种法灭"(《大乘起信论》)。对待任何事情,只要心念转变或消失,外界也就没有固定的、永恒的、不变的现象。现象随着人们心念的转变而变化。缘起性空,缘起缘灭,生灭无常,本无自性。万法唯识,一切法相皆是众生心识的变现。世间的一切事物,都是由众缘和合而生,众缘和合而成的诸法,其性本空,本无真实的自体。一切万有,都是心识作用的结果,心外别无法,法须向心求,这也就是所谓"不真空论"。"不真"就是空,空就是"不真"。"不真空论"着重说明了世界本源的"不真"、空的特性。既然"四大皆空",那么又从何而来世间万象呢?天台宗创始人智𫖮提出了"一念三千",试图解决这一问题。所谓"一念三千",就是说"三千大千世界"都在一念之间,都是一念所生,都是一念所致。这是禅定观照宇宙万物的学说。他说:"三界无别法,唯是一心作。"世界上并没有真实的事物存在,一切事物都是心的变现,都是心念的造作。

大家都知道"杯弓蛇影"的故事。《晋书·乐广传》中记载,乐广在河南做官,曾经有一个好友,很久没来他家,乐广询问其原因,朋友回答说:"以前在您家喝酒的时候,看见杯中有一条蛇,心里十分恶心,喝了那杯酒以后,就得了重病。"当时,朋友喝酒的时候,旁边墙壁上挂着一张弓,弓上有一条用漆画的蛇。乐广猜想杯中的影子就是弓了。于是,他再次请那位朋友在原来的地方坐下喝酒,然后问朋友说:"酒杯中是否又看见什么东西了?"朋友回答说:"跟上次一样。"于是乐广就告诉他其中的原因,朋友豁然开朗,解开了心结,病顿时就好了。此类的成语还有草木皆兵、疑神疑鬼、风声鹤唳,这都是心理的作用。这个故事很好地诠释了万法唯识。中医学也特别重视心理情志因素对健康的影响。有些肿瘤病人本来有可能带癌生存一段时间的,可是一旦确诊以后,没过几个月就去世了,这就是心神先乱了方寸的结果。

还有一个说法叫"相由心生""境随心转",现在人们常常用以说明相貌是由心底的善恶决定的,境遇也会随着心底的善恶而改变。实际上,这里所说的"相"是"法相",是物相,是世间万物的表现形式,"境"是周围的环境现象,都是指人所看到的事物。事物的本质、本体到底是怎样的？这些都是由观者的心识、心智、心能所决定的。不同的心境和不同的精神状态，对同一件事物的观感是不同的。正所谓你用什么颜色的眼睛去看世界，世界就是什么颜色。北宋文学家范仲淹的《岳阳楼记》写出了两种景色，一种景色是"淫雨霏霏，连月不开，阴风怒号，浊浪排空"，另一种景色是"春和景明，波澜不惊，上下天光，一碧万顷"。他同时写出了两种不同的心境，一暗一明，一悲一喜，表现出景象与心情的互相感应。心情愉悦的时候，整个世界都是明亮的；失意悲伤的时候，整个世界都是灰暗的。事实上，万法唯识的思想对宋明理学中的陆王心学也产生了极其深远的影响。

第十四节　一即一切

本节我们来学习佛学中的"一即一切"，其完整表述为"一即一切，一切即一"。"一即一切"是佛学中的一个重要命题，主要是揭示"一"与"多"之间相互融通的关系。《金刚经》第十八品是"一体同观分"，除了"一体同观"，大家平常还会听到"九九归一""不二法门""了无分别"等，这些说法的意思都在于说明世间万物的联系性、融通性。

《一体同观分》讲如来有肉眼、天眼、慧眼、法眼、佛眼，合称"五眼"。这"五眼"的视见能力依次增强，从肉眼凡胎到开了天眼，从开了天眼到独具慧眼，然后再到清净法眼与无所不见的佛眼，意在说明从低到高的五种智慧，也是观照世界、人生及人类心识的五种认识能力和认识水平。也就在这一品里，《金刚经》讲述了像所有恒河的所有沙粒数那样多的佛世界，佛世界如此之大，而对佛世界里的"所有众生"的"若干种心"，"如来悉知"，如来都知道，为什么？他怎么能知道那么多？因为"万法归一，更无异观"。明白了"一即一切，一切即一"，就能高屋建瓴，提纲挈领，执简驭繁，洞见一切。《金刚经》里佛祖与须菩提的对话，非常巧妙，到处都是机锋，关键就在于他能以不变应万变，第二十一品"非说所说分"，佛祖给须菩提说："须菩提！汝勿谓如来作是念：'我当有所说法。'莫作是念，何以故？若人言：如来有所说法，即为谤佛，不能解我所说故。须菩提！说法者，无法可说，是名说法。"意思是说，"四大皆空"，我说法这个事也是空。这时候，须菩提很机智地问佛祖说："世尊！颇有众生，于未来世，闻说是法，生信心不？"意思是说，佛祖啊！你说你说的法也是空，那么将来的众生对您说的这些法还信不信呢？佛祖说："须菩提！彼非众生，非不众生。何以故？须菩提！众生者，如来说非众生，是名众生。"就是说，众生也是空。一切皆空，这就是所谓"因缘所生法，佛说即是空"。修行过程中，佛祖在星月朗照的夜空顿悟了宇宙人生的真相，证悟出宇宙同体，世间万有皆是幻象，法界全息，万物一体，四大皆空。

佛学著作对此做了很多的论述。《华严经》卷一中说："知一世界即是无量无边世界，知无量无边世界即是一世界，知无量无边世界入一世界，知一世界入无量无边世界。"《华严经》第九品中说："一切中知一，一中知一切。"华严宗的创始人法藏法师，为了给武则天通俗地讲解事物与事物之间圆融无碍的关系，他设计了一个实验装置作为教具，由此及彼，进行直观讲解。他取十面镜子，安放于八方和上下，镜面相对，距离一丈，中间安放一尊佛像，并点燃一支蜡烛，来照着中间安放的佛像，于是每面镜子中都现出重重叠叠的佛像。每一面镜子里都包含着其他镜子里的内容。以此说明"一即一切，一切即一"的佛学命题。光的映射现象及科学原理，确实有力地支持了佛学的这一命题。

世界上的事物尽管千差万别，但从佛学来看都是因缘和合而成的，都是空幻的，因此都是没有分别的，是统一的整体。《坛经·行由品》中说："无二之性即是佛性。""佛性是佛法不二之法。"玄觉在《永嘉证道歌》中说："一性圆通一切性，一法遍含一切法，一月普现一切水，一切水月一月摄。"后来有了更加诗意化的表述，叫"千江有水千江月，万里无云万里天"。月如佛性，千江则如众生，江不分大小，有水就有月；人不分贵贱，有人便有佛性。佛性在人心，无所不在；就如月照江水，无所不映。任何众生，都有佛性，就像任何江河，只要有水，就有明月。

以"一即一切""了无分别"为基础，佛学提出了一系列认识事物的"不二法门",形成了整体感悟的思维方法。如龙树在《中论》中说:"涅槃与世间,无有少分别;世间与涅槃,亦无少分别。"这就意味着,在总的一理的统摄下,一切事物都是相互联系、互为因果的整体。这就形成了圆通无碍的认识论和思维方法。这与道家的万物齐一论有着非常相似的地方。不过,道家的"万物齐一"是以"道"为基础的,佛学的"一切即一"是以空为基础的。

佛学主张用"了无分别"的方法去认识事物,反对用条分缕析的方法看待事物,所谓"智者了无分别,愚者强析名言"。中国传统文化讲天人合一、天人相应,认为人与自然、社会是统一的,自然秩序与社会伦理也是一致的。有了佛学的"了无分别",就使得中国固有的整体思维方法更加凸显出来,成为中国传统文化最突出的思维模式。宋明理学正是在汲取了道家"万物齐一"和佛学"一即一切"的基础上提出了"理一分殊"的重要思想。

第十五节　八不中道

八不中道是古印度佛教中观派和中国佛教三论宗的重要理论。中道实相论是三论宗的中心理论。三论宗的根本圣典,是大乘佛教的龙树所作的《中论》。八不中道就源于《中论》篇首所说的"不生亦不灭,不常亦不断,不一亦不异,不来亦不出"。四句偈语中,用八个"不"来否定了四对相对立的概念。生和灭、常和断、一和异、来和出,四对范畴八个概念,都是基于缘起诸法的假相,因缘而生,因缘而灭;因缘而常,因缘而断;因缘而一,因缘而异;因缘而来,因缘而出。这都与中道实相不相应,所以龙树提出"不生不灭,不常不断,不一不异,不来不出"的高妙之见。

中道,就是不执着于"两边"(即两个极端)的不偏不倚的道路或者观点、方法。中道被认为是佛教最高的真理。中道即实相,实相即中道。《大智度经》卷四十三中说:"常是一边,断灭是一边,离是二边行中道,是为般若波罗蜜。"就是说,离开对立的两边而行中道,这才是解脱的智慧。《中观论疏》卷二中说:"中道佛性,不生不灭,不常不断,即是八不。"如来不住苦乐两边,常行中道。《中庸》中说:"喜、怒、哀、乐之未发,谓之中。"可是,世人无不生活在喜怒哀乐之中,无时无刻不生活在苦乐、祸福、得失、是非、善恶、明暗、动静、美丑等对立的两边,要么喜,要么怒;不是哀,就是乐。在佛学看来,这都是生存在虚妄不真的幻境之中,没能获得人生的要道和真谛。

佛学的中道观是以否定"边见""不落二边"为特征的,"边见",是偏执一端、以此为绝对真理的片面之见。"不落二边"即不执着于对立双方的任何一方、不走极端的思维路径。

中道不同于儒家的中庸。儒家的"中庸之道"讲究"叩其两端,允执厥中",在否定了两个极端之后要求"执其中",这是对"中"的肯定。在主张四大皆空的佛学看来,既然"四大皆空",就不能有所肯定,只要有所肯定,便陷入了对"有"的执迷。真正的空应当是无所肯定的。无所肯定,便以不断否定为特征。而佛学的中道实相论,不断否定到最后得到的结论却不是肯定什么,而是无所肯定。"如来不在此岸,亦不在彼岸,不在中流。"不在此岸,不在彼岸,亦不在中流,那到底在哪里?得到的答案是哪儿都不在。"亦有亦空,非有非空。"不但破除了对"有"的执着,而且破除了对空的执着。说有也没有,说没有也有。这是一种非常玄妙的状态。禅宗中有个关于青源惟信禅师的著名公案,他说:"老僧三十年前来参禅时,见山是山,见水是水(这是世俗有);及至后来亲见知识,有个入处,见山不是山,见水不是水(这是"四大皆空"的真谛);而今得个休歇处,依然是见山是山,见水是水。"最后的"依然是见山是山,见水是水",这就是对中道谛的表述,亦山亦非山,亦水亦非水。龙树在《中论·观因缘品》中说:"不生亦不灭,不常亦不断,不一亦不异,不来亦不出。"僧肇在《维摩经注·佛国品》中说:"欲言其有,有不自生;欲言其无,缘会即形。会形非谓无,非无非谓有。且有有故有无,无有何所无;有无故有有,无无何所有,然则自有则不有,自无则不无。"关于有与无的问题,《中观》中还说:"物从因缘故不有,缘起故不无。"凡由因缘而生的事物都不是有,既然因缘而起了，那么就不是无。《中论》中说："诸法不有不无者，此第一真谛也。"僧肇《不真空论》中载："然则非有非无者，信真谛之谈也。"这些表述都把"不有不无""非有非无"作为最高真理。

中道实相、八不中道是佛学的重要理论，中国传统文化受其影响的痕迹是非常明显的，凡事最好的处理方法就是不执着，比如对世俗的功名利禄，通常说看破红尘，而在佛学看来，应当是不能不看破，亦不能看得太破。有了这种认识论和思维方法，就会显得圆通无碍、灵活万变。即便是艺术的处理方法也是如此，如唐代徐浩在《论书》中讲书法的技巧和玄妙，说："字不欲疏，亦不欲密；亦不欲大，亦不欲小。"宋代姜白石在《续书谱·用笔》中说："用笔不欲太肥，肥则形浊；又不欲太瘦，瘦则形枯。"明代唐志契在《绘事微言·名人画图语录》中说，"戴冠卿云：画不可无骨气，不可有骨气"，"不可无颠气，不可有颠气"。这种"不粘不脱，不即不离"的妙笔为形成缥缈的艺术境界提供了美学法则。

第十六节　无念为宗

中国佛教禅宗以无念为宗、无相为体、无住为本，我们先来讲述无念为宗。

禅宗是中国佛教宗派之一，始于达摩，盛于六祖惠能，因主张以禅定修习而得名。是佛教中国化的典型代表，被称为"教外别传"。禅宗所尊奉的经典有一个演变的过程，五祖弘忍以前是《楞伽经》，弘忍以后是《金刚经》，六祖惠能以后，则是辑录惠能言行的《坛经》。《坛经》是由中国僧人创作的唯一被称为经的佛学著作，其核心可以概括为无念为宗、无相为体、无住为本。惠能在《坛经》中说，"我此法门，从上以来，先立无念为宗，无相为体，无住为本。无相者，于相而离相；无念者，于念而无念；无住者，人之本性"，"世人外迷着相，内迷着空。若能于相离相，于空离空，即是不迷。若悟此法一念心开，是为开佛知见"。

无念为宗，就是以无念为宗旨。《坛经》中说："何名无念？若见一切法，心不染著，是为无念。"并且说："悟无念法者，万法尽通；悟无念法者，见诸佛境界；悟无念法者，至佛地位。"说明了什么是无念，也说明了彻悟无念的重要意义。无念，不是说不思、不想，不是说要停止一切思维意识活动，而是"心不染境"，"于诸境上，心不染，曰无念"，"于念而无念"。就是要排除一切杂念、邪念、妄念、执念。《金刚经》第二品"善现启请分"，善现须菩提提出的问题就是："善男子、善女人，发阿耨多罗三藐三菩提心，应云何住，云何降伏其心？"如何保持善念、善心，如何降服妄念、妄心，这是须菩提最关心的问题。这就说明无念并不是什么都不想，而是不能有妄想。无贪嗔痴之念，有戒定慧之念。《金刚经》第三品在讲"所有一切众生"时，说："若有想、若无想，若非有想、非无想。"有想、无想，非有想、非无想。仔细玩味，这种境界很有意思，也很玄妙。想也不想，不想也想；不是想，也不是不想。念念不执着，念念无挂碍。曾经有个公案说，有一个人问禅师：何谓无念？什么是无念？禅师回答说：如水上击石块。水上击石块就是打水漂，也叫打漂子。在池塘里或江河里，与水面基本平行，投掷一块薄薄的、平平的小石片，石片在水面上会漂行一会儿，是种很好玩的游戏。禅师以此形象地揭示"于念而无念"的含义。不要念念不忘，面对任何事物，心不染著。物来则应，物去不留。相反，世俗之人总是在事情尚未发生的时候就杞人忧天，在事情早已过去的时候还耿耿于怀。禅，本来的意思是静虑，它原本是佛教的一种修行方法，就是打坐。盘腿坐下，安安静静地想，这就是禅。这种想，不是想，也不是不想，所以是"非想""非非想"。概括而通俗地讲，无念包括无妄念和无执念。不要胡思乱想，也不要念念不忘。要做到无念，就要做到无相，所以六祖惠能又提出无相为体。

所谓无相为体，就是以无相为本体。"无相者，于相而离相。"（《坛经·定慧品》）"相"是指事物的现象。佛学认为，一切事物的"相"都是心造，一切事物也都是因缘和合而成，都不是真实的，只有摆脱了这些虚妄的假相，才能认识到世间万物的真实本质。《金刚经》第五品中说："凡所有相，皆是虚妄。若见诸相非相，则见如来。""四大皆空"，因此不要执着于相。《金刚经》第三品讲如何"灭度"众生，佛祖说："若菩萨有我相、人相、众生相、寿者相，即非菩萨。"反过来说，要想成为菩萨，就必须破除我相、人相、众生相、寿者相。《金刚经》的主要思想就是"以无我、无人、无众生、无寿者，修一切善法"，唯此才能获得"无上正等正觉"。

无住为本，就是以无住为根本。住，是停留、保持。无住，就是不执着。"无住"不是指事物不能常住不变，而是指在思想上破除执着，不让思想心念停留、执着于任何一事一物。"无住"就是心无所执着，了无挂碍。前面已经讲过"四大皆空"、诸法无我、诸行无常，既然一切事物本来都是虚妄的、空幻的，而且也是瞬息万变的，犹如莲花不着水，亦如日月不住空，所以要"无住为本"。"无住者，人之本性"，也是禅宗修行的根本。《金刚经》第十品中说："诸菩萨摩诃萨应如是生清净心，不应住色生心，不应住声、香、味、触、法生心，应无所住而生其心。"这句话被称为"一灯之光可破千年陈暗"。当禅宗弘忍大师欲传衣钵而立第六代祖时，神秀上座所作的偈语是："身是菩提树，心如明镜台。时时勤拂拭，勿使惹尘埃"。此偈虽名为"无相偈"，实是有相之作，而惠能所作的偈语"菩提本无树，明镜亦非台。本来无一物，何处惹尘埃"，则体现了他对"四大皆空"的深刻洞见，可谓真正的"无所住而生其心"，这才是无念的境界。

第十七节　佛学与中医

佛学传入中国是在两汉之间，而中医理论在西汉时期已经形成，似乎两者之间没有什么关联。实际上，在佛教传播的过程中，不论是出于自身防病治病的需要，还是为取信于世人以方便传教的需要，僧人们都非常重视医学。在中医发展的过程中，传统医德体系的构建、中医理论体系的完善、诊疗技术水平的提高、治病药物品种的丰富及养生防病理念的深化，无不受到佛学的影响。

首先是医学道德体系的构建。"兼好释典"的药王孙思邈基于他"人命至重，有贵千金。一方济之，德逾于此"的认识，在《千金要方》第一卷写下了千古传诵的名篇《大医精诚》，对医生提出了学医与行医的规范要求：一是"精"，医术要精湛，二是"诚"，医德要高尚，这是说医生怎么样做到德艺双馨。而在"精"和"诚"之间，更主要的在"诚"。他从思想境界、治病态度、为医风范和行医规范等方面对医生提出了具体、细致而全面的要求，要求医生"用心精微""精勤不倦""澄神内视""至意深心"，对病人一视同仁，"若有疾厄来求救者，不得问其贵贱贫富，长幼妍蚩，怨亲善友，华夷愚智，普同一等，皆如至亲之想"，"又不得以彼富贵，处以珍贵之药"。这是孙思邈最早为医生提出的道德规范，可以说是传统医学道德的宣言书。

其次是中医理论体系的完善。在印度哲学看来，地、水、火、风被认为是构成物质世界的基本要素。人身也是由"四大"构成，这是印度医学的理论基础。《佛说五王经》中说："人由四大和合而成，一大不调，百一病生，四大不调，四百四病同时俱作。"人身中的"四大"各能生一百〇一种病，合生四百零四种，即一切身病的总称。其中，地大病相为身体沉重，坚结疼痛；水大病相为饮食不消，腹痛下痢；火大则会全身发热，大小便不通；风大会引起肺闷，气急呕吐。《佛说佛医经》中说："人身中本有四病，一者地，二者水，三者火，四者风。风增气起，火增热起，水增寒起，土增力起。本从是四病，起四百四病。土属鼻，水属口，火属眼，风属耳。"受其影响，孙思邈在《千金要方》中说："地水火风，和合成人。凡人火气不调，举身蒸热；风气不调，全身僵直，诸毛孔闭塞；水气不调，身体浮肿，气满喘粗；土气不调，四肢不举，言无音声。火去则身冷，风止则气绝，水竭则无血，土散则身裂。"《中华大藏经》中说："云何为病？病谓四大毒蛇互不调适。亦有二种，一曰身病，二曰心病。"就是说"四大"不调，会产生生理疾病和心理疾病。

再次是诊疗技术水平的提高。佛学不仅指出了解脱众生苦难的途径和方法，还为医治众生的心病和身病提供了高超的技术，带来了东土中国所没有的医术。如古印度的眼科技术非常先进,其中对我国影响最大的是金针拨障术,佛学著作《天竺经眼论》中记载的金针拨障术是我国有史可考的手术治疗白内障的最早文献。又如晋代僧医支法存是我国脚气病防治学的先驱,后来的《僧深药方》收录脚气病验方一百余首,原书散失,为《外台秘要》《医心方》等所引录。我们不仅能在佛经中发现有关医学的内容,而且还能看到像《佛医经》这样的专门性佛医著作。这些都丰富了中医养生治病的内容。

最后是药物品种的丰富。在药物方面,佛经的认识和讲述,也十分丰富。北凉昙无谶所译《大集经》卷九中有耆婆"天下所有,无非是药"一语,唐代孙思邈在《千金翼方》中说:"有天竺大医耆婆曰:天下物类,皆是灵药。万物之中,无一物非药者,斯大医也。"自唐以后,历代都编修本草学著作,从唐代的《新修本草》(载药844种)到宋代的《证类本草》(载药1746种),再到明代的《本草纲目》(载药1892种),记载的药物不断增多。其中不少药物如龙脑香、胡椒、胡桃、丁香、犀角、麝香、苏合香、郁金香、曼陀罗、雄黄等都是随着佛教传入我国的。

第十八节　因果论与治未病

因果论是佛学的重要理论,有句话讲"万法皆空,因果不空"。所谓因果论,是说任何事物的产生和发展,一定有其原因与结果。一种事物产生的原因,必定是另一事物发展的结果;一种事物发展的结果,也必定是另一种事物产生的原因。佛学所讲的因果论与其业报说有关。所谓"业"就是造作、行为,所行善事为善业,所做恶事为恶业。有了善业、恶业,就会产生善报或恶报,这就是业报。所做之事为因,所受之报为果。佛学的因果业报理论可谓非常严密、滴水不漏。中华民族其实很早就有报应的思想,但是佛教传入中土之前,我们的报应思想基于天人感应和宗法制度,赏善罚恶的力量来源于天,而家族作为一个世代更替的整体,其善恶行为所带来的祸福吉凶则会积累和传递。而佛教讲的报应呢，则是自己作业，自己受报；自己造因，自己受果，也就是自作自受。佛学把"业"又细分为身业、口业和意业，这就包括了一切行动、言语和念想在内的身心活动。也就是说，人的一言一行，乃至一个念头、想法，都是因果关系中的"因"，它们都会给行为者本人带来相应的"果"。所以，我们每一个人，都要为自己的一言一行，乃至一个细微的念头和想法负全部的责任，我们在做人上也就不能有半点儿懈怠。佛学就是这样，揭示了每一个人都必须具有向善、行善的自我责任意识的意义，从而起到了拯救人类灵魂的重大作用。

因果论是佛陀智慧的结晶，是佛陀洞见事物的本质而总结出来的事物发展规律，它与作为佛学理论基础的缘起学说也是一脉相承的。所谓缘起，即诸法由因缘而起，就像释迦牟尼所给出的定义那样："此有故彼有，此生故彼生，此无故彼无，此灭故彼灭。"（《杂阿含经》）缘起因果，不仅适用于人的善恶行为，也适用于一切现象的发展变化，因此缘起因果学说也就成了佛学重要的认识论内容。其实，不仅佛学讲因果，科学同样也讲因果。不讲因果，我们如何认识自然世界和人类社会的变化规律？只不过，科学的因果探索着重点在客观的物质世界；而佛学的因果论重点在于揭示人类主观的精神世界的内在规律。

既然凡事都有因，那么疾病也不例外。如果我们能够着眼于引发疾病的原因提早进行预防，就可以在根本上杜绝疾病的产生或者治愈刚刚兴起的疾病，这就是中医"治未病"的理念。最早提出"治未病"概念的是中医经典《黄帝内经》。《素问·四气调神大论》中说："是故圣人不治已病治未病，不治已乱治未乱，此之谓也。夫病已成而后药之，乱已成而后治之，譬犹渴而穿井，斗而铸锥，不亦晚乎。"《素问·刺热》篇中说："病虽未发，见赤色者刺之，名曰治未病。"元代医家朱丹溪在《丹溪心法》一书中专门有一篇名为《不治已病治未病》，他说："与其救疗于有疾之后，不若摄养于无疾之先，盖疾成而后药者，徒劳而已。是故已病而不治，所以为医家之法；未病而先治，所以明摄生之理。夫如是则思患而豫防之者，何患之有哉？此圣人不治已病治未病之意也。"

基于因果业报理论，佛学提出，要想消除人生苦难、拯救人类灵魂，就要奉行八正道。而中医呢，基于治未病的理论，指出防治疾病和养生保健贵在能够"恬淡虚无""精神内守""食饮有节，起居有常，不妄作劳"，如此才能"形与神俱，而尽终其天年，度百岁乃去"。（《素问·上古天真论》）总之，中医养生和"治未病"的核心理念就是让我们在根源上产生对致病原因的察觉，恪守正确的思想方式和生活方式，从而防止疾病之果的最终显现。

在现代社会，许多人将关注的焦点始终放在疾病的治疗方法上，却很少有人能够将关注的焦点放在疾病的预防之上。对于中医学来说，"治未病"是最高的养生保健战略。道家经典《鹖冠子》上曾记载了一则关于扁鹊的故事，是说魏文侯问扁鹊："你家里兄弟三人，谁的医术最为高明呢？"扁鹊的回答是："长兄最善，中兄次之，扁鹊最为下。"大家可能会认为，扁鹊都够厉害了，难道他大哥、二哥治病的方法比他还多吗？魏文侯当时估计也是这么想的，不料扁鹊的回答却是："大哥治病望神色即知病情，疾病未成形即将它消除掉了，所以他的医名不出于家。二哥治病比大哥差一点，他是在疾病发展到毫毛之间的时候来治疗，所以医名不出于乡间。至于我扁鹊，都是在病情已经深入时才治疗，针刺、方药、手术，所有的方法都用上了，所以我名气最大，诸侯没有不知道的。"在扁鹊看来，名气最大，反而医术最低，因为名气最小的大哥，是最善于"治未病"的，所以他的医术才是最高的。

可见，中医的最高境界就是明了疾病因果，从而善于从源头杜绝病因、防止病果。20世纪50年代时，北京苏联红十字医院（后来更名为北京友谊医院）刚成立时，毛泽东为之题词："减少人民的疾病，提高人民的健康水平"，这个题词的宗旨在于"减少疾病"，而现代好多医院的绩效指标却是病床床位数、门诊人次数等，大家可以想一想，床位数、门诊数不断攀升是发展医疗卫生事业的初衷吗？所以说，我们今天重提中医"治未病"的战略，无论是对于医疗卫生事业调整发展方向，还是对于个人调整生活方式和思考方式，都是具有重要意义的。

参考文献

（清）皮锡瑞：《经学历史》，周予同注释，中华书局2004年版。
（清）阮元：《十三经注疏》，中华书局2009年版。
《中国文化研究集刊》第二辑，复旦大学出版社1985年版。
北京大学哲学系中国哲学教研室：《中国哲学史》，北京大学出版社2003年版。
陈鼓应：《老子注译及评介》，中华书局1984年版。
陈鼓应：《庄子今注今译》，中华书局1983年版。
陈来：《宋明理学》，辽宁教育出版社1995年版。
程士德：《素问注释汇粹》，人民卫生出版社1982年版。
丁文江、赵丰田：《梁启超年谱长编》，上海人民出版社1983年版。
方立天：《中国佛教哲学要义》，中国人民大学出版社2002年版。
冯友兰：《中国哲学史》，华东师范大学出版社2011年版。
郭沫若：《十批判书》，东方出版社1996年版。
郭齐勇：《中国哲学史》，高等教育出版社2013年版。
韩复智：《钱穆先生学术年谱》，中央编译出版社2012年版。
胡孚琛、吕锡琛：《道学通论》，社会科学文献出版社1999年版。
胡适：《胡适精品集·我们对于西洋近代文明的态度》，光明日报出版社1998年版。
胡潇：《文化的形上之思》，湖南美术出版社2002年版。
黄寿祺、张善文：《周易译注》，上海古籍出版社2010年版。
金景芳：《周易讲座》，广西师范大学出版社2005年版。

乐爱国：《儒家文化与中国古代科技》，中华书局 2002 年版。

李镜池：《周易探源》，中华书局 1978 年版。

梁漱溟：《东西文化及其哲学》，商务印书馆 1999 年版。

刘大均：《周易概论》，齐鲁书社 1988 年版。

刘国民：《董仲舒的经学诠释及天的哲学》，中国社会科学出版社 2007 年版。

刘梦溪：《二千年中外思想接触史之所昭示者——陈寅恪对儒释道三家的"判教"》，《中华读书报》2016 年 9 月 14 日第 13 版。

柳诒徵：《柳诒徵中国文化史》，吉林人民出版社 2013 年版。

吕思勉：《先秦学术概论》，岳麓书社 2010 年版。

马伯英：《中国医学文化史》，上海人民出版社 2010 年版。

祁志祥：《佛学与中国文化》，学林出版社 2000 年版。

钱穆：《中国文化对人类未来可有的贡献》，《中国文化》1991 年第 1 期。

钱锺书：《管锥编》（第二版），生活·读书·新知三联书店 2007 年版，第 2 册。

任继愈：《中国哲学史》，人民出版社 1963 年版。

孙以楷：《道家与中国哲学》，人民出版社 2004 年版。

吴宓：《吴宓日记》，生活·读书·新知三联书店 1998 年版。

严北溟：《儒道佛思想散论》，湖南人民出版社 1984 年版。

杨伯峻：《论语译注》，中华书局 1980 年版。

杨伯峻：《孟子译注》，中华书局 1960 年版。

杨度：《新佛教论答梅光羲》，载刘晴波主编《杨度集》，湖南人民出版社 1986 年版。

张岱年：《儒学与现代化》，人民出版社 1994 年版。

张丽珠：《中国哲学史三十讲》，北京师范大学出版社 2010 年版。

张其成：《张其成全解周易》，华夏出版社 2018 年版。

［德］斯宾格勒：《西方的没落》，齐世荣等译，商务印书馆 1963 年版。

［法］柏格森：《形而上学导言》，刘放桐译，商务印书馆 1963 年版。

［美］丹尼尔·贝尔：《资本主义文化矛盾》，蒲隆等译，生活·读书·新知三联书店1992年版。

［美］怀特：《文化科学》，曹锦清等译，浙江人民出版社1988年版。

［英］李约瑟：《中国科学技术史》（第二卷），何兆武等译，科学出版社、上海古籍出版社1990年版。

［英］泰勒：《原始文化：神话、哲学、宗教、语言、艺术和习俗发展之研究》，连树声译，尹虎斌、姜德顺校，上海文艺出版社1992年版。

［英］汤林森：《文化帝国主义》，冯建三译，上海人民出版社1999年版。

Kroeber and Kluckhohn, *Culture: A Critical Review of Concepts and Definitions*, London: Kraus Reprint Co., 1952.

后　　记

本书是在河南中医药大学"中国传统文化"精品视频公开课讲稿的基础上修改而成的。由于视频课制作的需要，每一讲集中介绍传统文化中的某一个知识点，每讲字数控制在一千到两千左右，所以最终汇集了一百多讲的内容。当考虑到将这些内容整理出版时，我们也在反问自己，目前关于传统文化的著作可谓汗牛充栋，我们这本介绍性读物是否有出版的必要？

有鉴于此，我们力求在两个方面凸显本书的特色。一是在内容上选取最能代表中华传统文化核心内容的易学文化、儒学文化、道学文化和佛学文化进行介绍，每一讲聚焦一个核心要点进行讲解，并在表达方式上适当保留讲稿原有的通俗性，以便增强本书的趣味性和可读性。二是在每一章最后都详细探讨了该部分内容与中医学的内在联系，力图为读者搭建汇通传统文化与中医的桥梁，使读者理解中医原创思维方式的传统文化根源。我们想，这对于中医院校的学生或者社会上的国学与中医爱好者而言，都是非常有帮助的。当然，本书的定位主要是为中医学习者提供一本系统了解传统文化的著作，所以本书探讨传统文化与中医关系的内容并未充分展开，只是希望能够起到一个抛砖引玉的作用。

本书是由河南中医药大学中医文化教研室的贾成祥教授和魏孟飞博士共同完成的。贾成祥教授撰写了"绪论"（部分）、"易学文化"、"儒学文化"（部分）、"道学文化"、"佛学文化"的主要内容，魏孟飞博士撰写了"绪论"（部分）及"儒学文化"（"宋明理学""儒学与中医"

等）的部分内容，最后由魏孟飞博士对全书文稿进行了校改。本书在编撰过程中，除了融入贾成祥教授的部分研究成果外，也参考了许多前辈学者的学术成果，在此一并致谢。由于学识有限，错误疏漏之处在所难免，祈请方家批评指正。

贾成祥　魏孟飞

2020 年 3 月 20 日